甘肃省2021年度哲学社会科学规划一般课题"小学全科
实证研究"（项目编号：2021YB122）

甘肃省2023年高校教师创新基金"互联网+背景下高校教师信息化教育教学能力
养成机制及实现策略"（项目编号：2023B-204）

乡村教师的乡土文化素养研究
——以甘肃省两地市为例

倪嘉敏　著

人民体育出版社

图书在版编目（CIP）数据

乡村教师的乡土文化素养研究：以甘肃省两地市为例 / 倪嘉敏著. -- 北京：人民体育出版社，2024

ISBN 978-7-5009-6457-5

Ⅰ. ①乡… Ⅱ. ①倪… Ⅲ. ①农村学校—师资培养—研究—甘肃 Ⅳ. ①G451.2

中国国家版本馆CIP数据核字(2024)第086419号

*

人民体育出版社出版发行
北京建宏印刷有限公司印刷
新 华 书 店 经 销

*

710×1000　16开本　14.5印张　271千字
2024年5月第1版　2024年5月第1次印刷

*

ISBN 978-7-5009-6457-5
定价：72.00元

社址：北京市东城区体育馆路8号（天坛公园东门）
电话：67151482（发行部）　　邮编：100061
传真：67151483　　　　　　　邮购：67118491
网址：www.psphpress.com

（购买本社图书，如遇有缺损页可与邮购部联系）

前　言

　　21世纪以来，随着以《关于加强新时代乡村教师队伍建设的意见》为代表的一系列政策文件的出台，乡村教师专业素养的发展问题备受瞩目。与城市教师相比，乡村教师所面临的教育对象、文化环境等具有独特性，他们除了需要具备一般专业素养外，还需要具备特殊专业素养。特殊专业素养体现了乡村环境对乡村教师专业素养的要求，是乡村教师融入乡村环境、扎根乡村教育事业的必要条件。乡土文化素养作为一种特殊专业素养，是乡村教师传承与发展优秀乡土文化的必备品格，对于乡村的文化振兴、高质量乡村教师队伍的建设以及乡村学生的健康成长等均具有重要价值。通过梳理文献后发现，乡村教师乡土文化素养的理论研究与现实发展均处于十分滞后的状态，尤其是乡土文化素养的内涵、价值意蕴、构成要素、发展现状、发展困境、发展举措等问题，一直是乡村教师素养领域内有待关注的问题，这些问题也成为本书所要探讨的主要问题。

　　本书依循"应然建构—实然检视—困境归因—对策建议"的思路，综合应用德尔菲法、问卷调查法、访谈调查法等研究方法，对乡村教师的乡土文化素养问题展开了系统性探讨。其中，"应然建构"对应第二章、第三章的内容，研究者在阐释乡土文化素养的内涵、理论基础、价值意蕴等问题的基础上，构建了乡村教师乡土文化素养构成要素的指标体系，为后续调查问卷题目的设计提供了依据；"实然检视"对应第四章的内容，研究者采用自编调查问卷对甘肃省两地市的536位乡村教师开展了问卷调查，并对调查的结果进行了统计与分析，以之为基础，探讨了目前我国乡村教师乡土文化素养的发展现状及其所面临的困境；"困境归因"对应第五章的内容，研究者首先通过访谈调查了解乡村教师乡土文化素养发展困境的成因，以之为基础，深入剖析了乡村教师乡土文化素养发展困境的多维成因；"对策建议"对应第六章的内容，研究者首先通过访谈调查了解不同的利益主体在促进乡村教师乡土文化素养发展方面所采取的举措，以之为基础，立足于乡村教师、社会、高校、乡村学校四个层面，为提升乡村教师乡土文化素养的发展水平献言献策。

研究结果表明，乡村教师乡土文化的构成要素错综复杂，由3个一级指标、7个二级指标以及19个三级指标构成。以上述指标体系为依据，研究者设计了调查问卷的问题并实施调查后发现，目前我国乡村教师乡土文化素养的发展水平较低，乡村教师在乡土文化素养发展方面陷入了困境，具体表征为乡村教师的乡土情怀淡薄、乡土知识储备不足、乡土文化资源利用与开发能力欠缺三个方面。乡村教师乡土文化素养的发展之所以陷入困境，既有源于乡村教师层面的成因，也有源于社会、高校、乡村学校等层面的成因。其中，乡村教师层面的成因主要表征为乡村教师乡土文化自觉的阙如；社会层面的成因主要表征为乡土文化生态环境的涣散，包括乡土文化传承载体濒临消失、乡土文化传承主体面临断层、乡土文化价值内核的日益式微等方面；高校层面的成因主要表征为乡村教师培养模式的"离土化"，包括乡村职前教师培养模式的"离土化"、乡村在职教师培训模式的"离土化"等方面；乡村学校层面的成因主要表征为乡土文化教育的不足，包括乡土文化教育价值的隐匿、乡土文化教育形式的单一、乡土文化教育评价的缺位等方面。

基于此，本书从乡村教师、社会、高等院校、乡村学校四个层面，提出了促进乡村教师乡土文化素养发展的对策建议。乡村教师层面主要指通过形塑乡村教师的乡土文化自觉助推乡村教师乡土文化素养的发展；社会层面主要指通过复原乡土文化传承的载体、培养乡土文化传承的人脉、赓续乡土文化传承的文脉等举措促进乡村教师乡土文化素养的发展；高校层面主要指通过构建乡土化的乡村职前教师培养模式、构建乡土化的乡村在职教师培训模式等举措助推乡村教师乡土文化素养的发展；乡村学校层面主要指通过重树乡村学校的教育目标取向、立足乡土文化教育的多元路径、探索乡土文化教育的评价方式等举措助推乡村教师乡土文化素养的发展。

目 录

第一章 绪论 …………………………………………………（1）

第一节 研究缘起与研究问题 …………………………（1）
第二节 研究目的与研究意义 …………………………（6）
第三节 文献综述 ………………………………………（8）
第四节 研究思路与研究内容 …………………………（27）
第五节 研究方法 ………………………………………（30）

第二章 乡村教师乡土文化素养的理论阐释 ……………（35）

第一节 乡村教师乡土文化素养的内涵 ………………（35）
第二节 乡村教师乡土文化素养研究的理论基础 ……（48）
第三节 乡村教师乡土文化素养的价值意蕴 …………（61）

第三章 乡村教师乡土文化素养构成要素指标体系的构建 ……（80）

第一节 指标体系构建的依据 …………………………（80）
第二节 指标体系的优化 ………………………………（88）
第三节 乡村教师乡土文化素养构成要素的分析 ……（96）

第四章　乡村教师乡土文化素养发展现状的问卷调查 ………（103）

　　第一节　调查研究的设计 ………………………………（103）

　　第二节　调查数据的分析 ………………………………（113）

　　第三节　调查结论的呈现 ………………………………（130）

第五章　乡村教师乡土文化素养发展困境的成因剖析 ………（141）

　　第一节　乡村教师层面：乡土文化自觉的阙如 ………（141）

　　第二节　社会层面：乡土文化生态环境的凋敝 ………（146）

　　第三节　高校层面：乡村教师培养模式的"离土化" …（151）

　　第四节　乡村学校层面：乡土文化教育的不足 ………（160）

第六章　促进乡村教师乡土文化素养发展的对策建议 ………（167）

　　第一节　乡村教师层面：形塑乡村教师的乡土文化自觉，助推
　　　　　　乡土文化素养发展 …………………………………（167）

　　第二节　社会层面：营造良好的乡土文化生态环境，助推乡土文化
　　　　　　素养发展 ………………………………………………（177）

　　第三节　高等院校层面：重构乡村教师教育模式，助推乡土文化
　　　　　　素养发展 ………………………………………………（185）

　　第四节　乡村学校层面：注重乡土文化教育，助推乡土文化素养发展
　　　　　　………………………………………………………（191）

第七章　研究结论与反思 ………………………………………（202）

　　第一节　研究结论 ………………………………………（202）

第二节　研究反思 …………………………………………（204）

附录一　乡村教师乡土文化素养构成要素的第一轮专家咨询问卷

………………………………………………………………（206）

附录二　乡村教师乡土文化素养构成要素的第二轮专家咨询问卷

………………………………………………………………（209）

附录三　乡村教师乡土文化素养发展现状的调查问卷 …………（212）

附录四　乡村教师乡土文化素养发展现状的乡村教师访谈提纲 …（217）

附录五　乡村教师乡土文化素养发展现状的乡村校长访谈提纲 …（218）

附录六　乡村教师乡土文化素养发展现状的师范院校教师访谈提纲

………………………………………………………………（219）

附录七　乡村教师乡土文化素养发展现状的师范院校师范生访谈提纲

………………………………………………………………（220）

致谢 ……………………………………………………………（221）

第一章
绪论

第一节 研究缘起与研究问题

一、研究缘起

（一）助推乡村文化振兴的需要

2017年，随着党的十九大的召开，乡村振兴战略被提上了日程。乡村振兴战略作为一个关乎城乡社会均衡发展的全局性、系统性工程，不仅包括乡村的产业、生态等硬件的振兴，而且包括乡村的文化、人才、组织等软件的振兴，文化振兴正是乡村振兴的题中之义。而要推动乡村的文化振兴，就要"实施农耕文化的保护工程，深入挖掘农耕文化蕴含的思想观念、人文精神、道德规范，发挥其在凝聚人心、教化群众、淳化民风中的作用"[①]。传承与发展优秀的农耕文化由此成为乡村文化振兴的应有之义。

农耕文化作为中国传统文化的根脉，表现了乡村民众的生产与生活智慧。在生产方面，其涵盖了农业灌溉、农具制作、铺路修渠、捕鱼狩猎、种植养殖等；在生活方面，其涵盖了服饰、饮食、建筑、交通、节庆风俗、乡规民约、价值观念、宗教信仰、思维方式等。因而，农耕文化与乡村的生产与生活之间

[①] 国务院. 乡村振兴战略规划（2018—2022年）[EB/OL]. [2018-09-29]. http://www.gov.cn/zhengce/2018-09/26/content_5325534.htm.

存在着耦合性，其本身具有鲜明的地方性特征，农耕文化的内核是乡土文化，乡村文化振兴必然离不开乡村教师对优秀乡土文化的传承与发展。

一方面，乡村教师应致力于传承优秀的乡土文化。这是因为，在"上所施，下所效"的演进逻辑中，文化传承是教育的应有之义。此外，教育是乡村社会中具有特殊逻辑结构的独立系统，其自身也在乡土文化的境脉中生长，乡村教育的发生机制中蕴含着传承乡土文化的本质规定[①]。乡村教师作为乡村教育的责任主体，应该传承优秀的乡土文化，助推乡村的文化振兴。另一方面，乡村教师应致力于发展乡土文化。这是因为，中国的现代化是完整的、系统的现代化，其既需要城市的现代化，也需要农业农村的现代化。其中，农业农村的现代化为整个国家的现代化发展奠定了坚实的基础，如若没有农业农村的现代化发展，就很难实现整个国家的现代化发展。乡村振兴战略作为对城乡关系的一种重塑，农业农村的现代化发展自然离不开乡村社会的全面振兴[②]。可以说，乡村振兴的内核就是推动乡村的现代化发展，其中必然蕴含着乡土文化的现代化发展。值得注意的是，乡土文化的现代化发展绝非对传统乡土文化的全盘否定，而是需要在扬弃传统乡土文化的基础上，推动城乡文化的互融共生。

乡村教师是乡村学校教育的责任主体，乡土文化的现代化发展离不开乡村教师的倾力参与，乡村教师推动乡土文化现代化发展的过程，实质上是一个理解乡土文化、利用乡土文化的过程。在这一过程中，乡村教师的乡土文化自觉意识被充分地唤醒，他们自觉养成了传承与发展乡土文化所需的专业素养——乡土文化素养。乡土文化素养适应了乡村文化振兴的需要，如若缺少这一专业素养，乡村教师推动乡村文化振兴的使命将无从谈起。

（二）促进乡村学生健康成长的需要

乡村振兴是在新型的城乡关系背景下乡村社会的全面复兴，乡村教育振兴是乡村振兴的应有之义。乡村教育振兴有赖于乡村学校依托在地资源，走内生式的发展道路，其着力点是乡村教育育人价值的实现，乡村学生的健康成长是乡村教育振兴的原点及归宿。而乡村学生的健康成长，又离不开乡土文化的滋养。乡土文化作为乡村的原生文化形态，主要由如下要素构成：一是乡村独特

---

① 王乐，孙瑞芳. 乡村振兴背景下乡村教师传承乡土文化的责任、困境与路向[J]. 当代教师教育，2021，14（2）：24-30.
② 陈燕. 农业农村现代化与乡村振兴：内在逻辑与机制建构[J]. 学习与探索，2021（10）：114-121.

的自然生态景观，二是建立在这种生态之上的村民们自然的劳作与生存方式，三是相对稳定的乡村生活之间不断孕育、传递的民间故事、文化、与情感的交流融合①。正是在这种有着天人合一旨趣的文化生态之中，乡村学生表现出率真与质朴的文化品格，这种文化品格是乡村人天性的自然流露，即便在物质生活匮乏的年代，乡村学生依然能在与花鸟鱼虫的接触中体会到自然野趣，在与长辈的交流中品味乡村人的至善至美，在田间地头的劳作中体会到收获的喜悦，在民间故事的口耳相传中体味到生命的智慧。可以说，乡村学生不仅生活在由教师、课堂、教材等构成的学校生活世界之中，而且生活在由乡土文化构成的乡土生活世界之中，正是因为受到了上述两种生活的全方位滋养，乡村学生方能健康成长。

但在城镇化的进程中，随着以城市文化为代表的外来文化的猛烈冲击，乡村的文化生态遭到了破坏，乡土文化处于被边缘化的状态。加之父母在乡村学生成长中的缺席、乡村学校教育中乡土文化教育的缺位等因素的影响，乡村学生对乡土文化的态度趋于冷漠，他们之中的许多人开始变得轻视乡土、轻视农业生产，已经不再是文化意义上的乡村学生。同时在面对城市文化之时，这些学生同样显得无所适从，"回不去乡土，融不入城市"已然成为当代诸多乡村学生文化境遇的真实写照。

而乡土文化素养蕴含着乡村教师的乡土情怀、乡土知识、乡土文化资源开发与利用能力。正是因为具备了乡土文化素养，乡村教师方能融入乡村的文化环境、理解乡村学生的文化境遇，引导乡村学生与书本世界、周遭的生活世界展开对话。这既有利于坚定学生的乡土文化自信，推动乡土文化的代际传承；也有利于培养学生的乡村情感，引导他们将自己的生命根基植入乡土沃野，这样即便面对外来文化的冲击，他们始终能够葆有一种积极健康的心态。

（三）建设一支高质量乡村教师队伍的需要

2020年，《中共中央关于制定国民经济和社会发展第十四个五年规划和二〇三五年远景目标的建议》中明确提出"建设高质量教育体系""推动义务教育均衡发展"的指导思想②。乡村教师作为乡村学校教育的中流砥柱，在"建

---

①刘铁芳. 乡土的逃离与回归［M］. 福州：福建教育出版社，2008：38-39.
②国务院. 中共中央关于制定国民经济和社会发展第十四个五年规划和二〇三五年远景目标的建议［EB/OL］.［2020-11-03］. http://www.gov.cn/zhengce/2020-11/03/content_5556991.htm.

设高质量教育体系""推动义务教育均衡发展"方面发挥着不可或缺的作用。在高质量教育体系层面,高质量教育体系以兴办高质量教育为诉求,高质量教育有赖于高质量的学习,高质量的学习并非单纯的知识授受式的学习,而是强调发现学习、意义学习,这就需要乡村教师能够搭建起学科专业知识与学生生活世界之间相互融通的桥梁,引导乡村学生实现这两者之间的同化、顺应及重组,促使他们能够生成意义学习,从而为高质量教育体系的建设奠定基础。在义务教育均衡发展层面,义务教育的均衡发展有赖于教育资源的均衡配置,师资配置作为教育资源配置的重要方面,在缩小城乡教育质量差距、推动义务教育均衡发展方面发挥着重要作用。这就需要打造一支高质量的乡村教师队伍,提升乡村学校的教育教学质量。如若没有一支高质量的乡村教师队伍,就很难兴办高质量的乡村教育,也很难推动城乡义务教育的均衡发展。为此,国家出台了以《关于加强新时代乡村教师队伍建设的意见》为代表的一系列政策文件,这些政策文件围绕乡村教师队伍的建设问题提出了诸多建设性举措,有效缓解了我国乡村教师的数量短缺、学历不达标等现象,为高质量乡村教师队伍奠定了良好的基础。

但受诸多因素的制约,我国在高质量乡村教师队伍的建设过程中仍然存在如下突出问题:一是乡村教师的"下不去"问题,主要表征为乡村教师职业缺乏吸引力,高校毕业生不愿意到乡村任教,城市教师不愿意交流到乡村学校[1];二是乡村教师的"留不住"问题,主要表征为乡村教师队伍的稳定性差,优秀的乡村教师通过各种路径流向城市学校或流出教育系统;三是乡村教师的"教不好"问题,主要表征为乡村教师的教育教学质量低下。在上述三个因素中,"下不去""留不住"是制约高质量乡村教师队伍建设的先决条件,而"教不好"则是高质量乡村教师队伍建设陷入困境的关键所在。值得注意的是,乡村教师"教不好"是以城市教师为标准进行评价的结果,其固然有助于缩小城乡学校师资水平的差距,但缺乏对乡村教师本土经验、本土知识的关照,致使乡村教师的教学需求与评价标准之间不匹配。如若以城市教师为标准评价乡村教师,实质是将乡村教师理解为与乡村环境无关的存在,乡村教师的专业素养被纳入了同质化、标准化的范畴之中,他们由此丧失了与乡村环境进行互动的可能性。但在事实上,人的理性及认知不能抽离于身体及世界,不能脱离人的生存环境,这大概就是海德格尔所谓的此在的人的真实含义,乡村教师亦是如此[2]。唯有当乡村教师的本土知识、本土经验处于在场的状态时,乡村教师的理性思

---

[1] 孙颖.基于内部异质化的乡村教师队伍建设研究[J].中国教育学刊,2016(9):82-85,100.
[2] 唐松林.重新发现乡村教师[M].长沙:中南大学出版社,2013:134.

维及认知潜能方能被激发，本土知识、本土经验是确保乡村教师"教得好"的重要保障。在此意义上，乡村教师不仅应该具备学科专业知识、教育教学理论知识，而且应该具备本土知识与本土经验。本土知识、本土经验作为乡村教师乡土文化素养的表现形式，直接影响到乡村教师的教育教学成效，能有效化解乡村教师的"教不好"问题。

二、研究问题

本研究立足于乡村振兴的时代背景，借助文化回应性教学理论与社会共生论，系统性地探讨了我国乡村教师的乡土文化素养问题。目的在于通过调适乡村教师与乡土文化环境之间的张力，化解乡村教师乡土文化素养缺失的现实困境，为建设一支高质量的乡村教师队伍提供新视野、新思路。基于上述思考，本研究将围绕以下六个问题展开探讨。

（一）乡村教师的乡土文化素养是什么

回应"乡村教师的乡土文化素养是什么"这一问题，研究者需要界定乡村教师乡土文化素养的内涵。"乡村教师乡土文化素养"是一个由"乡村教师""乡土文化""素养"等词汇组合而成的词组，其中"素养"是这一词组的中心词，界定"素养"的内涵，是我们探讨乡村教师乡土文化素养的逻辑前提。概而言之，要阐释乡村教师的乡土文化素养是什么，首先需要阐释什么是乡村教师、什么是素养、什么是乡村教师素养等概念。

（二）乡村教师为什么需要养成乡土文化素养

回应"乡村教师为什么需要养成乡土文化素养"这一问题，研究者需要借用文化回应教学理论与社会共生理论，论证乡村教师与乡土文化之间的关联，以之为基础，阐释乡村教师乡土文化素养的价值指向。

（三）乡村教师需要怎样的乡土文化素养

回应"乡村教师需要怎样的乡土文化素养"这一问题，研究者需要在构建乡村教师乡土文化素养构成要素指标体系的基础上，构建乡土文化素养的结构模型。其中，构建乡土文化素养构成要素的指标体系，是回应这一问题的关键所在。

（四）乡村教师乡土文化素养的发展现状如何

回应"乡村教师乡土文化素养的发展现状如何"这一问题，研究者首先需要根据乡土文化素养构成要素的指标体系，设计调查问卷的问题并编制调查问卷。其次需要针对乡村教师实施问卷调查，以了解乡村教师乡土文化素养的发展现状，探寻他们的乡土文化素养发展现状及其所面临的发展困境。

（五）造成乡村教师乡土文化素养发展困境的成因有哪些

回应"造成乡村教师乡土文化素养发展困境的成因有哪些"这一问题，研究者需要针对乡村教师、乡村校长、师范院校的教育专家、公费师范生等群体实施半结构式访谈，以之为基础，剖析造成乡村教师乡土文化素养发展困境的多维成因。

（六）如何促进乡村教师乡土文化素养的发展

回应"如何促进乡村教师乡土文化素养的发展"这一问题，研究者需要根据乡村教师乡土文化素养发展困境的成因，提出促进乡村教师乡土文化素养发展的对策建议。

第二节 研究目的与研究意义

一、研究目的

本研究旨在实现如下四个方面的目的：

其一，通过阐释乡村教师乡土文化素养的内涵、理论基础、价值指向等问题，建构起本研究的理论框架，为后续的研究奠定理论基础。

其二，通过构建乡村教师乡土文化素养构成要素的指标体系，设计调查问卷的问题并实施调查，以了解我国乡村教师乡土文化素养发展的现状，探寻他们在乡土文化素养发展方面所面临的困境及其影响因素，为后续的成因分析提供支持。

其三，通过访谈调查，了解乡村教师乡土文化素养发展困境的多维成因，研究乡村教师、乡村社区、高校、乡村学校等主体之于乡村教师乡土文化素养发展困境的影响，为后续对策建议的提出提供思路。

其四，通过访谈调查，了解不同主体在促进乡村教师乡土文化素养发展方面所采取的举措，探索乡村教师、乡村社区、高校、乡村学校等主体的多方联动机制，为促进乡村教师乡土文化素养的发展建言献策。

二、研究意义

（一）理论意义

自21世纪以来，乡村教师的专业素养、专业素质等问题引发了国内外学者的共同关注，其间涌现了大量的研究文献。但既有研究大多聚焦于乡村教师的一般专业素养，鲜有研究关注乡村教师的乡土文化素养。鉴于此，本研究依托社会共生理论、文化回应性教学理论，探讨乡村教师的专业素养与其周遭生存环境之间的逻辑关联，以之为理论基础，围绕乡村教师乡土文化素养的内涵、价值指向、构成要素、发展现状及其困境、发展困境的成因、如何促进乡土文化素养的发展等问题，对乡村教师的乡土文化素养展开了系统性探讨。希望通过本研究，有助于我们从理论层面思考乡村教师的乡土文化素养问题，拓宽有关乡村教师专业素养研究的广度与深度。同时，也希望有助于丰富与完善乡村教师教育、乡村教师专业发展、乡土文化教育等方面的理论。

（二）现实意义

近年来，国家陆续出台了一系列的政策文件，用以提升乡村教师的专业素养、推动乡村教师队伍的建设。虽然取得了一定的成效，但仍然存在诸多"卡脖子"问题，尤其是乡村教师的"下不去、留不住、教不好"问题长期无法得到有效解决。鉴于此，本研究在阐释基本理论问题的基础上，通过实证调研，揭示我国乡村教师乡土文化素养的发展现状，探寻其在发展方面所面临的困境及其成因，以之为基础，提出了促进乡村教师乡土文化素养发展的对策建议。希望本研究能够为解决乡村教师的"下不去、留不住、教不好"问题提供启示；同时，也希望本研究有助于推动政府的政策建设，为乡村的文化振兴、高质量乡村教师队伍的建设提供决策依据。

第三节 文献综述

研究者在中国知网中输入"乡村教师乡土文化素养"这一检索词进行篇名检索，未获得相关文献。但值得注意的是，一些研究者在论文中论述了"乡村教师的乡土文化素养"这一问题，如汪明帅、郑秋香的《从"边缘人"走向"传承者"——回归乡土的乡村教师发展研究》、钱芳的《地方性知识与乡村教师专业发展——教育场域的视角》、吴惠青、郭文杰的《新农村建设中农村教师的文化责任》、肖庆华的《新生代乡村教师适应性教学专长的式微及其消解路径》、刘桂辉的《乡村教师专业发展的两难困境与破解路径》等。鉴于此，根据论文的研究需要，研究者主要围绕"乡土文化""乡村教师素养""乡土文化与乡村教师素养之间的逻辑关联"三个方面展开文献的梳理与述评。

一、关于乡土文化的研究

研究者在中国知网中输入"乡土文化"进行主题检索，共检索到期刊类论文5563篇、学位论文1500篇、会议类论文232篇、报纸类文献375篇，专著7部。在期刊类论文中，发表在CSSCI期刊的论文共计842篇，发表在北大核心期刊的论文共计1255篇。研究者对检索结果进行了计量可视化分析，结果表明，有关于"乡土文化"的研究始于1985年，此后的文献数量一直处于较为平稳的状态，从2007年开始出现上升趋势，直至2022年相关研究文献的数量达到高峰（图1-1）。

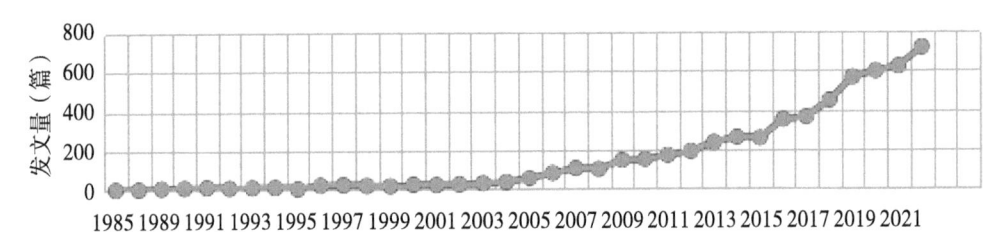

图1-1 以"乡土文化"为主题的文献计量可视化分析结果

就研究主题的分布情况而言，排在前十位的主题词分别为"乡土文化""乡村振兴""乡村旅游""乡村振兴战略""乡土小说""乡村教师""乡村文化振兴""乡村文化""文化传承""乡土建筑"等（图1-2）。

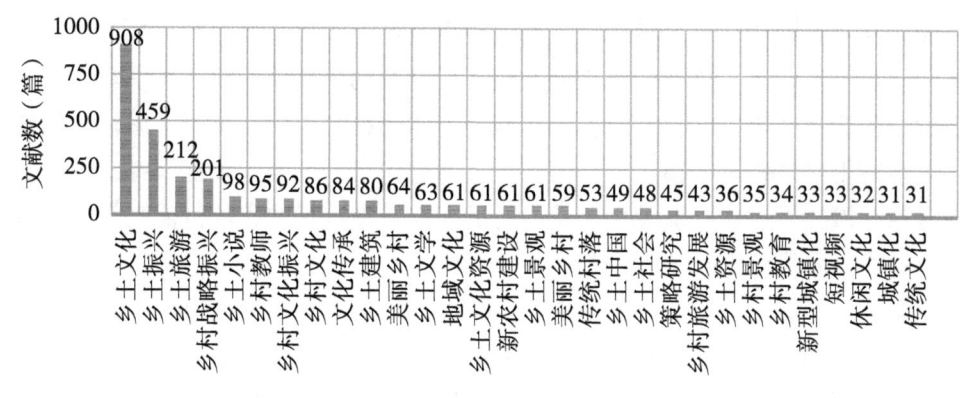

图1-2 以"乡土文化"为主题的文献主题词分布情况统计图

可见，绝大多数研究者直接对"乡土文化"这一主题进行了探讨，取得了丰硕的研究成果。但也有一些研究者在探讨乡村振兴、乡村旅游、乡土小说、乡村教师、乡村文化振兴、文化传承、乡土建筑等主题时涉及对乡土文化的探讨。其中，主题词为"乡村教师"的文献数量达到了95篇，表明已经有研究者关注到乡村教师与乡土文化之间的逻辑关联。

本研究旨在通过分析乡村教师与乡土文化之间的逻辑关联，阐释乡村教师乡土文化素养的生成机理。而要探讨乡村教师与乡土文化之间的逻辑关联，就要探讨乡土文化的教育价值、转型等方面的问题。根据研究需要，结合文献的检索情况，研究者将围绕以下两个方面开展文献的梳理与述评工作。

（一）关于乡土文化教育价值的研究

关于这一主题的研究集中在两个阶段，即民国时期与21世纪。在民国时期，面对乡村学校教育脱离乡村儿童生活的弊端，研究者从理论及实践两个层面探索了乡村学校的教育变革，从中觉解了乡土文化的教育价值，问世了一批经典文献。如梁漱溟的《乡村建设大意》《乡村建设理论》、陶行知的《中国乡村教育之根本改造》《中华教育改进社改造全国乡村教育宣言书》等。

梁漱溟深受中国传统儒家价值观的影响，他侧重探讨了乡土文化的德育价值。他认为，中国的文化尊崇中庸之道，倡导修身养性、安分守己、知足常乐，传统乡土社会是一个理性早启、文化早熟的社会[①]。乡土中国衰败的症结不在于经济与政治的衰退，而在于文化失调。中国文化的根脉在乡村，文化、礼俗、工商业等，都是从"乡村而来，又为乡村而设"。唯有重建乡土文化，方能复兴中国社会，而乡村建设运动正是重建乡土文化、复兴乡土社会的有效路径。为了重建乡土文化，就需要重建乡村社会的团体组织——乡农学校。乡农学校作为集政治、文化、教育等职能于一体的社会组织，承袭了旧时乡约的"人生向上""伦理情谊"等价值精华，通过识字、艺术、技能训练、精神讲话等课程教化乡村民众。其中，精神讲话课程旨在宣扬儒家的价值观念，彰显了传统文化的德育价值。

与梁漱溟相比，陶行知的观点更为全面，也更加具有现实意义。陶行知认为，"旧中国的乡村学校教育背离了乡村儿童的生活，造就的是只知读书不事生产的书呆子"[②3]，必须另寻生路，这条生路即适应乡村生活的"活教育"。"活教育"在价值取向方面具有鲜明的"向农"倾向，旨在培养能为乡村建设服务的有"生活力"的学生和真农人。有"生活力"的学生有健康的体魄、农人的身手、科学的头脑、艺术的兴趣、改造社会的精神[②6]。为了实现"活教育"的目的，陶行知倡导教育内容的生活性与教育方法的灵活性，他呼吁冲破学校教育的藩篱，将儿童的生活作为教育的内容，引导儿童手脑并用，"应用环境中的活势力，去发展学生的活本领——征服自然、改造社会的活本领"。

此外，潘光旦的观点同样不容忽视。他站在天人合一的价值高位，借用"位育"思想探讨乡土文化在滋养人的精神生命、涵育人的文化认同方面产生的价值。他认为中国的"乡村是本，市是末，农是本，工商终究是末"[③]。但近代的乡村学校以传递普适性的科学知识为重心，其教育内容严重背离了乡村学生的生活实际，致使乡村儿童"轻去其乡"，缺乏基本的乡村情感与乡土文化自信，这是一种舍本逐末的教育。在此背景之下，他提倡"位育"教育，"位育"一词语出自《中庸》"致中和，天地位焉，万物育焉"，取安所遂生之意，意为教人及族群与周围环境和谐共生。他认为"位育"教育是能使人安所遂生的务本教育，是个人安生立命之道，民族优生之道、定本立根之道、发展

---

① 孙培青.中国教育史［M］.上海：华东师范大学出版社，2009：458.
② 徐莹晖，徐志辉.陶行知论乡村教育［M］.成都：四川教育出版社，2010：3；6.
③ 海路.务本的教育——兼论潘光旦先生的乡土教育观［J］.湖南师范大学教育科学学报，2012，11（6）：31-35.

之道，其主要包括三个步骤，第一步是关于人的教育，第二步是乡土教育，包括乡土历史与地理等方面，第三步是一般的史地教育（史包括一切人文科学，地包括一切社会科学）。位育教育实质上涵盖了三个层次的教育，即人格教育、乡土教育、公民教育[①]。可见，乡土文化教育是位育教育的必由之路。

第二个阶段是21世纪的相关研究。这一时期，面对由乡村学校"离村"所引发的乡村儿童精神世界的荒芜化现象，研究者将眼光重新投向了乡土文化，充分肯定了乡土文化在促进乡村儿童精神成长方面的重要价值。钱理群等人认为乡土文化诞生于乡村的生产及生活之中，具有浓郁的自然气息。而人在大自然中，这本身就是一个最基本的、最重要也是最理想的精神状态。唯有脚踏泥土、方能仰望星空，这种生存状态，对人的精神成长具有决定意义[②299]。石中英认为乡村教育的旨趣不仅在于引导学生学会生存，而且在于培养学生形成正确的世界观及文明观，促使他们懂得追求生命存在的价值，这也是乡村学校之所以强调乡土文化教育的意义所在[②20]。刘铁芳认为探讨乡土文化的目的在于让儿童摆脱现代的文明病，促进儿童以自然之气来调整生命的结构，特别是应试教育带来的精神萎靡[③]。

总之，乡土文化有助于促进乡村儿童的健康成长，而乡村教师作为促使乡村儿童成人成才的重要责任主体，他们应该成为联结乡村儿童与乡土文化的纽带，这既适应乡村儿童健康成长的需要，也适应乡村教师高质量发展的需要。

（二）关于乡土文化变迁、转型方面的研究

乡土文化表达了乡村民众的生产与生活智慧，随着乡村民众生产与生活方式的变化，乡土文化也会遂之发生变迁或转型。通过梳理相关研究文献发现，一些研究者侧重从中国社会转型的时代背景出发，探讨由乡土文化变迁、转型引发的社会影响。如朱胜晖等研究者认为，乡土文化转型主要表征为文化形式的日益多样、利益本位受到追捧、故土情节逐渐弱化等，受这些因素的影响，乡村教师在专业发展过程中出现了主体性缺失、追求个人利益、过分依靠外援

---

①海路. 务本的教育——兼论潘光旦先生的乡土教育观[J]. 湖南师范大学教育科学学报，2012，11（6）：31-35.
②钱理群，刘铁芳. 乡土中国与乡村教育[M]. 福州：福建教育出版社，2008：299；20.
③刘铁芳. 乡村文化对现代教育的启示与思考[J]. 江苏教育，2011（11）：19-22.

等不良倾向[①]；邢青认为乡村文化变迁导致传统文化断层，从而引发乡村社会的人文精神失落、集体精神荡然无存、留守儿童的家庭教育不力等困境[②]；孙杰远等研究者认为，目前乡村文化在转型中陷入了物质文化衰落、组织制度文化凋敝以及精神文化内涵贫瘠等困境之中，致使乡村振兴面临着文化能量受限与精神支撑不足的障碍[③]。可见，乡土文化转型对乡村的文化振兴、乡村教师的专业发展及乡村儿童的健康成长等均会产生一定程度的负面影响。那么，面对这些影响，乡村教师作为乡村学校教育的主体，应该有何担当呢？这一问题引发了学者的深入关注。如钱理群等人认为，乡村教育需要那些能够理解乡村、理解乡村少年的文化境遇、扎根乡村社会、心智活泼的乡村教师，他们在开启乡村少年知识视界的同时，能充分地引导乡村少年理解周遭生存世界，引领乡村少年的乡村情感与意识的全面孕育，让他们不仅生活在未来走出农门的想象之中，而且生活在当下的乡土世界之中[④]104。

综上，乡土文化变迁或转型的方向是迈向现代化，在这一过程中，传统乡土文化价值精华的流失与现代性文化元素的渗入交织在一起，从而破坏了中国乡村社会的秩序，在一定程度上导致了乡村民众的精神迷惘。对于乡村教师而言，如何在乡土文化变迁、乡土文化转型的过程之中有所担当，将直接关涉乡村民众精神福祉的实现。

二、关于乡村教师素养的研究

研究者在中国知网中输入"教师素养"进行主题检索，共检索到期刊类论文2972篇、学位论文655篇、会议类论文152篇、报纸类文献16篇，专著6部。在期刊类论文中，发表在CSSCI期刊的论文共计247篇，发表在北大核心期刊的论文共计533篇。研究者对检索结果进行了文献计量可视化分析，结果表明，有关于"教师素养"的研究始于1985年，此后几十年的文献数量一直处于平稳状态，从2004年起有关于这方面的研究开始出现升温趋势，直至2019年发表的文

---

① 朱胜晖，孙晋璇.乡土文化转型与乡村教师专业发展［J］.当代教育科学，2018（8）：78-81.
② 邢青.乡村文化变迁视角下留守儿童问题研究［J］.教育理论与实践，2019，39（16）：27-30.
③ 孙杰远，乔晓华.乡村文化的当代转型与教育应对［J］.当代教育科学，2022（2）：66-71.
④ 钱理群，刘铁芳.乡土中国与乡村教育［M］.福州：福建教育出版社，2008：104.

献数量达至巅峰状态。这意味着，教师素养作为一个专门的研究领域，在乡村振兴时期受到了前所未有的关注（图1-3）。

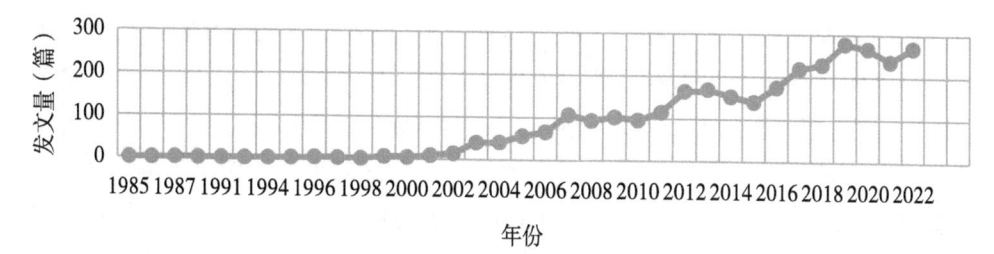

图1-3 以"教师素养"为主题的文献计量可视化分析结果

就研究主题的分布情况而言，排在前十位的主题词分别为"教师信息素养""信息素养""教师素养""高校教师""中小学教师""提升策略""高职院校""素养提升""教师数据素养""核心素养"等。可见，研究者普遍较为关注教师的信息素养、数据素养、核心素养等，尚未系统性关注教师的乡土文化素养，这为本研究预留了充足的空间（图1-4）。

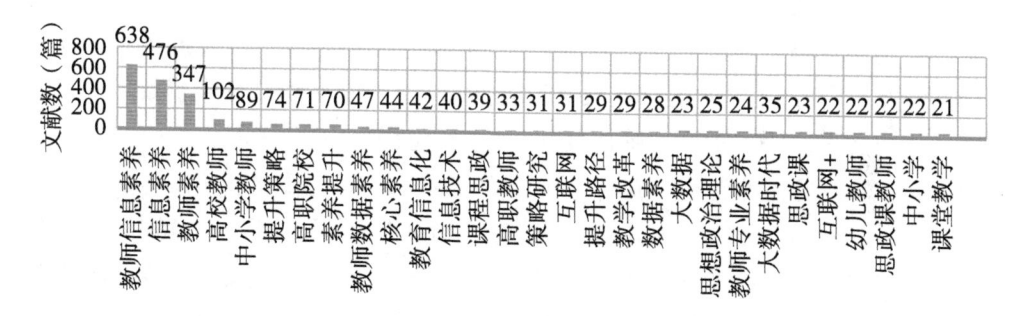

图1-4 以"教师素养"为主题的文献主题词分布情况统计图

本研究旨在对乡村教师乡土文化素养的内涵、价值指向、构成要素、现状及其面临的发展困境、困境的成因、对策建议等问题展开系统性探讨。根据研究需要，结合文献的检索情况，研究者将围绕乡村教师专业素养的构成要素、影响因素及提升路径等方面，开展文献的梳理及述评工作。

（一）关于教师素养构成要素的研究

通过梳理文献，研究者发现，有关于教师素养构成要素的研究主要可以分为两类。第一类研究遵循自上而下的路径，侧重采用演绎分析的思维方式，探讨教师专业素养的构成要素。如林瑞钦认为教师的专业素质由所教学科的知识、教育专业知能、教育专业精神等成分构成；艾伦（Allen）认为教师的专业素养由学科知识、行为技能、人格特征等成分构成；叶澜等人认为教师的专业素养由专业理念、知识结构、能力结构等成分构成[1]。与之相比，国外的研究者侧重探讨教师专业素养的某一个具体维度，如舒尔曼（Shulman）与鲍尔（Ball）探讨了教师的专业知识，提出了PCK与MKT的教师专业知识结构模型；舒莫（Schommer）和霍夫（Hofer）对教师的专业信念进行了探讨，提出了嵌入式系统和四维度信念模型；杰西卡（Jessica）与沃格特（Vogt）等人提出了教师能力的三角网式要素构成图与四维度教学能力刻画模型[2]。这类研究虽然具有较强的学理性，但难以关照到不同民族、地域、阶层教师的现实差异。第二类研究遵循自下而上的研究路径，侧重采用归纳分析的思维方式，探讨教师专业素养的构成要素。如鲁小莉等人对上海市的教研员及专家型教师实施了访谈调查，结果表明，教师的专业素养由教师信念、教师知识、自我调节、继续学习等要素构成，其中教师知识是关键性要素[3]；何齐宗等人构建了中小学教师专业素养结构的指标系统，并且面向高校和科研院所的专家、中小学教师和校长、县市教育局的负责人等群体发放了咨询问卷，在吸纳三轮专家反馈意见的基础上，建构了中小学教师的专业素养结构，具体包括品德修为、知识涵养、教学能力等要素[4]。此外，也有一些教育行政机构、教师行业协会规定了教师专业素养的构成要素。中国教育部师范教育司规定，教师的专业素养由专业态度、专业知识、专业能力等要素构成[5]。美国国家专业教学标准委员会（National Board for Professional Teaching Standards）规定了教师的五种构成要素，分别为教师专注于学习以及学生的学习、教师了解自己所教学科的知识以及将其传授给学生的方法、教师担负起管理和监测学生学习的责任、教师对自己的行为进行系统思考并从中积累经验和吸取教训、教师成为学习共同体中的一员[6]；由国际教

---

[1] 叶澜，白益明，王枬，等.教师角色与教师发展新探［M］.北京：教育科学出版社，2001：225.
[2] 黄友初，富萍.中英数学教师交流对教师专业素养影响研究［J］.比较教育学报，2021（1）：166-176.
[3] 鲁晓莉，李娜，鲍建生.解读教师专业素养——基于专家教师和教研员的视角［J］.基础教育，2020，17（2）：61-67，77.
[4] 何齐宗，刘流.中小学教师专业核心素养模型构建研究［J］.课程·教材·教法，2021，41（4）：131-137.
[5] 教育部师范教育司.教师专业化的理论与实践［M］.北京：人民教育出版社，2003：57.
[6] 贝斯·赫斯特，金尼·雷丁.教师的专业素养［M］.赵家荣，译.上海：上海教育出版社，2019：1-2.

育成就评价协会（IEA）发起和组织的教师教育领域内的首次大型国际比较研究，强调通过知识和信念来反映职前教师的素质[①]。

事实上，有关于教师专业素养的构成要素问题，目前学术界尚且存在争议，争议的焦点在于除了专业知识、专业能力外，还有哪些因素是教师专业素养的构成要素。对于这一问题，不同的研究者提出了不同的观点，态度、情意、品德、信念、伦理、师德等要素均被论及，从而形成了教师专业素养的"三因素说""四因素说""多元因素说"等。研究者认为，与城市教师相比，乡村教师的工作环境较为艰苦，他们除了具备一般性的专业知识与专业能力外，还要具备亲近乡土、扎根乡村教育的专业信念。因而，专业信念、专业知识、专业能力等是构成乡村教师专业素养的三个基本要素，接下来研究者将围绕这三个因素开展文献的梳理及述评工作。

1. 关于教师信念的研究

教师信念的研究兴起于20世纪70年代，是研究者对以往"教育工程学"研究取向的一种纠正。"教育工程学"取向深受行为主义心理学派的影响，强调规范与控制教师的教育教学行为，这一取向的缺陷在于将教师理解为一个抽象的人，极少关照教师个人的内心世界。因而，随着建构主义心理学、信息加工理论、多元智能理论的不断成熟，研究者开始将目光聚焦于那些潜藏于教师内心深处的、难以被观察与测量的内容，诸如教师的态度、思维、决策等。尤其是美国教育家杰克逊（P.W.Jackson）的专著《班级生活》（1968年）问世以后，一些研究者开始走进学校生活，尝试以"局内人"的视角解读教师的内心世界。受上述研究取向的影响，教师信念日渐成为新兴的研究主题，研究者围绕教师信念的内涵、构成要素、提升路径等方面展开了广泛而又深入的探讨，在关于教师信念的构成要素方面，不同的研究者提出不同的观点，形成了三因素说、四因素说、五因素说、多因素说等代表性观点。如宋宏福认为教师信念是指人们对教育理想、教育观念、教育理论及教育主张的确认和坚信[②]；卡根（Kagan）认为教师信念包括课堂、教学内容、学生、学习等方面的要素[③]；卡达赫特（Calderhead）从学科教学的角度出发，认为教师信念主要包括关于教

[①] 陆珺.实习数学教师专业素养的发展性评价研究[D].上海：华东师范大学，2020：25.
[②] 宋宏福.论教师的教育信念及其培养[J].现代大学教育，2004（2）：37-39.
[③] Kagan DM. Implications of research on teacher belief [J]. Educational Psychologist, 1992, 27（1）: 65-90.

学活动、学习、学科、教学、教师角色等方面的要素[1]；赵昌木认为教师信念包括教学目的信念、教师角色信念、学科内容与自我学习的信念、学习环境与教学模式的信念、认知类信念、教学效能感、自我效能感等[2]；李润洲认为教师信念包括关于教师自我的信念、关于教育的信念、关于学科的信念、关于学生及学习的信念等方面[3]。

可见，教师信念实质上是一个内涵十分宽泛的概念，既包含了教师对自我的认识与理解，也包括了教师对教育教学、对学生、对环境的认识与理解等。因此教师信念有中心信念与边缘信念之分。中心信念实质上涉及教师的自我信念，其他的教师信念则可被视作一种教师的边缘信念。如若将教师的信念系统比喻成一棵参天大树，那么教师的自我信念就是这颗大数的根，边缘信念则是这颗大树的枝与叶。没有根基的茁壮成长，就很难有日后的枝繁叶茂。教师信念系统的形成与发展取决于教师的自我判断，教师首先需要在内心深处对自己将要成长为什么样的教师形成一种理性的认识，方能理解教育的本质与规律、教学的目的与意义以及学生学习的特点与需要。社会心理学中有一个重要的概念——自我范畴化，核心是个体在某个文化框架中被塑造、最终完成社会化的过程。这种心理现象在文化领域被称作文化同质化[4]。因而，教师的自我信念必然会受到自身所处的文化环境的影响，促使教师的自我信念具备某种文化特质。这意味着，特定文化的价值观必然会烙在教师的大脑深处，从而在潜移默化之中影响着教师对教育的本质、教学过程的价值判断，而这正是推动教师走向专业自主发展的深层动因。研究者唯有理解了教师的文化处境，方能真正理解教师的信念，对于乡村教师的研究亦是如此。

通过梳理文献，研究者发现，从文化学层面探讨乡村教师专业信念的研究十分匮乏，仅有少量的文献关注到乡村教师专业信念的乡土性特征。如吴银银认为乡村教师信念的重塑并不能凭空臆造，而与一脉相承的"乡土"密不可分，传统中国在本质上是一个乡土社会，凭借礼俗传承维系了乡土社会的自治，形塑了其乡土本色，因而"乡土性"是乡村教师信念的根本特征[5]；李宁等人认为乡村教师职业信念的构成要素是坚守信念、专业发展期待、乡村教师津

---

[1] Calderhead. Teachers：Beliefs and Knowledge [M]. New York：Macmillan publishers, 1996：709-725.
[2] 赵昌木. 论教师信念 [J]. 当代教育科学, 2004（9）：11-14.
[3] 李润洲. 论教师的教育信念 [J]. 中小学教师培训, 2015（6）：1-5.
[4] 董海霞. 论教师教育信念的文化品格 [J]. 当代教育科学, 2019（3）：56-58, 96.
[5] 吴银银. 乡村振兴战略中乡村教师信念重塑研究 [J]. 当代教育与文化, 2021, 13（5）：93-101.

贴、职业压力、自我效能感、职业困境评估等，其中，坚守信念表达了乡村教师的德性自觉，乡村教师唯有坚守信念，方能具备乡土归属感及乡村教育使命感，方能坚守乡村教育[①]。

2. 关于教师知识的研究

长期以来，受西方理性主义的影响，人们将教师知识等同于"学科专业知识+教育教学知识"。美国课程专家施瓦布（J.J.Schwab）对学科知识进行了系统性探讨，提出了实质性知识结构及句法性知识结构，前者涉及组织学科概念、事实、原理、公式等方面的方式，后者涉及判断学科知识是否符合规则的方式。美国教育家舒尔曼（Shulman）对施瓦布的观点进行了修正，提出了学科教学知识（PCK）的概念，他将教师知识分成了七类，即学科内容知识、课程知识、一般教学法知识、学科教学法知识、有关学生及其特性的知识、有关教育脉络的知识、有关教育目的及其哲学历史渊源的知识[②]。此后，格罗斯曼（Grossman）、科克伦（Cochran）、德鲁特（Deruiter）与金（King）、艾尔贝兹（Elbaz）等研究者也对教师的知识结构进行了划分，但无论如何划分，学科知识与教学知识始终是教师知识结构中的两个基本要素，究其实质而言，这些研究都是对舒尔曼研究成果的修正与补充。但随着波兰尼"个人知识"理论的广泛传播，研究者们开始意识到，知识既以显性的形态存在，也以隐性的形态存在。隐性的知识融合了教师自身的价值观念及实践智慧，具有个体性、情境性、实践性等特征，这类知识又被称为实践性知识。在关于教师知识的初始化研究阶段，实践性知识并不是一个专门的研究主题，而是渗透于一些教育学的理论之中，美国课程论专家施瓦布提出的"实践性样式"，被理解为对实践性知识的早期探讨。

此后，西方的学者对实践性知识进行了广泛而又深入的研究，出现了三支具有代表性的学术团体，即以埃尔瓦斯（Elbaz）为代表的学术团体，以康纳利（Lonnelly）、克兰迪宁（Clandinin）为代表的学术团体，以沃勒普（Verloop）为代表的学术团体。其中，加拿大学者埃尔瓦斯的研究团队于20世纪80年代基于访谈调查探讨了教师实践性知识的内涵、结构及其特征，埃尔瓦斯认为教

---

① 李宁，张晓琳，王邵媛. 乡村教师何以坚守：基于教师职业信念视角的实证分析［J］. 教育发展研究，2022，42（6）：56-64.

② Shulman LS. knowledge and teaching: foundation of the New reform［J］. Harvard educational review, 1987（10）：1.

师的实践性知识可以分为五类：关于自我的知识、关于学科的知识、关于课堂的知识、关于授课的知识、关于环境的知识。康纳利（Connelly）及克兰迪宁（Clandinin）的研究团队于20世纪90年代采用叙事研究方法，谈论教师如何过一种有意义的教学生活。克兰迪宁将教师的实践性知识划分为理论知识与实践知识两类[①]。荷兰莱顿大学的沃勒普（Verloop）、贝加德（Berjaard）、梅杰尔（Meijer）等人自20世纪90年代中期开始，从学校改革、教师的知识基础、师范生教育以及学科改革等角度探究教师的实践性知识，他们认为实践性知识不仅涵盖了学科知识本身，而且涵盖了如何传递学科知识的知识，问题解决的知识或高阶思维的知识，促进、管理、监控和评价学生学习的知识，课程体系的知识，目标小组和学习类型的知识，以及对实践经验进行反思等六个方面[②]。此外，日本的学者佐藤学、加拿大的学者马克斯·范·梅南（Max van Manen）等学者同样关注了教师的实践性知识，由于篇幅的有限性不再展开论述。

关于教师知识的研究，国内的研究者同样取得了较为丰硕的研究成果，形成了三种取向。第一种是以辛涛等人为代表的功能性取向，将教师知识的结构分为本体性知识、条件性知识、文化性知识以及实践性知识四类。其中，本体性知识涉及教师所具有的学科专业知识；条件性知识涉及教师所具有的教育学、心理学、教学法等方面的知识；实践性知识涉及教师在具体的教育教学情境中应用到的知识，是教师经验积累的结果；文化性知识涉及教师的文化修养[③]。第二种是以陈向明为代表的实践性取向，将教师的知识分为理论性知识与实践性知识两类。其中理论性知识包括一般文化知识、学科知识、专业知识[④]；实践性知识包括关于自我的知识、关于科目的知识、关于学生的知识、关于教育情境的知识四类[⑤]。第三种是以叶澜教授为代表的综合性取向，认为教师的知识属于一种多层次的、复合性结构，位于最底层的是科学与人文方面的基础性知识及其一些运用知识的基础性技能，位于中间层面的是学科专业知识与技能，位于最高层面的是教育学科类知识，并且这三个层面相互依存，共同形成

---

① 陈向明.搭建实践与理论之桥——教师实践性知识研究［M］.北京：教育科学出版社，2011.
② 肖鑫.整合技术视角下小学语文卓越教师知识结构研究［D］.长春：东北师范大学，2021：10.
③ 辛涛，申继亮，林崇德.从教师的知识结构看师范教育的改革［J］.高等师范教育研究，1999（6）：12-17.
④ 陈向明.教师实践性知识再审视——对若干疑问的回应［J］.北京大学教育评论，2018，16（4）：19-33；184.
⑤ 陈向明.搭建实践与理论之桥——教师实践性知识研究［M］.北京：教育科学出版社，2011：76.

了一个统一的整体①。

事实上,教师绝非单纯的知识传递者,而是通过知识的传递实现育人的目标。这就决定了教师既需要熟知"教什么"的知识,也需要熟知"如何教"的知识。"教什么"的知识涉及基础性文化知识、学科专业知识,"如何教"的知识涉及教育教学理论性知识、实践性知识,这四类知识共同形成了教师的知识结构,对于乡村教师而言,亦是如此。通过梳理文献后发现,目前有关于乡村教师知识的研究大多具有强烈的问题意识,侧重通过实证调研揭示乡村教师的知识储备现状及其存在的现实问题,并针对存在问题的成因,提出优化乡村教师知识结构的对策建议。这无疑对本研究颇具启示,但乡村教师的专业发展植根于乡土文化的土壤之中,其所掌握的知识具有本土性及文化性,乡土知识是乡村教师作为专业人员,在专业发展中获得话语权的必要保障②。因而,乡土知识是我们探讨乡村教师知识时难以回避的问题,也是本研究所要关注的重要内容。

3. 关于教师能力的研究

教师能力作为教师教育教学水平的表现形式,一直是教师素养领域内研究的热点问题。通过梳理文献,研究者发现,如同教师知识,教师能力同样是一个多维度的、复杂性结构,而有关于教师能力的结构问题,不同的研究者提出了不同的观点,从而形成了两种研究取向。一种是纯粹的能力取向,这一研究取向立足于能力本位,将教师能力等同于教师的教育教学能力。美国教育家舒尔曼(Shulman)认为教师的能力包括课堂组织及管理能力、教学内容讲述能力、与学生进行沟通的能力、布置及检查学生任务的能力等;1987年,美国国家教育部增设了"全国专业教学标准署",规定了教师能力的结构,主要包括教师将学科知识传递给学生的能力、全身心致力于学生及其学习的能力、监测学生学习的能力等③;罗纳德(Ronald)认为教师的能力应主要由计划能力、学术能力、交流能力、人际交往能力、管理能力以及评估和反馈能力等要素构成④;

---

① 叶澜.新世纪教师专业素养初探[J].教育研究与实验,1998(1):41-46,72.
② 康晓伟.农村教师知识的本质属性及其发展途径研究[J].教师教育研究,2015,27(4):11-15.
③ 任俊蕾.高中教师专业能力的现状及对策研究基于《中学教师专业标准(试行)》[D].沈阳:辽宁师范大学,2017:3.
④ Simpson R D,Smith K S. Validating teaching competencies for graduate teaching assistants: A national study using the Delphi method[J]. Innovative Higher Education,1993,18(2):133-146.

弗兰齐斯卡（Franziska）认为教师的能力包括学科知识、教学方法运用、教学管理及教学诊断等[1]；罗树华等研究者认为教师能力主要包括教师因材施教的能力、掌握与利用教学大纲的能力和掌握与利用教材的能力等[2]；中国教育部师范教育司认为教师的能力主要包括指导学生学习及生活方面的能力、指导学生心理方面的能力、管理教育教学活动的能力以及自修能力等[3]；王沛等人认为教师能力由核心能力群与外生能力群两个部分构成，其中，核心能力群主要包括教学监控能力、知识提取能力，以及教学执行能力，外生能力群主要包括职业倾向、教学效能感、教学个性等方面[4]；王光明等研究者认为教师的核心能力主要包括教育教学能力、教研和创新能力、沟通与合作能力、学习和反思能力等[5]。另外一种是多因素研究取向，这一研究取向立足于人的全面发展，将教师能力视作一个由信念、知识、能力等形成的综合体。迈克迪尔米德（McDiarmid）认为教师的能力包括品性（如价值观与认同、态度、信念等）、知识（一般性教学知识、学科专业知识、学科教学知识等）、技能（教学设计、学习评价、课堂管理等）等；坎特认为教师能力主要包括自我调节、专业信念、教学信念及职业动机；哈克菲尔德（Hachfeld）等人指出，教师专业能力是由学科知识、学科教学知识、一般教学知识以及教师信念、价值观、动机和自我管理能力之间相互作用所构成的系统[6]。

　　国内外研究者对教师能力进行了广泛而又深入的研究，为我们深刻地把握这一问题奠定了必要的知识基础，但其仍然存在诸多缺陷，其中最为突出的一个缺陷就是理论研究者与实践研究者之间存在着巨大的鸿沟，致使理论研究者建构的教师能力结构难以满足一线教师的实践需要。进而言之，教师的能力生成于教师的教育教学实践之中，蕴含着教师个体的实践性智慧，具有生成性、情境性、创造性等特点。其中，情境性表明了教师的能力与教师所处的教育教

---

[1] Vogt F, Rogalla M. Developing Adaptive Teaching Competency through coaching [J]. Teaching & Teacher education, 2009, 25（8）：10-16.

[2] 罗树华, 李洪珍. 教师能力学 [M]. 济南：山东教育出版社, 2000：79-126.

[3] 教育部师范教育司. 教师专业化的理论与实践 [M]. 北京：人民教育出版社, 2003：59-61.

[4] 王沛, 关文军, 王阳. 中小学教师教学能力的内涵与结构 [J]. 课程·教材·教法, 2010, 30（6）：92-96.

[5] 王光明, 黄蔚, 吴立宝, 等. 教师核心素养和能力双螺旋结构模型 [J]. 课程·教材·教法, 2019, 39（9）：132-138.

[6] 胡卫平, 张晓. 教师专业能力发展的理论与实践 [J]. 陕西师范大学学报（哲学社会科学版）, 2018, 47（2）：139-145.

学情境密切相关，教育教学活动的情境发生了变化，对教师能力的要求自然也会有所变化。对于乡村教师而言，他们置身于乡村教育教学情境之中，乡村教育教学情境对乡村教师的教育教学能力提出了要求，研究者普遍将这一能力称为乡村性教育教学能力。如肖正德等人认为乡村小学全科教师的乡村性教育教学能力主要包括乡村教学情感动力、复式教学能力、跨学科教学能力、乡土资源开发与利用能力、乡村综合实践教学能力等[①]；吴亮奎认为乡村教师除了具备一般性的专业能力外，还需具备开发乡土课程的意识与能力[②]。上述观点虽然颇具启示，但仍然有待于进行深入探讨，而这正是本研究的努力方向之一。

（二）关于教师素养影响因素的研究

通过梳理文献，研究者发现，学术界对这一问题的研究形成了两种典型的分析框架。一是从共时性的角度出发，将教师专业素养的影响因素分为个体性因素与环境性因素。个体性因素主要包括教师个人的生活史、教师文化、自主发展意识、教育信念、知识与能力结构等。环境性因素主要包括影响教师发展的社会环境及学校环境，社会环境包括经济发展水平、文化氛围、民族及人口政策、政治环境等，学校环境包括学校文化、领导风格、人际氛围等，目前国内外的大多数研究者倾向于采用这一框架。瑞默斯将影响教师专业素养形成与发展的因素归纳为两类，即个人性因素与背景性因素。个人性因素主要包括教师的动机发展与生涯发展、认知发展等，背景性因素主要包括教师团队或部门领导、学校、学校体系、学校所在的社会与社区、时间和财政资源等[③]117。龙宝新认为教师的专业素质是教师与其周遭环境耦合而成的共生性素质，专业伦理、专业知识及技能等都只是教师与环境发生互联的中介[④]；经柏龙提出了人格、行为、环境三位一体的教师专业素养因素论，人格属于教师内在精神层面的因素，行为属于人外显的操作层面的因素，环境属于教师的外部性因素[③]123-141。

---

① 肖正德，王振宇. 农村小学全科教师"乡村属性"教学能力：价值、结构及培养路径［J］. 中国教育学刊，2020（12）：64-69.
② 吴亮奎. 乡村教师专业发展的矛盾、特质及其社会支持体系构建［J］. 教育发展研究，2015，35（24）：47-52.
③ 经柏龙. 教师专业素质：形成与发展［M］. 北京：中国社会科学出版社，2012：117；123-141.
④ 龙宝新. 微环境视野中的教师素质共生论［J］. 天津师范大学学报（基础教育版），2018，19（2）：7-13.

此外，也有研究者认为教师的职业生涯可以划分为职前阶段、职中阶段及职后阶段，教师所处的阶段不同，影响其专业素养形成与发展的因素也有所差异。其中，影响教师进入教师教育院校学习前阶段的因素主要包括教师幼年与学生时代的生活经历、主观经验以及人格特质等；影响教师进入专业学习阶段的因素主要包括教师教育及培养模式、师范生的社会背景、课程设置、人格特质、学校的教育设施、环境条件等；影响在职教师发展的因素主要包括教师的社会地位、教师的生活与工作环境、学生、教师的同辈群体[1]。

上述研究无疑颇具启发价值，但忽略了周遭生存环境对教师素养发展的影响。进而言之，教师素养不是一个孤立的心理要素或品格，而是与其周遭生存环境互益共生。如若说周遭生存环境为教师素养的形成与发展提供了必要的物质依托与心理支撑，那么教师作为文化主体，则可以凭借自身所具备的文化资本优势，干预乃至改造其周遭的生存环境，对于乡村教师而言，亦是如此。因而，乡村教师专业素养的发展离不开乡土环境的影响，但鲜有研究者关注到这一问题，而这正是本研究所关注的重要内容。

（三）关于教师素养提升路径的研究

通过梳理文献，研究者发现，有关于乡村教师专业素养的提升路径问题，引发了世界各国研究者的普遍关注。近年来，国外研究者侧重从乡村教育在地化的视角探讨这一问题。乡村教育在地化运动发轫于20世纪70年代的西方，针对由工业化引发的乡村社区资源枯竭、生态环境恶化、教育质量低下等问题，研究者对乡村学校教育中的地方虚无主义进行了反思，并将其视为导致乡村学校教育质量低下的渊薮，如何通过重建乡村学校教育中的地方性知识体系，促进乡村学校教育与乡村社区之间建立联结，这一问题引发了西方学者的普遍关注，乡村教育在地化运动遂之应运而生。乡村教育在地化运动是一种立足于地方的乡村学校教育范式，其为乡村教师专业素养的形成与发展提供了新方向、新理念。国内研究者侧重立足于乡村教师教育教学的实际需要，探讨乡村教师专业素养的提升路径，内容涉及乡村教师的特殊素养、评价素养、核心素养、公众科学素养、信息素养等。如曹二磊等人探讨了民族地区乡村教师的特殊素养，认为民族地区的乡村教师应该形成一种本土化的立场，构建本土课程体系

---

[1] 经柏龙.教师专业素质：形成与发展[M].北京：中国社会科学出版社，2008：120.

目标、丰富本土课程资源、拓展课程的本土实践形式、开展本土情怀教育实践体验活动等[①]；张瑞等人探讨了乡村教师的评价素养，认为当下乡村教师的评价素养"脱嵌"于乡村场域，而要克服上述困境，就要遵循地方性文化、教学生活、政策指导、课程资源嵌入的逻辑[②]；时伟探讨了乡村教师的核心素养问题，认为应该以乡村性为取向，调整目前我国的教师教育课程体系，以提升乡村教师的核心素养[③]；徐美探讨了乡村教师科学素养的提升路径，提出了"改善农村教师的科学知识结构，丰富其专业知识；注重科学方法和过程，增强农村教师的专业能力；培育农村教师的科学品质，提升专业理念与师德"等举措[④]。

可见，在促进乡村教师专业素养发展的路径方面，"在地化教学""地方性知识"等是关键话语，这充分表明了乡村教师专业素养的形成与发展有赖于乡村社区资源的支持。那么，我们应该采取哪些举措促使乡村的社区资源能够为乡村教师专业素养的发展提供支持？对于这一问题，仍然有待于进行深入探讨，而这正是本研究的努力方向之一。

三、关于乡村教师与乡土文化逻辑关联的研究

研究者在中国知网中输入"乡村教师乡土文化"进行主题检索，检索到期刊类论文126篇，学位论文36篇，报纸类文献2篇，专著1部。在期刊类论文中，有31篇论文发表在CSSCI期刊，有52篇论文发表在北大核心期刊。研究者对检索结果进行计量可视化分析，结果表明，有关于乡村教师与乡土文化逻辑关联的研究始于2008年，在此后的几年内，这方面的文献数量一直处于平稳状态，直至2018年起开始出现明显的增长趋势。表明在乡村振兴时期，这一研究主题引发了研究者的广泛关注（图1-5）。

[①] 曹二磊，张立昌. 民族地区乡村教师的特殊素养：价值、结构及培养路径［J］. 教师教育研究，2022，34（1）：19-24.
[②] 张瑞，覃千钟. 从"脱嵌"到"嵌入"：乡村教师评价素养发展的实践转向［J］. 教育理论与实践，2021，41（2）：29-33.
[③] 时伟. 乡村教师核心素养与教师教育课程重构［J］. 课程·教材·教法，2019，39（3）：120-125.
[④] 徐美. 基于公众科学素养的农村教师专业发展及其改进措施［J］. 教师教育研究，2015，27（5）：66-72.

图1-5 以"乡村教师乡土文化"为主题的文献计量可视化分析结果

就研究主题的分布情况而言,排在前几位的主题词分别为"乡村教师""乡土文化""乡村振兴""乡村教师专业发展""乡村振兴战略""专业发展""乡村学校""乡村教育""新生代乡村教师""乡村教师培训""文化使命"等(图1-6)。

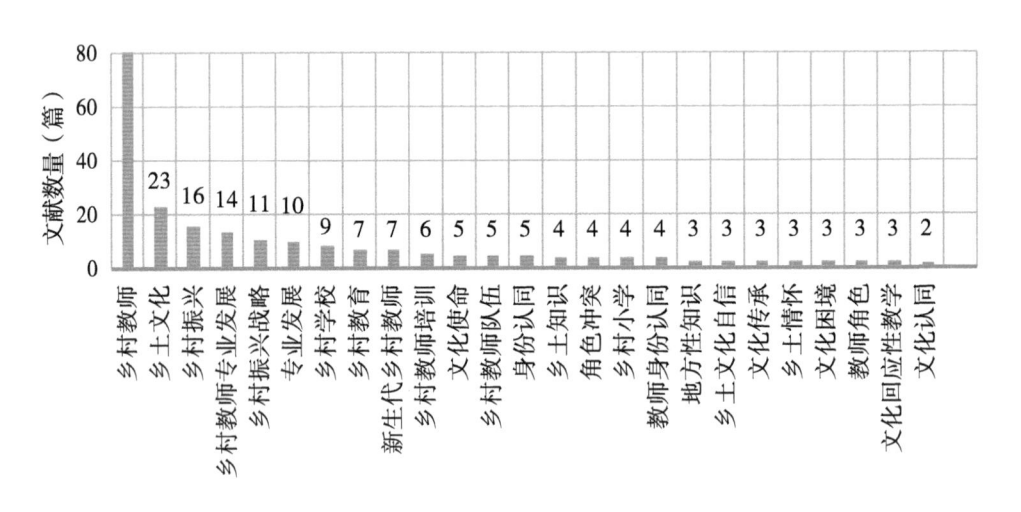

图1-6 以"乡村教师乡土文化"为主题的文献主题词的分布情况统计图

可见,乡村教师与乡土文化逻辑关联的研究主要渗透于乡村教师专业发展、乡村振兴、乡村学校教育、乡村教师培训等主题的文献之中,通过挖掘这些文献,有助于我们深入把握乡村教师与乡土文化之间的逻辑关联。鉴于此,这一部分的文献综述将围绕这几个方面展开。

一是关于乡村教师专业发展方面的研究。在这类研究中,研究者侧重于以地方性知识、乡村教师的专业特质、乡土文化转型等为切入点阐释乡土文化之于乡村教师专业发展的积极影响或消极影响。汪明帅等人认为乡村教师的发展不是一个纯粹的专业性问题,而是需要乡村教师与其生存背景互动,如要促进乡村教师的专业发展,就要充分重视地方性知识的作用,在某种程度上,乡村教师对地方性知识的掌握状况是衡量其发展程度的重要标准[①]。钱芳认为乡村教师是乡村教育场域内的文化持有者，乡村的社会背景、地方习俗与乡土文化脉络等都属于乡村教师专业发展的范畴，乡村教师的专业发展具有地方性、个体性、文化性等特征。乡村教师应该将地方性知识与自身的教育教学活动相结合，成为自己专业发展的引领者[②]。吴亮奎认为乡村教师的专业特质是乡土性，乡土性渗透于乡村教师的专业理念、专业知识与专业能力方面。在专业理念方面，乡村教师除了具有一般城市教师所具有的专业理念外，还要具备乡土情结。在专业知识方面，乡村教师除了具备一般的学科专业知识、教育教学知识、教学法知识外，还要具备乡土知识。在专业能力方面，乡村教师需要具备课程意识与课程开发能力[③]。朱胜晖等人认为随着乡村生产及生活方式的变革以及外部文化的流入，传统乡土文化开始出现转型，从而给乡村教师的专业发展带来了不利的影响，主要表征为乡村教师专业发展过程中主体性缺失、专业发展功利化取向浓厚、过分依靠外部性力量等[④]。

二是关于乡村振兴方面的研究。在这类研究中，研究者侧重于以乡村教师与乡村振兴的关系为切入点，探讨乡村教师与乡土文化之间的逻辑关联。王坤认为乡村教师既是乡村振兴中的人才，又是乡村振兴中的人才培育者，这一双重身份决定了乡村教师既服务于乡村人才振兴，又在乡村振兴中与乡村共同成长，乡村教师与乡村振兴之间具有共生发展的逻辑关系，乡村教师应该融入乡村振兴，而乡村教师融入乡村振兴的重要路径是传承与发展优秀的乡土文化[⑤]。马永全认为乡村教师作为乡村的人才，通过其知识分子身份服务乡村教育、引领乡村思想建设、传承乡村优秀的文化、参与乡村的社会治理。其中，传播乡村优秀的传统文化、引领乡村现代生活与传统文化的融合是乡村教师作为乡村公共服务人才，对乡村振兴应有的价值贡献[⑥]。付光槐等人认为乡村振兴是以政

[①] 汪明帅，郑秋香.从"边缘人"走向"传承者"——回归乡土的教师发展研究［J］.教育发展研究，2016，36（8）：13-19.

[②] 钱芳.地方性知识与乡村教师专业发展——教育场域的视角［J］.教育学术月刊，2018（10）：98-103.

[③] 吴亮奎.乡村教师专业发展的矛盾、特质及其社会支持体系构建［J］.教育发展研究，2015，35（24）：47-52.

[④] 朱胜晖，孙晋璇.乡土文化转型与乡村教师专业发展［J］.当代教育科学，2018（8）：78-81.

[⑤] 王坤.西南地区乡村教师融入乡村振兴的逻辑与路径——基于共生视角［J］.民族教育研究，2022，33（4）：85-90.

[⑥] 马永全.论乡村教师作为乡村公共服务人才［J］.教师教育研究，2022，34（3）：27-32.

策为导向，将乡村资源充分发挥出来而形成溢价收益的动态过程，乡村教师将乡土文化整合到乡村教育实践中的专业能力水平制约着乡村教育的振兴等[①]。

三是关于乡村学校教育方面的研究。在这类研究中，研究者侧重于以乡村学校教育与乡土文化之间的关系为切入点，探讨乡村教师通过传承与发展优秀的乡土文化推动乡村学校教育现代化发展的价值贡献。李帆等人认为乡村学校是传承与发展乡土文化的动力机制，而乡土文化塑造了乡村学校的文化品性，二者之间互益共生。乡村教师作为乡村学校教育的主体，兼具职业人、文化人、生活人三重身份，促使他们在乡土文化的传承及乡村学校教育的现代化建设中均发挥着重要作用[②]。吕晓娟等人认为乡村文化是乡村教育的沃土，乡村教育是传承传统乡村文化的生命机制，但在城乡教育一体化的过程中，传统乡村文化的传承陷入了困境之中。为了化解这一困境，乡村教师应该重塑自身的乡土文化自觉，担负起传承乡土文化、创新乡土文化的神圣使命[③]。

总之，研究者从乡村教师专业发展、乡村振兴、乡村学校教育等视角出发，探讨了乡村教师与乡土文化之间的逻辑关联，这必然有助于我们把握乡村教师与乡土文化之间的关系，为本研究提供必要的学理依据，但相关研究仍然有待系统化与深入化，而这正是本研究的努力方向之一。

四、文献述评

国内外研究者对乡土文化、乡村教师素养、乡村教师与乡土文化的逻辑关联等问题进行了详尽的探讨，这必然有助于研究者把握国内外相关性研究的动向与趋势，为本研究奠定了坚实的理论基础，但仍然存在如下不足。

首先，在研究思维方面，既有研究虽然关注了乡村教师与乡土文化之间的逻辑关联，但仍然秉持一种城乡文化二元对立的思维方式，未能深入揭示城市文化与乡土文化之间相互依存、互融共生的文化发展样态。鉴于此，本研究采用一种共生式思维方式审视我国当代的乡村文化环境，认为当代的乡村文化具有多样性，城市文化与乡土文化之间相互依存、互益共生。为了能够适应这一文

---

① 付光槐，严鹏. 乡村振兴背景下乡村教师本土化发展的价值、优势与路径［J］. 教育理论与实践，2021，41（31）：42-47.
② 李帆，晋妍. 乡土文化的现代性嬗变及其学校应对［J］. 教学与管理，2020（6）：8-11.
③ 吕晓娟，马飞. 城乡教育一体化进程中乡村文化的传承困境与实践重构［J］. 当代教育科学，2019（3）：35-39，51.

化环境，乡村教师在具备一般教师专业素养的基础上，还应具备乡土文化素养。

其次，在研究内容方面，既有研究侧重于揭示乡村教师的一般专业素养，鲜有研究者对乡村教师的乡土文化素养问题展开专门性、系统性探讨。就专门性而言，虽然有研究者在探讨乡村教师专业发展、乡村振兴、乡村学校教育等问题时论述了乡村教师的乡土文化素养，但专门对这一问题进行探讨的文献较为鲜见；就系统性而言，虽然有研究者探讨了乡村教师乡土文化素养的现状，揭示了其中存在的突出问题，但缺乏对乡村教师的乡土文化素养是什么、乡村教师为什么需要养成乡土文化素养、应该如何促进乡村教师乡土文化素养发展等问题的系统性探讨。鉴于此，本研究对乡村教师的乡土文化素养问题展开系统性探讨，以期为系统地认知乡村教师的乡土文化素养提供必要的理论依据与现实参考。

最后，在研究范式方面，既有研究多采用纯粹的定性研究范式或纯粹的定量研究范式，鲜有研究者采用混合研究范式探讨乡村教师的素养问题。鉴于此，本研究综合采用德尔菲专家咨询法、问卷调查法与访谈调查法等研究方法探讨我国乡村教师的乡土文化素养问题。其中，德尔菲专家咨询法、问卷调查法属于定量研究范式，而访谈法则属于定性研究范式，这两种不同的研究范式混合使用，能够取长补短，便于研究者系统而全面地收集到第一手的研究资料。

第四节 研究思路与研究内容

一、研究思路

本研究对乡村教师的乡土文化素养问题进行了系统性探讨，在研究的过程中，依循"应然建构—实然检视—困境归因—对策建议"这一逻辑思路开展研究工作（图1-7）。其中，"应然建构"对应的是本书第二章、第三章的内容，研究者首先探讨了一些基本性的理论问题，继而构建了乡村教师乡土文化素养构成要素的指标体系，目的在于为后续调查问卷的设计提供依据与框架；"实然检视"对应的是本书第四章的内容，研究者自编了调查问卷并开展调查，目的在于揭示目前我国乡村教师乡土文化素养的发展现状，探寻其在发展方面所面临的困境；"困境归因"对应的是本书第五章的内容，通过访谈调查了解乡村教师乡土文化素养发展困境的成因，以之为基础，深入剖析乡村教师乡土文化素养发展困境的多维成因;"对策建议"对应的是本书第六章的内容,通过访谈调查了解各方利益主体在促进乡村教师乡土文化素养方面所采取的措施,以之为基础,立足于乡村社区、师范院校、乡村学校、乡村教师四个层面,提出促进乡村教师乡土文化素养发展的对策建议。

研究思路	研究内容		研究方法
应然建构	乡村教师乡土文化素养的理论阐释	内涵阐释 / 理论基础 / 价值意蕴	
	乡村教师乡土文化素养构成要素指标体系的构建	构成要素的初步确立 / 构成要素的优化 / 构成要素的关联作用	德尔菲法
实然检视	乡村教师乡土文化素养发展现状的问卷调查	发展现状的调查 / 发展困境的分析	问卷调查法
困境归因	乡村教师乡土文化素养发展困境的成因剖析	乡村教师层面的成因 / 社会层面的成因 / 高校层面的成因 / 乡村学校层面的成因	访谈调查法
对策建议	促进乡村教师乡土文化素养发展的对策建议	乡村教师层面的对策建议 / 社会层面的对策建议 / 高校层面的对策建议 / 乡村学校层面的对策建议	访谈调查法

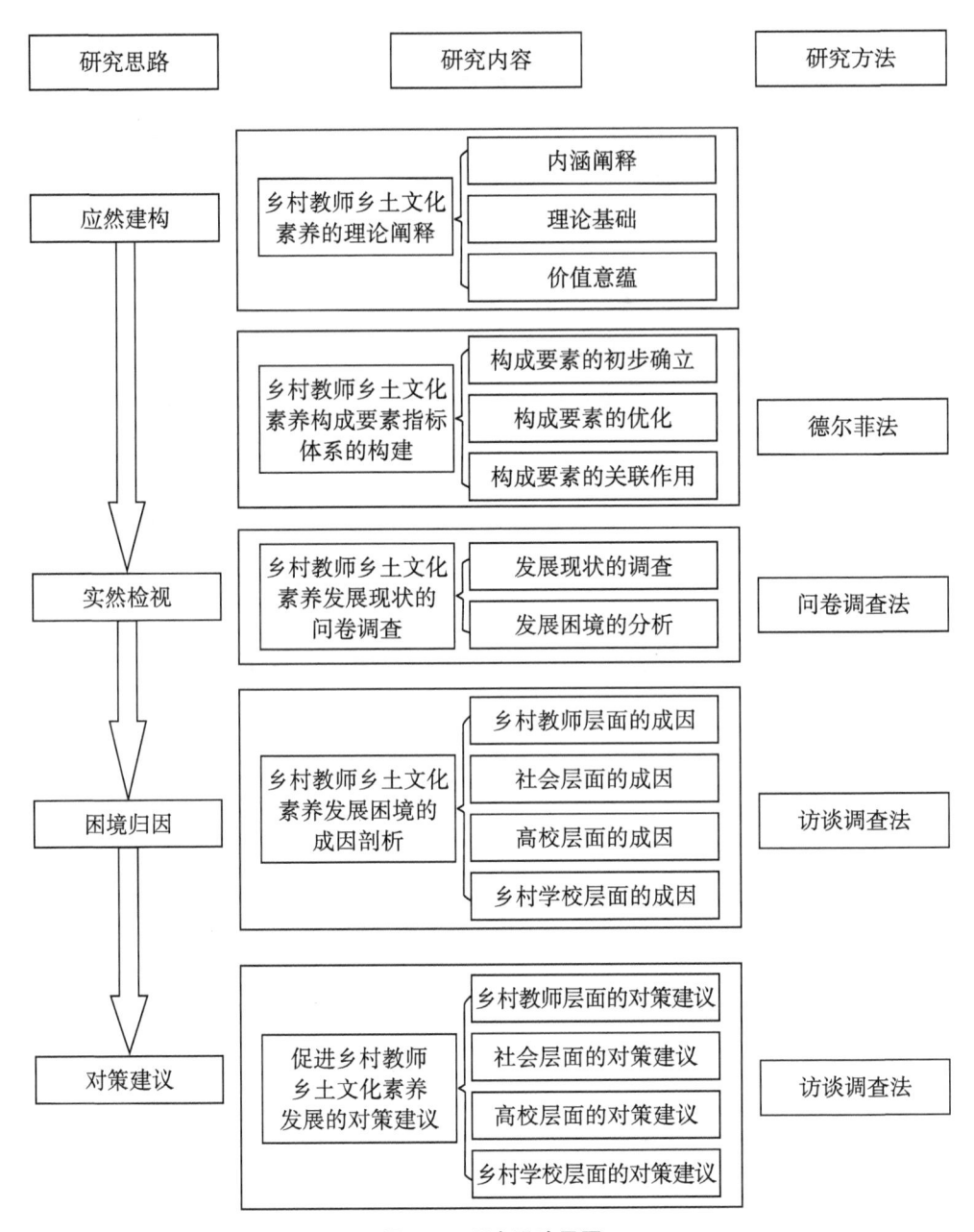

图1-7 研究思路导图

二、研究内容

根据上述研究思路，研究者架构了本书的内容，具体分为如下几个章节。

第二章为乡村教师乡土文化素养的理论阐释。首先，研究者在界定乡村教师、素养、乡村教师素养、乡村教师专业素养等概念的基础上，界定了乡村教师乡土文化素养的概念，回应了"乡村教师的乡土文化素养是什么"这一研究问题；其次，研究者立足于乡村振兴及教育高质量发展的时代背景，结合文化回应性教学理论与社会共生理论，阐释了乡村教师乡土文化素养的价值指向，回应了"乡村教师为什么需要养成乡土文化素养"这一研究问题。

第三章为乡村教师乡土文化素养构成要素指标体系的构建。首先，研究者从相关文献与政策文本中探寻乡土文化素养构成要素确立的理论依据与现实依据，并根据"德—知—能"的专业素养框架，初步构建了乡村教师乡土文化素养构成要素的指标体系；其次，研究者采用德尔菲法面向专家征询意见，并根据专家提出的意见对指标体系进行了修改与完善，确立了最终的指标体系；最后，研究者对乡土文化素养的构成要素进行了分析，并借用麦克利兰提出的"冰山模型"，建构了乡村教师乡土文化素养的结构模型，回应了"乡村教师应该具备怎样的乡土文化素养"这一研究问题。

第四章为乡村教师乡土文化素养发展现状的问卷调查。首先，研究者根据乡村教师乡土文化素养构成要素的指标体系，设计了调查问卷的问题，指标体系中的每一项指标都设计了1～2道问题，以之为基础，自编了调查问卷；其次，研究者针对甘肃省两地市下辖6个县区的536位乡村教师开展了问卷调查，回收有效调查问卷520份，并通过SPSS软件对所得数据进行了统计与分析，以之为基础，揭示了目前我国乡村教师乡土文化素养的发展现状及其所面临的现实发展困境，回应了"乡村教师乡土文化素养发展的现实状态怎样"这一研究问题。

第五章为乡村教师乡土文化素养发展困境的成因分析。研究者对乡村教师、乡村学校的校长、高校的专家、公费师范生等群体实施了访谈调查，以之为基础，剖析了乡村教师乡土文化素养发展困境的个体成因、社会成因、师范院校成因、乡村学校成因，回应了"乡村教师乡土文化素养的发展困境有哪些""乡村教师乡土文化素养发展困境的成因是什么"这两个研究问题。

第六章为促进乡村教师乡土文化素养发展的对策建议。研究者对乡村教师、乡村学校的校长、高校的专家、公费师范生等群体实施了访谈调查，以之为基础,从乡村教师、社会、高校、乡村学校四个层面出发,提出了促进乡村教师乡土文化素养发展的对策建议,回应了"如何促进乡村教师乡土文化素养的发展"这一研究问题。

第五节 研究方法

一、方法论的选择

在教育研究中,为了收集第一手的研究资料,研究者首先需要选择适切性的研究方法,研究方法是否得当直接关涉到预期研究目标的实现,而方法论是整个研究方法系统的内核,其能够为研究方法的使用提供范式指导与思维方式的指导,因此在一项课题研究中研究者首先面临着选择何种方法论,其次才面临着选择何种具体的研究方法,可以说对方法论的思考是选择适切性研究方法的前提[1]。本研究以乡村教师的乡土文化素养为研究对象,"素养"是一个较为复杂的概念,既外显于人的知识、能力、行为等方面,又内隐于人的人格修养。研究对象的特殊性决定了我们不能完全囿于书斋中的文献,坐在摇椅上进行抽象的思辨,亦不能单一地依赖于价值无涉的实验或量化研究方法。走进教育现场,通过调研,了解乡村教师乡土文化素养的现状,揭示其在发展方面所面临的困境,探寻并剖析造成困境的成因,就成为探讨这一研究命题的必然选择。

基于此,本研究选用了混合研究范式。混合研究范式在本质上属于一种方法论,一种源于广义哲学的研究过程,一种能够用一个转型的哲学角度来认识的混合方法论[2]。混合研究涉及定量与定性研究方法、方式或其他范式特征的混合。准确的、恰当的混合是由研究者面临的研究问题以及情境性、实际性问题所决定的。定量研究与定性研究的主要区别是在看待人类的认知与行为之时所采用的观点有所不同,在定量研究中,研究者通常会将人类的认知与行为理解为可预见的、可解释的,而在定性研究中,研究者通常会将人类的认知与行为理解为不确定的、生成的,因而他们会从不同的研究视角出发,建构不

---

[1] 刘燕楠.教育研究方法论变革:历史突破与理论创新[J].教育研究,2018,39(5):16-26.
[2] 约翰·W.克雷斯威尔.混合方法研究导论[M].李敏谊,译.上海:上海人民出版社,2015:1.

同的研究行为，而这些研究行为又反过来影响了研究者思考世界、理解世界的方式①。简而言之，混合研究就是同时收集定量研究数据与定性研究数据的一种方法论，通过对上述两类方法的整合利用，能够实现两类研究方法的优缺点互补，促使研究者获取更加全面、深入的研究信息。在采用混合研究范式、方法论时，我们应该秉持的逻辑前提是这两类方法均有各自的优缺点，在教育研究中具有同等重要的地位。如若我们采用定量研究方法，我们一般会根据研究内容，提出研究问题或假设，继而采用适切性的研究方法去验证假设，最后对研究结论做出分析与解释。与定量研究方法有所不同，定性研究者在研究中通常扮演了"局内人"的角色，即通过参与观察对象的工作与生活来收集研究资料，或者直接面向研究对象询问各类开放性问题，或者收集研究对象的作业、绘画、日记等各种实物性资料。因而定性研究作为一种研究范式，包括了各种各样的研究方法，如生活史、实地观察、传记、口述史、访谈、文本分析、实物分析、档案文件研究、调查新闻学、文艺评论等。当我们将所有的数据整理、收集完毕后，就需要提炼资料中的关键线索、关键话语、核心主题，并采用文本、故事、图片、音频等方式将这些文本资料记录下来。

具体而言，在混合性研究范式中，定性研究与定量研究不仅存在个性，而且存在共性。它们的共性之处就在于研究过程大致相同，即确定研究问题—选择研究对象—选用研究方法—收集研究资料—分析研究资料—解释研究结论。而它们的个性之处在于，由于定性研究与定量研究隶属于两类研究范式，所以会涉及对文本数据与数字数据两类数据的分析与解释。这就需要研究者具备整合上述两类数据的能力，这种能力既包括设计研究方案，也包括使用分析框架，而研究方案的设计显得尤为关键。在现有的混合研究方案的设计中，基础性研究方案主要有聚敛式设计、解释性序列设计、探索性序列设计三种。其中，聚敛式设计强调研究者同时收集定量数据与定性数据，然后对这两类数据进行聚合分析；解释性序列设计强调研究者首先采用定量研究方法收集定量数据，然后通过定性研究方法收集定性数据，收集定性数据的目的在于对定量数据进行解释与补充；探索性序列设计强调研究者首先采用定性研究方法收集定性数据，然后采用定量研究方法收集定量数据②。

本研究站在混合研究的方法论立场，综合应用德尔菲法、问卷调查法与

---

① 伯克·约翰逊，拉里·克里斯滕森.教育研究定量、定性和混合方法[M].马健生，译.重庆：重庆大学出版社，2015：33.
② 约翰·W.克雷斯威尔.混合方法研究导论[M].李敏谊，译.上海：上海人民出版社，2015：1.

访谈调查等研究方法。其中，德尔菲法、问卷调查属于定量研究方法，其突出的优点是便于大范围、大规模地收集调查问卷，所得数据也利于统计分析与解释。但其缺陷在于问题是封闭的，未能深层次地了解被调查者的态度、观点及动机。相应地，访谈调查属于定性研究方法，其突出的优点是便于收集到被调查者关于某一问题或行为的态度、观点、动机，但其缺陷在于不利于大规模施测，也不利于对搜集到的数据进行统计与分析。因而，问卷调查法与访谈调查法的优缺点是互补的，通过使用访谈调查法，可以对问卷调查收集到的数据进行进一步的解释与说明，因而本研究使用了混合式研究中的解释性序列设计。即以问卷调查为主，以访谈调查为辅，访谈调查的目的在于对问卷调查的结论进行更加深入的补充。

二、具体研究方法

（一）问卷调查法

问卷调查法作为一种研究方法，具有深刻的方法论基础，这种方法论基础即为实证方法论。同其他实证研究方法一样，在采用问卷调查法时，研究者既需要注重研究对象的多样性，也需要确保研究过程的严密性，更需要讲求研究结论的客观性。上述三个特点，决定了问卷调查法与简单随机抽样、调查问卷、数理统计等密切相关。其中，简单随机抽样能够确保研究对象的多样性，调查问卷能够确保研究过程的严密性，数理统计能够确保研究结论的客观性。本研究严格遵照了问卷调查法的实施流程，预先编制了《关于乡村教师乡土文化素养发展现状的调查问卷》，随机选取了部分乡村教师作为预调查对象。在确保预调查问卷的信度、效度均符合要求的前提下，通过整群随机抽样，面向甘肃省两地市的536位乡村教师、乡村学校的领导实施了问卷调查，回收有效调查问卷520份，并借助SPSS软件对收集到的数据资料进行了描述性统计与推断性统计，以了解目前我国乡村教师乡土文化素养的发展现状及其所面临的发展困境。

（二）访谈调查法

访谈调查是质性研究范式中比较常用的一种研究方法，具有非结构式访谈、结构式访谈以及半结构式访谈三种形式。本研究旨在通过访谈调查，了解造成乡村教师乡土文化素养发展困境的成因以及各个利益主体在促进乡土文化素养发展方面所采取的举措。研究目的的开放性决定了本研究更适合采用半结构式访谈，即虽然预先编制了访谈提纲，但在具体的访谈过程中，可以根据访谈的需要灵活地调整访谈的问题，以确保研究者能够收集到更为全面、真实的研究资料。

具体而言，本研究的访谈对象为高校的教师、公费师范生、乡村教师、乡村学校校长等群体。他们大多在乡村教育方面积累了丰富的理论知识与实践经验，故采用了半结构式访谈的形式，通过不断追问的形式来深挖访谈对象的内隐知识。此外，为了确保访谈的效度，针对不同的群体，访谈的侧重点会有所不同。对于乡村教师这一群体，研究者侧重向他们了解造成乡村教师乡土文化素养发展困境的乡村教师个体层面的成因以及乡村教师自身在促进其乡土文化素养发展方面所采取的举措；对于乡村校长这一群体，研究者侧重向他们了解造成乡村教师乡土文化素养发展困境的乡村学校层面的成因以及乡村学校在促进乡村教师乡土文化素养发展方面所采取的举措；对于师范院校的教师与公费师范生这两类群体，研究者侧重向他们了解造成乡村教师乡土文化素养发展困境的师范院校层面的成因以及师范院校在促进乡村教师乡土文化素养发展方面所采取的举措。这符合质性研究中的"三角互证"策略，进一步确保了研究的效度。访谈对象的基本情况，见表1-1。

表1-1　访谈对象的基本情况一览表（n=31）

编号	受访者	性别	教龄/年级	类别	编号	受访者	性别	教龄/年级	类别
T1	李老师	女	14	乡村教师	T12	刘老师	男	5	乡村教师
T2	南老师	女	13	乡村教师	T13	张老师	男	7	乡村教师
T3	张老师	男	13	乡村教师	T14	张老师	女	11	乡村教师
T4	李老师	女	10	乡村教师	T15	关老师	女	16	乡村教师
T5	林老师	男	25	乡村教师	T16	李老师	女	20	乡村教师
T6	康老师	女	31	乡村教师	T17	赵老师	男	7	乡村教师
T7	丑老师	女	16	乡村教师	T18	郭老师	女	26	乡村教师
T8	马老师	男	18	乡村教师	T19	李老师	女	17	乡村教师
T9	张老师	女	22	乡村教师	T20	董老师	男	18	乡村教师
T10	屈老师	女	10	乡村教师	T21	曹老师	男	16	乡村教师
T11	龙老师	男	24	乡村教师	L1	李校长	女	9	乡村校长

（续表）

编号	受访者	性别	教龄/年级	类别	编号	受访者	性别	教龄/年级	类别
L2	姚校长	男	18	乡村校长	HT4	张老师	男	14	师范院校教师
L3	马校长	男	11	乡村校长	HT5	沈老师	男	25	师范院校教师
HT1	李老师	女	19	师范院校教师	HS1	王同学	男	4	公费师范生
HT2	马老师	女	21	师范院校教师	HS2	赵同学	女	3	公费师范生
HT3	贺老师	女	32	师范院校教师					

（三）德尔菲专家咨询法

本研究根据"德—知—能"的基本框架，结合文献分析与政策分析，初步构建了乡村教师乡土文化素养构成要素的指标体系。为了进一步优化指标，研究者采用了德尔菲法征询专家的意见，这一研究方法适用于对那些缺乏精准研究资料的问题进行研究，需要专家根据自身的专业知识及经验对列出的指标体系做出判断并提出修改意见，专家的意见将直接影响到指标体系的修改与完善。参与此次咨询活动的专家包括师范院校的骨干教师、乡村学校的骨干教师、乡村学校的骨干校长等群体。研究者面向专家开展了两次意见征询活动，在这两次活动中均预先编制了专家评分表。要求专家对列出的指标进行评分，根据专家的评分情况，研究者对指标体系进行了修改与完善，确立了乡土文化素养构成要素的指标体系。

第二章
乡村教师乡土文化素养的理论阐释

乡土文化素养是乡村教师与乡土文化环境耦合而成的一种专业素养，是乡村教师传承与发展优秀乡土文化所需的基本品格，是乡村教师"乡土性"的表现形式，其之于乡村的文化振兴、高质量乡村教师队伍的建设以及乡村学生的健康成长等具有重要价值。这一研究命题，值得我们从理论与实践两个层面进行系统性探讨。在理论层面，需要廓清乡土文化素养的内涵、理论基础、价值指向等理论问题，为后续的研究奠定理论基础，而这正是本章探讨的主要内容。

第一节 乡村教师乡土文化素养的内涵

"乡村教师乡土文化素养"是一个由"乡村教师""乡土文化""素养"三个词汇组合而成的词组。其中，"素养"是这一词组的中心词，"乡土文化"是对"素养"类型的限定，"乡村教师"则是对"素养"主体的限定。因而，要理解"乡村教师乡土文化素养"的内涵，首先需要理解"乡村教师""乡土文化""教师素养"这三个词汇的内涵。其中，理解"教师素养"的内涵，是理解"乡村教师乡土文化素养"内涵的关键所在。

一、乡村教师的内涵

"乡村教师"是"在乡村"的特定职业群体，要理解"乡村教师"的内涵，就要理解"乡村"的内涵。在中国，"乡村"是最基本的行政区划单位，具体而言，"乡"是由县或区一级政府领导的基层行政区划单位，"村"则是由农民聚居而成的村落或村庄。"乡村"实质上是农民聚居的生产与生活共同体。关于城乡的划分，国家统计局进行了明确的规定。2006年，国务院在《关于统计上划分城乡的暂行规定》中将城乡划分为城镇（城区、主城区、城乡结合区）、镇区（镇中心区、镇乡结合区、特殊区域）和乡村（乡中心区、乡村）三个单元[1]。2008年，国家统计局在《关于统计上划分城乡的规定》中提出城市是指经国务院批准设立建制的城市市区，包括区市的市区和不设区市的市区。乡村是指城市以外的其他地区，包括集镇和农村。集镇是指乡、民族乡人民政府所在地和经县人民政府确认由集市发展而成的作为农村一定区域经济、文化和生活服务中心的非建制镇。农村指集镇以外的地区[2]。可见，"乡村"实质上包括了乡、镇、村等行政区划单位。

综上，本研究认为，"乡村教师"是指在乡、镇、村等一级学校或教学点从事教育教学活动的各类教师。与城市教师相比，乡村教师具有如下特征：其一，工作地点在乡村；其二，教育对象是乡村学生。

二、乡土文化的内涵

从构词方式上看，"乡土文化"由"乡土"与"文化"这两个词汇组合而成。其中"文化"是中心词，表达了"乡土文化"的属性，而"乡土"则是对"乡土文化"类型的限定，要理解"乡土文化"的内涵，就要理解"乡土"与"文化"这两个词的内涵。关于"乡土"一词，《现代汉语词典》中认为，"乡土即本土，指人原来的生长之地。"[3]因而，"乡土"有家乡、故土之意，是人生命成长的原初之地。

关于"文化"，在广义层面，早期的研究者将其理解为一个复杂的整体或社会系统；在狭义层面，早期的研究者将其理解为人的价值观念、思维方式、行为方式等。如泰勒认为，"在民族学层面，文化包括了信仰、知识、法律、

---

[1] 李涛.中国农村教育的概念实质及未来特征［J］.探索与争鸣，2021（4）：31-34.

[2] 国家统计局.关于统计上划分城乡的规定［EB/OL］.［2008-07-12］.http://www.stats.gov.cn/jsj/pcsj/rkpc/5rp/html/append7.htm.

[3] 宋林飞.乡土课程理论与实践［M］.上海：上海教育出版社，2011：7-9.

道德、民俗、艺术以及人作为社会成员所习得的所有习惯及其能力"①13；弗朗兹·博厄斯（Franz Boas）认为，"文化是由特殊历史过程造就的统一体，而非普遍进化阶段的反映"①15；本尼迪克特（Ruth Benedict）认为，文化通常反映了某一民族的思维及行动方式②。这些观点将文化理解为一个静态的概念，忽视了文化与人之间的相互生成性，也忽略了文化与其他社会子系统之间的相互生成性，因而有失偏颇。20世纪60年代以来，国外研究者侧重探寻文化作为象征性符号系统的意义。如克利福德·格尔兹（Clifford Geertz）认为文化是由人编织的意义之网，而人是悬挂在这些意义之网上的高级动物①283；心理学家斯皮罗认为，任何一个社会的文化体系都是一个复杂的意义网络，我们应该结合社会背景来理解文化的意义等③。

在中国，"文化"的内涵同样十分丰富。中国古代的典籍将"文"与"化"分开进行解释。"文"通"纹"，即纹理，后具备礼乐典章、文物典籍、人伦修养、善、美等多种引申之义；"化"字最初的释意为造化，后具备教行迁善的引申之义。将"文""化"这两个字合并使用始于战国时期，按照《易·贲卦·象传》的说法，"刚柔交错，天文也。文明以止，人文也。观乎天文，以察时变；观乎人文，以化成天下。"在此，"人文"与"化成天下"结合使用，有"以文教化"之意。到了西汉，"文化"作为一个词汇开始频繁出现在各类典籍之中。如"文化不改，然后加诛"（《说苑·指武》）、"文化内辑，武功外悠"（《文选·补亡诗》）等④。可见，在中国古代，文化主要指人的德治教化活动。到了现代，研究者同样从广义与狭义两个层面诠释文化的内涵。在广义层面，研究者普遍认为文化是一种自然的人化活动，使人与动物能够相区分。如梁启超将文化理解为一种有价值的共业，他所谓的"共业"实质统摄了经济、政治、哲学、宗教等诸多领域，内涵十分宽泛。在狭义层面，研究者普遍认为文化是人类的社会意识形态即人在精神领域的实践活动等。

文化内涵的丰富性，造就了"乡土文化"内涵的丰富性。国内的研究者从不同的学科视角出发，阐释了乡土文化的内涵。如李友梅等人认为，乡土文化

---

① 杰里·D.穆尔.人类学家的文化见解[M].欧阳敏，邹乔，王晶晶，译.北京：商务印书馆，2016.
② 罗伯特·F.墨菲.文化与社会人类学引论[M].王卓君，译.北京：商务印书馆，2017：65.
③ 李友梅.快速城市化过程中的乡土文化转型[M].上海：上海人民出版社，2007：23.
④ 张岱年，方克立.中国文化概论[M].北京：北京师范大学出版社，2019：2.

是农民这一特殊群体共同习得的思想、观念、规范与习俗的总称,是由农民顺应社会背景与生活处境建构出来的关系模式与行为原则,它可以表现为信仰、价值观念、社区精神、道德规范、行为准则、公众制度、历史传统、风俗习惯、生活方式、文化环境等[①]。王沪宁将乡土文化理解为一种村落家族文化,认为转型时期村落家族文化必然会发生变迁,主要表征为"群体性质由血缘性转向社团性,居住方式由聚居性转向流动性,组织结构由等级性转向平等性,调节手段由礼俗性转向法制性,经济形式由农耕性转向工业性,资源渠道由自给性转向交易性,生活方式由封闭性转向开放性,历史走向由稳定性转向创新性。"[②]刘铁芳认为,"乡土文化是整体的,一是乡村独特的自然生态景观,二是建立在这种生态之上的村民的自然劳作与生存方式,三是相对稳定的乡村生活之间的不断孕育、传递的民间故事、文化与情感的交流融合。"[③]

综合学者们对"乡土文化"内涵的阐释,我们至少可以形成如下认识:其一,乡土文化是由农民所创造的文化。农民创造了乡土文化,又在潜移默化中深受乡土文化的影响,促使他们的价值观念与行为方式烙上了乡土印记,乡土文化由此具有了缄默性。其二,乡土文化是中国传统农耕文化的表现形式。乡土文化的形成、发展与中国传统的农业生产实践紧密相联,而中国传统的农业生产实践又植根于乡土社会之中,促使乡土文化成为一种与乡土社会相适应的文化形态,乡土文化由此具有了乡土性。其三,乡土文化是一种地域文化。乡土文化凝聚了某一民族、某一地域民众的价值观念、宗教信仰、审美情趣、生产方式、生活习俗、话语习惯等,其与中国传统农耕文化既存在共通之处,也存在差异之处,正所谓"十里不同风,百里不同俗"。据此,本研究认为,乡土文化是中国传统农耕文明的主要表现形式,其凝聚了农民的价值观念、宗教信仰、生产实践、生活习俗、话语习惯、交往方式等,具有缄默性、乡土性、地域性等特征。

乡土文化的构成要素较为复杂,不同的研究者对于这一问题有着不同的认识,形成了二分说、三分说、四分说等观点。费孝通先生将文化分为三个层次,即器具层次、组织层次及其精神层次,器具层次即生产工具、生产条件等;组织层次包括国家机器、生产组织、政治组织等;精神层次指价值观念等[④]。本研

---

① 李友梅. 快速城市化过程中的乡土文化转型[M]. 上海:上海人民出版社,2007:2.
② 周军. 中国现代化进程中乡村文化的变迁及其构建问题研究[D]. 长春:吉林大学,2010:6.
③ 刘铁芳. 乡土的逃离与回归:乡村教育的人文重建[M]. 福州:福建教育出版社,2011:49.
④ 赵霞. 乡村文化的秩序转型与价值重建[D]. 石家庄:河北师范大学,2010:16.

究采信了费孝通的观点，认为乡土文化可以分为物质文化、制度文化、精神文化等三个层次。其中，物质文化处于乡土文化的表层，主要包括乡村的自然生态、民居建筑、衣食着装、生产工具、出行方式等；制度文化处于乡土文化的中间层面，主要包括乡规民约、礼仪规范、道德准则、生产组织、政治组织、文化组织等；精神文化处于乡土文化的内层，主要包括乡村民众的价值观念、宗教信仰、思维方式、审美观念等。

此外，在讨论"乡土文化"时，我们必然会提及"乡村文化"，尽管这两个词的概念类似，但仍然有所区别。其中，"乡土文化"主要是指乡村的原生文化形态，其更加强调文化的传统性；而"乡村文化"的内涵相对宽泛，其更加强调文化的多样性。

三、乡村教师素养的内涵

从构词方式上看，"教师素养"是一个由"教师"与"素养"组合而成的词汇，其中，"素养"是中心词，"教师"是对素养所属主体的限定，理解"素养"的内涵，是理解"教师素养"内涵的关键所在。按照《汉语大词典》的释意，"素"的本义是细柔的白色绢。其作为名词使用，是指本色、白色、蔬菜、瓜果、带有根本性质的物质、不相识等。其作为形容词使用，是指原有的、颜色单一的、不艳丽的[①]1041。"养"作为动词使用，是指提供生活费用或生活资料，抚养、培养、饲养，使身心得到休息，扶助、养护等[①]1262。"素养"作为词汇使用，源于《汉书·李寻传》，"马不伏枥，不可以趋道；士不素养，不可以重国。" 意思是说如果马匹不能在马槽中被饲养，就很难驰骋万里，如果人不注重提升自身的修养，就很难报效祖国。因而，我国的学者普遍倾向于将"素养"理解为人通过修习而形成的内在涵养，并且认为素养可以通过人的知识、能力、行为等显现出来。在英语中，表达"素养"的单词有"competence、skill、ability"等，世界经济合作与发展组织（OECD）在推行"素养的界定与遴选项目"时，采用了"competence"一词，"competence"由此被用来表述"素养"，其通常是指伴随着某人的态度、知识、能力等[②]。在英语中，人们更加倾向于将"素养"理解为德性、情感、知识、技能等方面的集合体。

---

① 汉语大词典编写委员会.汉语大词典[Z].北京：商务印书馆，2003：1041；1262.
② 林崇德.21世纪学生发展核心素养研究[M].北京：北京师范大学出版社，2016：25.

在古代，无论是西方还是东方，人们都将高尚的道德品性列为首要标准，而这些标准也正体现了先哲们对"素养"内涵的理解[①3]。如苏格拉底提出的美德即知识、德性可教等观点，亚里士多德及柏拉图等人倡导的"正义、智慧、勇敢、节制等"，孔子提出的"内圣外王"、朱熹提出的"明天理、灭人欲"等。到了工业革命时代，西方的社会各界始终重视人的关键心理倾向、关键能力。如心理学家皮亚杰（Piaget，1947年）从认知心理学的角度出发，认为"素养"是个体与个体之间所存在的一种强而稳定的智力差异；麦克利兰（Mclelland，1973年）从工业心理学的角度出发，认为素养是人所体现出来的优秀的工作表现[①4]。可见，19世纪以来"素养"的内涵可谓非常丰富，既包括外显的语言能力、行动能力等，也包括内隐的思维能力、认知能力、决策能力等。尤其是在20世纪七八十年代，随着冰山模型、多元智能理论的相继提出，"素养"不断被赋予新的内涵。但当时的学术界在整体上倡导一种能力本位的素养观，尚未过多地从内隐的情感、态度、价值观层面探讨人的素养问题；到了21世纪，能力本位的素养观显得有些不合时宜，取而代之的是整合性素养观的倡导与盛行。整合性素养观认为素养是人的德性、知识、能力等方面的综合体。如琼斯（Jones）及沃赫斯（Voorhees）等人认为素养是知识、能力在相关工作领域与个体特质相互作用的结果，是个体学习经验的整合，并通过一定的方式表现出来[①8]；世界经济合作与发展组织（OECD）认为素养是在特定的情境之中，人通过利用和调动社会心理资源，以满足复杂需要的能力[②]。

综上，本研究认为，"素养"是人依托先天的生理条件，经过社会环境的陶冶、教育的培养以及实践活动的锻炼等，在品德、态度、知识、能力等方面的综合体现，具有如下特征。

第一，个体性。素养是人的态度、情感、德性、知识、能力的综合体，知识、能力、德性等因素能够为素养的形成与发展奠定基础，但素养并非这些因素的简单叠加，唯有基于人的主体自觉，这些因素方能转化为人的素养。因而，素养的形成与发展具有个体性，我们绝不能用统一的、固化的标准去衡量人的素养。

第二，情境性。素养植根于社会情境之中，人唯有通过与社会情境的互动，方能形成与发展素养。尤其是当学习情境与现实的生活情境、工作情境相类似时，人的素养方能得到最大程度的优化。同时，随着社会情境的变化，人

---

① 林崇德.21世纪学生发展核心素养研究［M］.北京：北京师范大学出版社，2016：3；4；8.
② 钟启泉，崔允漷.核心素养研究［M］.上海：华东师范大学出版社，2018：27.

的素养也会发生相应的迁移。因而，素养依赖于社会情境而存在，如若脱离了社会情境，素养的形成与发展就无从谈起。

第三，创造性。素养蕴含了人的知识与能力，但并非习得了知识与能力，人的素养就能得到发展。知识与技能唯有被应用至特定情境、解决特定问题时，人的素养方能得到形成与发展。素养的内核是行动与反思，即人将自身行动作为反思的对象，并以之为参照，不断地调适自身的行动，最终提升了自身的素养。在这一过程中，人的自主性、创造性等高级心智被充分地激发，人由此成为具有创造性的主体。

第四，养成性。素养的形成与发展固然与人的先天性生理条件密切相关，但并不是人与生俱来的品格。素养的形成与发展，同样受到了社会环境、人自身的学习、生活、工作环境等因素的影响。因而，素养的形成与发展绝非一蹴而就的，而是经历了一个漫长的养成过程。

第五，社会性。素养不仅具有个体性，而且具有社会性。不同的社会历史时期，对人素养的要求会有所不同。当下，人类正处于一个前所未有的社会大变革时期，各类新知识、新技术层出不穷，不断丰富着素养的内容与形式，涌现出许多新的素养，如媒介素养、信息素养、数据素养、科学素养等，素养的社会性由此不断凸显。

此外，"素养"是一个与"素质"相类似的概念，人们在提及"素养"之时，必然会联想到"素质"。按照传统的观点，"素质"强调人先天的生理条件，"素养"强调人通过后天的学习及环境的影响而形成的品格。与"素质"相比，"素养"更加强调后天养成性。本研究强调乡村教师作为人的整体性发展，而站在人的全面发展的角度分析，任何人的发展都会受到遗传性因素、个体的主观性因素、受教育因素、社会环境因素的影响。在此意义上，"教师素养"与"教师素质"同义。

关于"教师素养"的内涵，一种较为普遍的观点是教师在教育、教学活动中表现出来的，决定其教育、教学效果，对学生身心发展有直接而显著影响的心理品质的总和。[①]教师素养的结构错综复杂，不同的研究者对于这一问题提出了不同的观点。叶澜教授认为，教师的素养由基础性素养、专业素养等要素构成；艾伦认为教师素养由学科知识、行为技能、人格技能等要素构成；林瑞钦认为教师素养由所教学科的知识、教育专业知识、教育专业精神等要素构成；饶见维认为教师素养由教师通用知能、学科知能、教育专业知识、教育专业精

---

① 林崇德，申继亮，辛涛.教师素质的构成及其培养途径［J］.中小学教师培训，1998（1）：10-14.

神构成；唐松林认为教师素养由认知结构、专业精神、专业能力等要素构成；教育部师范司认为教师素养由专业情感、专业知识、专业技能等要素构成[①]。本研究采信了叶澜教授的观点，认为教师素养由基础性素养与专业素养两部分构成，其中，基础性素养蕴含着教师的价值观念、文化底蕴、职业发展动力等，是教师作为一个整体的人、作为一个合格公民应该具备的基本品格；专业素养则蕴含着教师的专业道德、专业知识、专业能力等，是教师作为一个合格的专业人员应该具备的基本品格。

综合学者们的观点，结合研究者本人的理解，本研究认为：乡村教师的素养是指乡村教师这一特定的职业群体，在教育教学活动中体现出来的能够对学生的健康成长产生影响的各类品格的总和，具有个体性、情境性、创造性、养成性、社会性等特点。就构成要素而言，乡村教师素养由基础性素养与专业素养两部分构成，这两部分之间不是二元对立的关系，而是相互依存、相互渗透的关系。一方面，乡村教师是完整的人，乡村教师素养的发展首先体现为乡村教师作为人的发展，乡村教师基础性素养的发展是乡村教师专业素养发展的前提；另一方面，乡村教师是专业人员，乡村教师专业素养的发展必然会带动其基础性素养的发展，而乡村教师专业素养的发展是其基础性素养发展的引擎。正是得益于这二者之间的互益共生，乡村教师的素养才得以不断向前发展。

四、乡村教师专业素养的内涵

教师的专业素养建立在教师专业的基础上，要探讨教师专业素养的内涵，首要需要承认教师职业的专业性。关于"专业"一词，其最早是拉丁语演化而来，是指公开地表达自己的专业或信仰。德语中专业一词是"beruf"，是指具备的学术的、自由的、文明的特征的社会职业。《现代汉语词典》中关于"专业"的解释是：高等学校的一个系里或中等专业学校里，根据科学分工或生产部门的分工把学业分成的门类；产业部门中根据产品生产的不同过程而分成的各个业务部门；专门从事某种工作或职业的人员[②]。可见，专业首先是职业，但并非所有的职业都能被称作专业。职业成为专业，必须具备如下特征：其一，具有完善的专业理论与成熟的专业技能；其二，具有不可或缺的社会功能；其

---

① 杨小微. 教育学基础 [M]. 上海：华东师范大学出版社，2010：296.
② 教育部师范教育司. 教师专业化的理论与实践 [M]. 北京：人民教育出版社，2003：32.

三,具有高度的专业自主权与权威性的专业组织。[①]专业与职业的根本区别在于,专业对从业者所应具备的道德品质、知识、技能等提出了要求,需要从业者经过系统化的专业教育方能胜任,甚至需要具备从业资格证书。目前,国内外绝大多数的研究者将教师职业视作专业,但也有个别研究者将教师职业视作"准专业""半专业"。1966年,国际劳工组织、联合国教科文组织在其联合颁布的《关于教师地位的建议》中明确提出,"教育工作者应被视作专门职业",初步肯定了教师的专业地位。1986年,美国卡内基教育与经济论坛发表了题为《国家为培养21世纪的教师做准备》的报告,明确提出了建设专业师资队伍及全国性教师专业标准的重要性,从而再次肯定了教师职业的专业性[②]。

作为专业人员,教师就应该具备基本的专业素养。《教育大词典》认为,"教师专业素养是教师为完成教育教学任务所应具备的心理和行为品质的基本条件。"[③]此外,也有一些研究者阐释了教师专业素养的内涵。如经柏龙认为,"教师专业素质就是从事教师职业所应具备的基本素质要求,是在个体一般素质的基础上形成和发展起来的教师职业的基础性和通识性素养,是教师胜任教育教学工作所需的专业品格[④];郭少英等认为,"教师专业素养是教师从事教学工作的素质与修养,是教师经过系统的师范教育,并在长期的教育实践中逐渐发展而成的具有专门的、指向性和不可替代性素养,强调的是教师职业的特殊性与标志性[⑤];黄友初认为,"教师专业素养是教师素质和教养的融合,是教师天性和习性的结合,决定了教师专业发展的高度和取向,在内容上具有专业性,在价值上具有统领性,在组织取向上具有发展性。"[⑥]

统观学者们对教师专业素养内涵的界定,我们可以形成如下认识:其一,教师专业素养体现了教师职业的专门性、独特性与不可替代性,是教师成为专业人员的根本条件;其二,教师专业素养生成于教师的教育教学实践,服务于教师的教育教学实践,教师专业素养的发展也应该立足于教师的教育教学实践;其三,教师专业素养的发展建立在教师基础性素养发展的基础之上,没有

[①] 教育部师范教育司.教师专业化的理论与实践[M].北京:人民教育出版社,2003:35-37.
[②] 叶澜.新世纪教师专业素养新探[J].教育研究与实验,1998(1):41-46,72.
[③] 顾明远.教育大词典[M].上海:上海教育科学出版社,1990:16.
[④] 经柏龙.教师专业素质:形成与发展[M].北京:中国社会科学出版社,2012:21.
[⑤] 郭少英,朱成科."教师素养"与"教师专业素养"诸概念辨[J].河北师范大学学报(教育科学版),2013,15(10):67-71.
[⑥] 黄友初.教师专业素养:内涵、构成要素与提升路径[J].教育科学,2019,35(3):27-34.

教师基础性素养的发展，教师专业素养的发展就是无源之水、无本之木；其四，教师专业素养的结构较为复杂，由多个维度构成，每个维度又由若干要素构成，不同维度、要素之间既相互独立又相互关联，它们共同作用于教师专业素养的发展。

与城市教师相比，乡村教师置身于乡村，其所面临的工作环境、教育对象具有独特性，决定了乡村教师除了具备城乡教师共通的一般专业素养以外，还要具备特殊专业素养。其中，一般专业素养是乡村教师职业所具备的完成教书育人活动所应具备的基本品格，具有统一性、普遍性的特点，其职责也是自上而下统一的要求；特殊专业素养是乡村教师在乡村学校这一特殊的场域中从事教育教学活动所应具备的基本品格，具有地方性、文化性、个体性等特征[①]。

综合学者们的观点，结合研究者本人的理解，本研究认为：乡村教师的专业素养是乡村教师从事教育教学活动所需的基本品格，蕴含了乡村教师的专业道德、专业知识、专业能力等。乡村教师的专业素养是一般性与特殊性的统一，前者涉及乡村教师的一般专业素养，具有统一性、普遍性；后者涉及乡村教师的特殊专业素养，具有地方性、文化性、个体性等特征。

五、乡村教师乡土文化素养的内涵

如前所述，"乡村教师乡土文化素养"是由"乡村教师""乡土文化""素养"这三个词汇组合而成的词组，其中，"素养"是中心词，"乡村教师"是对"素养"主体的限定，"乡土文化"则是对素养类型的限定。因而，"乡村教师乡土文化素养"这一词组遵从"主体"+"活动类型"+"本质属性"的构词方式。我们可以将其理解为某一主体在从事某一活动之时应该具备的属性。据此，"乡土文化素养"就是乡村教师传承与发展优秀乡土文化所需的基本品格，我们应该从如下两方面入手来理解其内涵。

（一）乡土文化素养是乡村教师传承与发展优秀乡土文化所需的特殊专业素养

乡土文化素养生成于乡村教师传承与发展优秀乡土文化的过程中，一旦脱

[①] 曹二磊，张立昌. 民族地区乡村教师的特殊素养：价值、结构及培养路径[J]. 教师教育研究，2022，34（1）：19-24.

离了真实的乡土文化传承实践，乡村教师乡土文化素养的形成与发展就无从谈起。乡村教师之所以需要传承优秀的乡土文化，与其在乡村振兴时期担负的新乡贤角色密切相关。2020年，教育部等部门颁布了《关于加强新时代乡村教师队伍建设的意见》，意见中明确提出，"注重发挥乡村教师新乡贤示范引领作用，塑造新时代文明乡风，促进乡村文化振兴。"①作为新乡贤，乡村教师除了教书育人以外，还担负着塑造文明乡风、促进乡村文化振兴的使命。文明乡风是一种与"野蛮"相对的乡村文化状态，表现在特定区域内人们的思想道德观念与科学文化水平提升、生产生活方式现代化、物质与精神生活相对满足、乡村社会风气美好和谐等，被视作推动乡村社会发展的精神力量。乡村振兴时期文明乡风的建设，必然蕴含着对传统乡土文化的扬弃与发展，这就需要乡村教师继承乡村传统文化中积极的部分，摒弃那些与现代社会不相符合的落后的文化元素，在乡村营建出科学文明、脚踏实地、勇于进取、富于创造的社会风气，提升乡村社会的文明程度②。在此意义上，乡村教师传承优秀的乡土文化，体现了其新乡贤角色的内在要求。

除了传承优秀的乡土文化外，乡村教师还应致力于发展乡土文化。这是因为，乡村振兴的本质是推动乡村社会的现代化发展，其中必然蕴含着乡土文化的现代化发展。在时代的裹挟之下，虽然乡土文化丧失了赖以生存的物质基础与社会治理基础，但这并不意味着我们需要完全摒弃传统乡土文化。进而言之，中国传统社会具有乡土性，中国的现代文化脱胎于传统乡土文化。尽管在现代化的发展浪潮中，城市文化发生了巨大的变化，但由于城市文化起源于中国传统的农耕文明，其在价值观念方面仍然与传统乡土文化之间存在着共通之处，这二者并非二元对立的关系，而是互融共生的关系。尤其是在乡村振兴时期，乡村与城市的关系已由原来的二元对立走向了互为主体、交互生成，越发凸显了乡村教师推动城乡文化融合、促进乡土文化现代化发展的必要性。乡土文化的传承，不是纯粹的知识传递，也不是纯粹的技能操作，而是需要依托特殊专业素养方能实现，这一特殊的专业素养即为乡土文化素养。乡土文化素养既是乡村教师传承与发展优秀乡土文化所需的基本品格，也是乡村教师践履新乡贤角色、助推乡村文化振兴的基本条件，更是乡村教师融入乡村的文化环境、理解学生文化境遇的基本保障。

---

① 教育部等.关于加强新时代乡村教师队伍建设的意见［EB/OL］.［2020-08-28］.http：//www.moe.gov.cn/srcsite/A10/s3735/202009/t20200903_484941.html.

② 刘欢，韩广富.相对贫困治理视域下农村文明乡风培育研究［J］.广西社会科学，2021（3）：52-58.

值得注意的是，乡土文化素养虽然属于乡村教师的特殊专业素养，但其并不等同于乡村教师的特殊专业素养，也不等同于乡村教师的一般专业素养，更不等同于乡村教师的基础性素养，其与一般专业素养、特殊专业素养、基础性素养之间的关系，如图2-1所示。

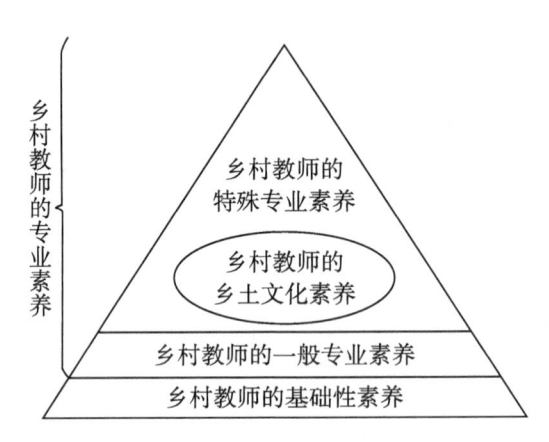

图2-1　乡村教师乡土文化素养的概念辨析图

从图2-1可知，乡村教师的素养包括了基础性素养与专业素养两部分。其中，乡村教师的专业素养又包括一般专业素养与特殊专业素养，而乡土文化素养属于乡村教师的特殊专业素养，其与乡村教师的其他素养之间具有如下关系：其一，乡村教师的乡土文化素养与基础性素养之间是相互依存、相互渗透的关系，一方面，基础性素养是乡土文化素养发展的基石，为乡土文化素养的发展提供了前提条件。另一方面，乡土文化素养是基础性素养发展的引擎，为基础性素养的发展指明了方向。其二，乡村教师的乡土文化素养与一般专业素养之间是相互依存、相互渗透的关系，一方面，一般专业素养是乡土文化素养发展的基石，为乡土文化素养的发展奠定了基础。另一方面，随着乡村教师乡土文化素养的发展，乡村教师的一般专业素养也会得到发展。其三，乡土文化素养与乡村教师的特殊专业素养之间是被包含与包含的关系，除了乡土文化素养外，乡村教师的特殊专业素养还包括了全科教学素养、乡村留守儿童心理健康教育素养、包班教学素养、其他素养等。

（二）乡土文化素养是乡村教师"乡土性"专业特质的重要体现

乡村教师的专业特质是"乡土性"，"乡土性"体现了乡村教师专业的特殊性、不可替代性，是乡村教师之所以是乡村教师的根本所在。"乡土性"这一概念被费孝通先生用来概况中国传统乡土社会的特性，他认为从基层上看，中国社会是乡土性的[①]。"乡土性"有三个特点：一是与泥土分不开，是黏着在土地上的，乡民以土地为中心，形成了中国乡土社会的基本单元——村落；二是不流动性，聚村而居的中国乡土社区，是生于斯、长于斯的，在人与空间上是不流动的，这种不流动性被千百年来的人们固化为一种安土重迁的价值观念；三是熟人社会，虽然村落之间是孤立的、隔膜的、很少流动的，但在村落内部却是熟悉的、没有陌生人的社会，乡土熟人社会的规矩不是法律，而是习出来的礼俗，乡土熟人社会也是一个礼俗社会[②]。可见，"乡土性"孕育于中国传统乡土社会之中，集中表达了传统乡土社会中人与土地之间不可分离的关系以及建立在这种关系之上的社会结构与文化传统。随着乡村社会的转型，"乡土性"必然会被赋予新的内涵，如村庄关联的原子化、村庄权威去魅化后的理性不足、村民行为模式的程式性以及乡村社会关系的差序性[③]。但无论如何，"乡土性"均黏合了乡村民众与乡村社会、乡土文化之间的关系，促使他们的价值观念与言行举止之间显现出浓郁的乡土气息。

乡土文化素养是乡村教师"乡土性"的重要体现，其主要渗透于乡村教师的专业理念、专业知识、专业能力之中。在专业理念方面，乡村教师除了具备城乡教师共通的专业理念外，还应适应乡村文化环境、融入乡村生活、扎根乡村教育。无论乡村教师来自城市还是乡村，一旦从事了乡村教师职业，他们就应该在内心深处生成扎根乡村教育事业、服务乡村社会发展的情怀，乡村教师应该拥有比城市教师更为高远的精神境界。在专业知识方面，乡村教师除了具备城乡教师共通的学科专业知识、教育教学理论知识外，还应具备乡土自然、历史、人文等方面的知识，了解乡土民情、生产与生活实践等。在专业能力方面，乡村教师除了具备城乡教师共通的专业能力外，还应具备将乡土文化资源转化为课程资源、教学资源的能力等。综上，本研究认为，乡土文化素养是乡村教师传承与发展优秀乡土文化所需的基本品格，是乡村教师"乡土性"专业特质的重要体现。其是一个综合性的概念，融渗于乡村教师的专业情意、专业知识、专业能力之中。

[①] 费孝通. 乡土中国[M]. 北京：作家出版社，2019：6.
[②] 赵昆. 乡土性与现代性——关于城中村居民价值观市民化的思考[J]. 齐鲁学刊，2012（3）：100-103.
[③] 欧阳静. 策略主义与维控型政权——官僚化与乡土性之间的乡镇[D]. 武汉：华中科技大学，2010：25.

第二节　乡村教师乡土文化素养研究的理论基础

一、文化回应性教学理论

（一）文化回应性教学理论产生的背景

文化回应性教学理论发轫于20世纪70年代的美国，是针对多元文化背景下少数族裔学生学业成就不佳而形成的教学取向、行动策略。面对彼时少数族裔学生的学习困难问题，学术界形成了两类颇具代表性的观点。

一种观点是"匮乏论"。匮乏论又有基因匮乏论与文化匮乏论之分。基因匮乏论在20世纪六七十年代曾经盛极一时，随后一度归于沉寂。但随着1994年《钟形曲线》一书的出版，基因匮乏论再次引起了研究者的关注。这一观点认为不同族裔、民族及其阶层的智力存在着先天的差异，我们很难去改变这种差异。进而言之，少数族裔儿童与白人儿童的学业成就差异主要是由这两个群体的智商差异所致，学校教育对于弥补这种差异无能为力。其根本缺陷在于夸大了智商的效用，否认了学校教育在提升学生的学业成就、促进教育公平方面所发挥的作用。文化匮乏论将少数族裔儿童学业成就欠佳的成因归咎于原生家庭的文化匮乏，认为少数族裔儿童的家庭通常不能给予他们丰富的认知刺激，也不能指导他们规范地使用语言，更不能提供给他们学业成就所需的经验。在这些儿童的家庭中，父母通常缺乏兴趣参与孩子的学校教育生活，从而剥夺了这些孩子凭借家庭教育强化其在校学习经验的机会[①]。无可否认，家庭的文化环境会对儿童的学业成就产生影响，但其是否是影响学生学业成就的唯一因素呢？这是一个值得商榷的问题，如若夸大家庭文化环境的作用，就会遮蔽学校教育的作用，这显然有失偏颇。因而，问题的症结并不在于少数族裔儿童的家庭缺乏文化，而在于少数族裔儿童的原生家庭文化与学校教育所要传递的主流文化之间的不一致性。

另一种观点是"文化失调论"。"文化失调论"者认为少数族裔儿童之所

[①] 夏正江. 简析文化回应性教学——兼评文化与教学的关系[J]. 全球教育展望，2007（3）：54-62，71.

第二章　乡村教师乡土文化素养的理论阐释

以学业成就欠佳，主要是缘于他们的原生文化与学校教育所传递的文化之间的不一致性，他们将这种不一致性称为文化失调。认为文化失调主要表征为少数族裔儿童在学校和课堂上所受到的社会化影响（包括言语交流、社会互动、思维和行动方式等）与其在家庭及社会生活中所受到的社会化影响是不同的，致使教师和儿童的父母常常对儿童的同一行为做出不同的反应或评价，这让儿童感到茫然与无所适从，从而导致了有色人种儿童在学业上的困难与失败[1]。"文化失调论"的可取之处在于关注了儿童的原生文化与学校所传递的文化之间的不一致性，但其未能针对这种不一致性提出有效的应对策略。因而，这一论点仍然有待商榷。

那么，面对儿童的原生文化环境与学校所传递的文化之间的不一致性，教师应该如何有效应对？对于这一问题，学术界大致形成了两种思路。一种思路主张用学校的主流文化去改造少数族裔儿童的原生文化，认为这样就能消解文化失调现象。其逻辑预设是少数族裔儿童的原生文化是劣等文化，其不需要被认同与理解，而以白人中产阶级价值观为蓝本的学校文化具有无与伦比的优越性，少数族裔儿童提升学业成就的唯一路径是被学校的主流文化所同化，直至完全丧失对原生文化的敏感性。另一种思路主张教师应该充分挖掘少数族裔儿童的原生文化，实现少数族裔儿童的原生文化与学校主流文化之间的碰撞与融合，促使少数族裔儿童所携带的文化背景与学校教育内容之间能够建立关联。其逻辑预设是少数族裔儿童所携带的原生文化并非是劣等文化，其与学校所传递的文化之间只存在文化形态的差异，不存在优劣之分，二者都值得被认同与理解。

从文化观的层面分析，前一种思路折射出了文化进化论。文化进化论者崇尚达尔文的生物进化论，认为尽管各个民族的社会发展程度有所不同，但在整体上，其在文化发展的过程中遵循固定的阶段及其路线[2]21。正如早期的文化进化论学者泰勒所言，文化的各个不同阶段，可以认为是发展或进化的不同阶段，其中的每一个阶段都是前一个阶段的产物，其对将来的历史进程起着极大的作用，这些依次发展的阶段，把人类从最落后到最文明的各族及其文化联结为一个连续的序列，在这一序列的两端，我们可分别设定两个社会，一端是文明的民族，另一端是愚昧的部落[2]22。概而言之，文化进化论者将文化理解为由低级向高级进化的线性过程，并且认为与其他族裔的文化相比，欧洲的文化

---

[1] 夏正江. 简析文化回应性教学——兼评文化与教学的关系［J］. 全球教育展望，2007（3）：54—62；71.
[2] 夏建中. 文化人类学理论流派文化研究的历史［M］. 北京：中国人民大学出版社，1997：21；22.

最为先进，澳洲土人的文化最为落后，从而呈现出鲜明的"西方中心主义"倾向；后一种思路折射出了文化相对论，文化相对论是在文化进化论之后，又一颇具影响力的理论流派。文化相对论者对文化进化论的"单线进化""心理一致"等观点持批评态度。他们认为"文化人类学的一般任务是研究社会生活现象的总和，通过这种研究来构拟人类文化与文明史，不是指世界各国的一般历史，而是各个民族的具体历史。因为每个文化集团都有其自身的特点与发展规律，那些企图从各民族独特历史中得出普遍、抽象的理论或发展规律的进化论观点，是不可靠的，只有具体的东西才是可靠的。"[1]概而言之，文化相对论是一种涉及文化价值判断的理论与方法，它认为任何一种文化都有其自身的发展脉络，有其优缺点，有其独特的价值，我们绝不能用一种普遍、共同、绝对的标准去衡量任何一种文化。因而，较之文化进化论，文化相对论更加符合社会的发展要求，也更加具有理论张力。

因而，那种主张用学校的主流文化去同化少数族裔儿童原生文化的思路显然不切实际。教师如何在了解少数族裔儿童、不利处境儿童原生文化背景的基础上，实现学校教育与学生原生文化背景之间的相互融合，是解决文化失调现象的应然进路，文化回应性教学理论由此应用而生。

（二）文化回应性教学的内涵

国外学者曾围绕文化回应性教学的内涵展开了探讨，拉德森-比林斯（Gloria Ladson-Bilings）是文化回应性教学的早期倡导者，他认为，"文化回应性教学是一种赋文化于知识、技能和态度，提高学生学业水平、社会性、情感表达和政治性的教学模式，其旨在促进少数族裔学生的学业成就、帮助巩固发展文化认同、培养学生挑战及制度不平等的批判意识。"[2]文化回应教学的另外一位倡导者盖伊（Geneva Gay）认为，"文化回应性教学旨在帮助来自不同种族成绩落后的学生提高学习成绩——根据他们个人的特点、文化的特征、智商能力和先天的造诣进行教学的模式。它既是一个普通的，也是一个激进的教育改革方案。说它是普通的，因为它对于美国原住民、拉丁美洲裔、亚裔、非洲美国人以及低收入家庭的学生来说，就像是传统的教育意识形态和行为对于

---

[1] 夏建中. 文化人类学理论流派文化研究的历史 [M]. 北京：中国人民大学出版社，1997：68.
[2] 裴淼，蔡畅，郭潇. 文化回应性教学：乡村教师专业发展的契机 [J]. 教师教育研究，2019，31（6）：21-25；32.

中产阶级的欧裔美国人一样。也就是说，利用参照的文化框架过滤课堂内容和教学策略，使得课堂内容更深入人心，更容易理解。说它是激进的，因为它把文化在教学中扮演的角色从暗处推向了明处，它强调要提高学习成绩，就要承认各族群文化的合法性与可行性[1]。因而，文化回应教学旨在强调教学与文化之间的关联性，其内核是教师在教学中不应致力于消弭多元文化之间的差异，而应在了解不同族裔、地域、阶层人群文化差异的基础上，致力于在教学中对他们的原生文化背景形成回应。这就需要教师将学生所携带的原生文化背景及生活经验转化为有效的课程资源与教学资源，具体观点如下。

首先，文化是教学活动的出发点。这是文化之于教学的基础性功能，主要通过教师作为"文化中介者"的角色实现。具体而言，教师的本职工作是向学生传递知识，知识作为一种抽象化的概念体系生成于特定的文化情境中，其具有文化性，唯有当知识的文化属性与学生所携带的文化背景相遇时，教师方能生成有效教学。因而，学生的原生文化背景是教育教学实践活动的出发点，可以说，教学的本质就是文化与文化之间的碰撞与融合。

其次，文化是教学活动的资源。文化作为人类智慧的结晶，生成于人类的生产及生活实践中，无论是表层的物质文化，还是中间层面的制度文化，甚至是最内层的精神文化，都能够被开发为有效的课程资源及教学资源。以物质性文化为例，其主要表征为民间技艺、民间故事、民族服饰、民间建筑、生产工具等。物质性文化蕴含了人的生产与生活智慧，是帮助学生理解学科知识的"脚手架"。但在传统的学校教育中，本土文化、乡土文化通常被学校教育者视为一种阻碍学生学习的落后文化，教师普遍缺乏将这种文化与学科课程相互关联的意识，从而阻碍了学生学业成就的提升。进而言之，传统的学校教育倡导一种"缺失模式"，即学生缺乏什么知识，学校教育就补充什么知识。在多元文化背景下，教师需要将"缺失模式"转变为"增益模式"，在这一模式下，教师作为教育教学的实践者，应该首先关注学生拥有哪些文化资源，学生能够利用这些文化资源做些什么，如若这些文化资源能够与学校的课程内容相互融合，这将对学生的成长产生哪些影响[2]。这就需要教师挖掘不同族裔、地域、阶层学生所携带的原生文化的教育价值，并将其转变为有效的课程资源与

---

[1] 吉内娃·盖伊.文化回应教学法：理论、研究与实施[M].解志强，译.台北：文景书局，2006：42–43.
[2] 靳伟，裴淼，黄秋瑾.文化回应性教学法：内涵、价值及应用[J].民族教育研究，2020，31（3）：104–111.

教学资源，以便实现学校教育所传递的文化与学生所携带的原生文化之间的融合。国外学者对此问题曾经展开了实证研究，华莱士等人的研究表明，教师如若能够在学校的文化与学生的原生文化背景之间建立关联，就能够改变纳瓦霍族（美国最大的印地安部落）儿童的那种呆板与沉默的形象。当这些儿童自身的文化与语言资源被应用到解决其学习问题之时，纳瓦霍族的儿童会变得有活力、变得会动脑筋，他们在课堂上的口头表达能力也变得很流利[1]。

最后，文化是教学活动的归宿。教学的终极目的是以文化人，即通过传递、传承与创新文化，引领学生成为一个"文化人"。"文化人"是一个拥有文化自信的生命个体，他们不仅谙熟社会的主流文化，而且了解自己所在民族、地域、阶层的文化；"文化人"也是一个懂得尊重多元文化的生命个体，他们不仅不会轻视异文化，而且会尝试着去尊重自身的文化与异文化之间的差异；"文化人"更是一个具备文化改造与创新意识的生命个体，他们不仅能够传承优秀的本民族、本土文化，而且能够根据时代的需要对本民族、本土文化进行改造。

因而，学生作为文化性存在，其所携带的原生文化与学校教育所要传递的文化之间能够相遇是教育教学活动的出发点。在某种程度上，学生所携带的文化不是阻碍教育教学活动的因素，而是引领教育教学活动发展的抓手。学生学习的目标不仅在于增长知识与技能，而且在于培养他们对本民族、本土文化的自信意识及传承能力。

（三）文化回应性教学理论之于本研究的启示

乡村教师的教育对象是乡村学生，乡村学生之所以是乡村学生，不仅缘于他们长期生存于乡村，而且缘于他们植根于乡土文化的土壤之中。乡土文化作为乡村学生的原生文化背景，为乡村学生的生活经验提供了源头活水。但在乡村教育现代化的进程中，城市文化逐渐在乡村学校教育中形成了文化霸权，这体现在教学文本的选择方面。在目前我国的学校教育中，教学文本的设计权被国家与省（市）两级的教育专业所掌控，这些专家主要来自城市中的高校或中小学，他们本身缺乏对乡土生活环境的了解，也缺乏乡土情结，因而未能开发出与乡土生活环境相契合的教学文本[2]。这必然会导致乡村教师的教学内容与学

---

[1] 吉内娃·盖伊.文化回应教学法：理论、研究与实施[M].解志强，译.台北：文景书局，2006：30.
[2] 王乐.乡村少年"离土"教育的回归——基于"文化回应教育学"的视角[J].湖南师范大学教育科学学报，2014，13（3）：98-102.

生的生活经验相脱节。而文化回应性教学注重学校教学内容与学生原生文化背景之间的关联，强调将乡土文化资源转化为有效的课程资源、教学资源，无疑为化解上述难题提供了可以借鉴的思路。进而言之，乡村教师如若具备了实施文化回应性教学的能力，就能够在情意、知识及能力层面对学生的乡土文化背景形成回应，从而为其乡土文化素养的发展提供了契机。

首先，文化回应性教学有利于乡村教师养成乡土情怀，为其乡土文化素养的发展提供内生动力。何谓乡土情怀？从词源结构来看，"乡土情怀"是一个由"乡土"与"情怀"两个词组合而来的词汇，需要我们逐一解释这两个词汇。"乡土"一词最早由费孝通先生提出，用来描述中国传统社会的性质，他认为，"中国传统社会是乡土性的，土字的涵义是泥土，乡下人离不开泥土，因为在乡下种地就是最主要的谋生手段，人由此被粘在土地上，土气就成了乡土社会的特色，因为只有有赖于泥土的生活才会像植物一般的在一个地方生下根。"[1]"乡土"作为人的原初成长环境，是人的根之所在，也是人的精神寄托；"情怀"是一个在中国语境下难以言表的词汇，通常与人的心境、感情、态度等紧密相联。据此理解，"乡土情怀"实质上表达了人们对故土、对家乡的一种眷恋之情。对于乡村教师而言，"乡土情怀"蕴含着他们对乡土文化、乡村教育、乡村社会所持有的积极情感，这些情感萦绕在一起，遂即内化为一种扎根乡村教育的专业信念。乡土情怀作为一种专业信念，既是乡村教师形成专业知识、专业能力的支点，也是乡村教师开展教育教学实践活动的内生动力。乡土情怀的养成绝非一朝一夕之功，而是乡村教师长期浸润于乡土文化中的结果，离开了乡土文化的熏陶，乡土情怀的养成与发展就无从谈起。因而，乡土性是乡土情怀的本质属性，乡土情怀本然地携带着乡土文化的烙印。而乡土文化又与乡土生活同源、同义，乡土生活由此在乡土情怀的养成中扮演着重要角色。乡村教师唯有参与乡土生活，与乡村民众之间亲密交往，方能形成乡土生活经验，融入乡土文化环境，形成"我是乡村人""我是乡村教师"的身份认同感。其中，"我是乡村人"表达了乡村教师的地域身份认同，彰显着乡村教师之于乡村不是短暂的停留，而是长久的坚守。"我是乡村教师"表达了乡村教师的制度身份认同，彰显着乡村教师之所以醉心于本职工作，不仅是为了谋生，而且是为了实现自我价值。籍此，乡村教师认同了自身的身份，形成了乡土文化包容意识与共情能力，为其开展文化回应性教学提供了内生动力，也为其乡土文化素养的发展奠定了坚实的情感基石。

---

[1] 费孝通. 乡土中国[M]. 上海：上海人民出版社，2006：5-6.

其次，文化回应教学有利于乡村教师生成乡土知识，为其乡土文化素养的养成奠定知识基石。作为一种文化浸入式的教学方式，文化回应性教学与学生的原生文化背景密切相关。乡村学生所携带的原生文化是乡土文化，乡土文化是乡村教师实施文化回应性教学的源头活水。乡土文化的内核是乡土知识，乡土知识是一种生成于乡村生产与生活实践中的知识，是一种经过实践检验的、能够代际传承的知识，具有地域性、文化性、生成性等特征。其与普适性知识并非二元对立的关系，而是可以互融共生的。因而，乡土知识表达了一种新型的文化观，受这一新型文化观的影响，乡村教师摒弃了传统的文化一元论的悖论，转而对乡土文化表现出了包容与理解，从而为其开展文化回应性教学奠定了知识基础。进而言之，乡村教师实施文化回应性教学的关键并不在于谙熟教育教学理论知识，而在于其能否将乡土知识与乡村学校的教育内容相融合。这实质上是一个乡村教师理解乡土知识、利用乡土知识的过程，其必然会为乡村教师乡土文化素养的发展奠定坚实的知识基础。

最后，文化回应性教学孕育了乡村教师的乡土文化资源开发能力，为乡土文化素养的发展提供专业实践支持。文化回应性教学的基本理念是将学生的原生文化背景视作有效的教学资源，而非学生学习的障碍。乡土文化由此在乡村学生的学习中扮演了脚手架的角色，其必然会强化学生对教学文本的理解程度，促使其生成意义学习，文化回应性教学实质上是一种以学生为本的教学形式。其旨在通过采用一种具有包容性的教学内容，对学生的原生文本背景形成回应。这就需要乡村教师在储备丰富乡土知识的基础上，具备乡土课程的开发意识及能力。而乡土课程的开发又是一个错综复杂的过程，需要乡村教师秉持"主题鲜明、内容整全、方法适切"的原则，对良莠不齐的乡土文化进行筛选，并依据"类学科"的逻辑对其进行加工。这实质上是一个乡村教师理解乡土文化、利用乡土文化的过程，其在潜移默化中为乡村教师乡土文化素养的发展提供了专业实践支持。

二、社会共生理论

（一）共生理论产生的背景

共生理论的产生与全球化背景下全球问题的日益严峻休戚相关。全球问题超越了国家及地区的限制，其不仅关系到各个国家的生存与发展，而且关系到整个国际社会的战略安全。全球问题主要表征为粮食危机、生态环境恶化、资源短缺、通货膨胀、人口集中等方面。全球问题错综复杂，依据所涉及的问题性质，可以将其划分为由人与自然的矛盾引发的全球问题、由人与人的矛盾引发的全球问题、由人与自我的矛盾引发的全球问题等三个类别。

首先，人与自然的矛盾是全球问题的基本表征。从历史的角度看，人与自然的关系经历了原始的混沌统一、人对自然的简单模仿与利用、人对自然的支配控制乃至人与自然互益共生等阶段[1]。尤其是自工业革命以降，人对自然的控制达到了登峰造极的地步，随之而来的是人类利用科学技术疯狂攫取自然资源的单向度线性发展模式，人类由此陷入到前所未有的生态危机之中。生态危机固然与人类所秉持的发展模式息息相关，但其根源在于人类中心主义的大行其道。人类中心主义将人类的价值与利益放置在首要位置，认为人应该对自然界无条件地索取与掠夺，从而破坏了人与自然界之间和谐发展的景象，加剧了人与自然界之间的矛盾[2]。在哲学层面，人类中心主义的根本缺陷在于其采用了一种主客二分的二元论思维模式，消解了人与自然和谐共生的伦理规范，致使人类陷入到重重危机之中。因而，如何秉持一种一元论的思维方式，促使人类与自然之间的关系由疏离走向共生，已然成为一个迫切需要解决的问题。

其次，人与人的矛盾是全球问题的集中表征。社会由人构成，人是社会的细胞，人与人之间的关系是一个基本的社会问题。那么，我们应该如何理解全球化背景下人与人之间的关系呢？马克思的观点值得借鉴。马克思认为，"人类社会的发展过程可以分为三种形态，即人的依赖性社会、物的依赖性社会和人的全面而自由发展的社会。"目前的市场经济属于第二种形态，即以物的依赖性为基础的社会[3]。受其影响，每个人都以谋求自身利益的最大化为价值准则，人与人之间的关系由此极为复杂。一方面，为了谋求自身利益的最大化，人与人之间相互竞争，利己主义开始大行其道，人与人之间的关系变得冷漠、虚伪，乃至相互对抗；另一方面，为了谋求自身利益的最大化，自由、平等、民主等观念日渐深入人心，人与人之间的关系开始走向依赖、协作乃至互益共生。这种错综复杂的关系同样体现在区域关系及国家关系层面，正如习近平主席所言：和平、发展、合作、共赢成为时代潮

---

[1] 李燕.共生教育论纲[D].济南：山东师范大学，2005：42.
[2] 杨发庭.生态危机：特征、根源及治理[J].理论与现代化，2016（2）：32-37.
[3] 高玉泉.论物的依赖性社会中人与人之间的相互关系[J].求索，2003（6）：166-168.

流，旧的殖民体系和冷战时的集团对抗不复存在，但保护主义、新干涉主义、军备竞赛依然存在，和平与发展仍然任重道远。[1]在此背景下，全球的局部竞争与冲突从未停歇，霸权主义、恐怖主义、人权危机等社会问题长期无法得到解决。因而，如何求同存异，谋求国家关系、区域关系、人与自然关系、人与社会关系、人与人关系的互益共生，已然成为一个迫切需要解答的时代命题。

最后，人与自我的矛盾是全球问题的突出表征。人与自我的关系直接影响到人自身精神世界的建构，这同样是一个值得广泛关注的全球问题。在西方，自经历了中世纪漫长的人性束缚之后，随之而来的是人的自我价值的高扬，人的自我实现问题由此引发了社会各界的关注。人本主义思想家萨特从"存在先于本质"的理念出发，将自我实现诠释为人从潜意识的"存在"出发，通过主观的选择、设计并付诸行动，自己规划自己、自己创造自己的过程；马斯洛将人的自我实现划分为由生理、安全、归属、自尊、自我实现五个层次构成的系统，他认为，前一个层次需要的满足为后一个层次需要的满足奠定基础，人类只有在满足前一层次需要的基础上方能满足后一层次[2]。萨特与马斯洛的表述虽然存在差异，但他们均将人的主观需要或意向视作自我实现的根本动力，从而在深层次上忽略了人的自我实现与人的社会发展之间的协调性，致使人的社会责任感严重匮乏。事实上，人的自我实现与人的社会发展是同一过程的两个方面，社会对人的需要通常以人自我实现的方式体现，而人自我实现的目标又受到社会发展需要的影响，人越符合社会的需要，其自我实现的程度也就越高。因而，人的自我实现必须以人社会责任的践履为条件，否则，人将陷入个人中心主义的泥淖之中，而这恰好是现代人的痛点所在。进而言之，在现代社会，以权谋私、见利忘义、虚假宣传、信息泄密、以次充好、投敌叛国等现象屡禁不绝，人由此被异化成了精神失落的工具人，而非拥有道德意志的主体，也难怪福柯发出了"人死了"的灵魂拷问。因而，如何重塑人的精神世界，重塑人与自我之间的互益共生，已然成为一个迫切需要解决的问题。

可见，在全球化背景下人类陷入了前所未有的全球性危机之中，其突出表征为人与自然、与社会、与自我之间关系的疏离。那么，解决全球问题的方略是什么？研究者认为，应该回到"疏离"本身来思考问题。何谓"疏离"？"疏离"意味着冷漠、分离，"疏离"的本质是不和谐、非共生。因而，从不

---

[1] 甘代军.习近平人类命运共同体理念的世界意义［J］.内蒙古社会科学，2022，43（1）：1-8.
[2] 吴倬.人的社会责任与自我实现——论自我实现的动力机制和实现形式［J］.清华大学学报（哲学社会科学版），2000（1）：1-4，21.

和谐、非共生走向和谐、共生，就成为人类化解全球问题的应然路向。

（二）社会共生理论的基本内涵

在中国，共生理论可谓源远流长，无论是儒家的天人合一、生生和谐、以和为贵，还是墨家的"兼相爱，交相利"，道家的"天地与我并生，万物与我为一"，均折射了深刻的共生意蕴[1]。其中，"天人合一"可谓是中国传统"共生"理念的集中体现，"天人合一"的思想发轫于先秦时期，成熟于北宋时期。但先秦时期的学者侧重从王权天授的角度阐释天对人的主宰权，从而为王权的至高无上性提供了依据。直至北宋时期，儒家学者张载首次强调了人在"天人合一"关系之中的主动权，他认为："人鲜识天，天竟不可方体，姑指日月星辰处，视以为天。""天地之心者，天地之大德曰生，则以生物为本者，乃天地之心也。"在此，"天"既指宇宙万物生生不息的变化，也指宇宙万物的能量之源。而"生"既是天地之大德，同时也是"天地之心"，是人通过对自我认识的反复澄清才得以重新确立起来的，所以也就有了后来的"人为天地立心"的说法[2]。这即是说，"天"与"人"之间各行其道，相互参证。

在西方，"共生"最早是一个生物学的概念。1879年德国的真菌学奠基人德贝里（de Bary）提出，"共生是生物的共生、寄生、腐生等生活方式。"此后，诸多学者界定了"共生"的内涵，如斯科特（Scott，1969年）明确提出，"两个或多个生物，在生理上相互依存乃至达到平衡的状态。"原生动物学家韦斯（Dale.S.Weis）指出，"共生是几对合作者之间的稳定、持久、亲密的关系。"弋尔夫（Golf）指出，"共生包括生物与生物之间的共生、共栖及寄生等生存方式。"在狭义上，"共生"表达了生物与生物之间的组合状况与厉害程度的关系。在广义上，"共生"涉及地球生态系统内各个种类的生物及其外界环境，通过能量转化与物质循环密切联系起来的关系。具体而言，生物间的能量转换存在于食物链和食物网之中，它们在生态系统间的关系表现为生产者、消耗者与分解者，能量总是来自太阳，自然无所谓循环，而物质则不是这样，物质是通过生态循环保持着生物圈的继往开来与生生不息[3]。可见，世间万

---

[1] 叶蓓蓓.共生教育是教育发展的应然样态[J].宁波大学学报（教育科学版），2020，42（4）：24-25.
[2] 丁为祥.张载"天人合一"思想的特殊进路及意义[J].河北学刊，2020，40（3）：56-65.
[3] 陈秋玲.走向共生[M].北京：经济管理出版社，2007：31-33.

物莫不与他物相联系,这可谓是一切事物存在的方式。在生命世界中,生物不仅生活于种群之中,也与其他生物之间发生着千丝万缕的联系,这是最广泛意义上的共生,低等生命及高等生命均是如此[①]。

那么,何谓"社会共生论"?社会共生论是借用了生物共生论的某些概念,来研究社会共生现象的一门社会哲学[②]3。社会共生论者认为,人作为社会性的生物,人与自我、与他者之间相互依存,互益共生。且这种关系自人出生之日起就已经形成,共生是人基本的存在方式。因而,共生关系的主体是人,人形成了三类共生关系网络,即同心圆型共生关系网络、齿轮型共生关系网络、金字塔型共生关系网络。其中,同心圆型共生关系网络由内向外分别为家庭、社区、地区、国家、人类社会、自然界等共生系统,这些共生系统之间具有隶属关系,且距离圆心的位置越近,对人产生的共生作用力就越强;如同同心圆型共生关系网络一样,齿轮型共生关系网络同样由许多共生系统构成,但与前者有所不同,齿轮型共生关系网络内的各个子系统之间并不存在隶属关系;金字塔型共生关系网络表达了社会共生关系的多维性与层次性,社会关系的多维性是指主体通过多种社会资源形成多种共生关系,社会共生关系的层次性是指主体之间的多维共生关系可以分为多个层次,有些共生关系处于同一层次,相互之间不存在隶属关系,而有些共生关系处于不同层次,相互之间存在隶属关系[②]20-21。

(三)社会共生论之于本研究的启示

在学术界,有关于教师专业素养的形成与发展,形成了人格特质论、元素分析论、胜任力理论、固化品性论、职业质量论等五种具有代表性的学说。人格特质论将先天的人格特质视作影响教师专业素养的重要因素;元素分析论将教师的专业素养理解为一个系统性的结构,认为其内部包含着复杂的成分;胜任力理论认为教师的身心品质与个体的社会化要求之间呈现出一种匹配关系;固化品性论将教师的专业素养理解为一种稳定的心理实体或"固体",认为教师可以通过接受专门的道德教育、知识教育与能力训练提升其专业素养;职业质量论将教师的专业素养理解为教师工作表现的职业化程度,或者说是教师个

---

① 王世进,胡守钧.共生哲学论纲[J].长安大学学报(社会科学版),2016,18(3):71-84,123.
② 胡守钧.社会共生论[M].上海:复旦大学出版社,2012:3;20-21.

体素养中专业品质或职业素养的含量。[①]这些观点均采用了有机论或要素论的思维方式,将教师的专业素养视作一种静态的、孤立的、可分解的品格,忽视了教师专业素养的动态性、生成性与整体性,从而影响了这些理论的实践效果。

站在社会共生论的角度分析,我们会发现,乡村教师不是孤立的单子式存在,而是现实的、鲜活的、具体环境中的人,他们与周遭的生存环境之间形成了一个同心圆型的共生关系网络,由内向外分别是家庭、社区、地区、国家、人类社会、自然界等[②]。

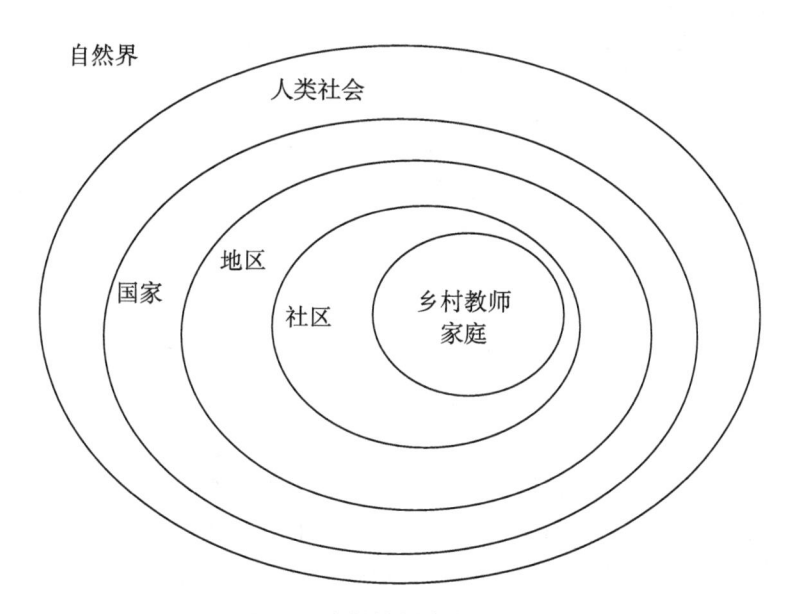

图2-2 乡村教师的共生关系图

由图2-2可知,在乡村教师的共生关系网络中,除了家庭外,社区环境距离乡村教师的位置最近,而乡土文化则属于乡村社区环境的一部分,其与乡村教师之间形成了鲜明的共生关系。正是依托这一共生关系,乡村教师的乡土文化素养方能形成与发展(图2-3)。

---

① 龙宝新.微环境视野中的教师素质共生论[J].天津师范大学学报:基础教育版,2018,19(2):7-13.
② 胡守钧.社会共生论[M].上海:复旦大学出版社,2012:20.

```
                      ┌──────────────┐
                      │  乡土文化环境  │
                      └──────────────┘
         ┌─────渗透─────┐   ↑影响
    ┌─────────┐          │
    │ 专业理念 │◄─        │          ┌──────────┐
    └─────────┘           │          │ 乡土文化素养 │◄──
    ┌─────────┐           │          └──────────┘
    │ 专业知识 │◄─        │
    └─────────┘           │
    ┌─────────┐           │
    │ 专业能力 │◄─        │
    └─────────┘           │
                    ┌──────────┐
                    │ 乡村教师  │
                    └──────────┘
```

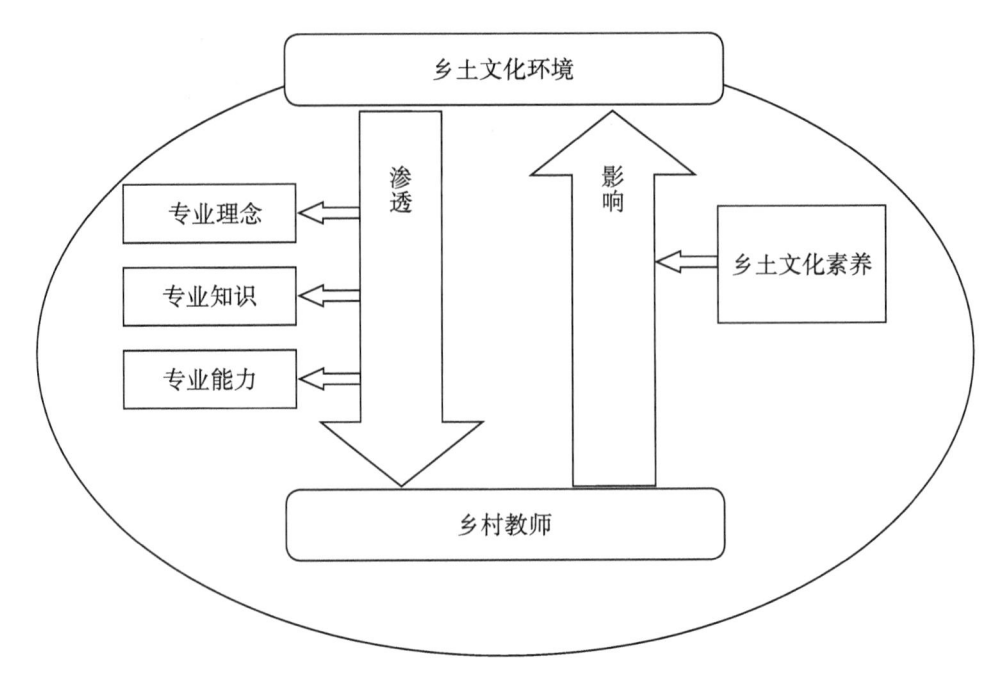

图2-3　乡村教师乡土文化素养的生成机理图

由图2-3可知，乡村教师与乡土文化环境之间形成了共生关系。一方面，在潜移默化之中，乡土文化的价值精华会融渗于乡村教师的专业理念、专业知识、专业能力之中，于无形中催生了乡村教师的乡土文化素养。另一方面，随着乡土文化素养的形成与发展，乡村教师就会自觉依托乡土文化素养，推动乡土文化与乡村学校教育教学内容之间的融合，从而实现了城乡文化之间的对接，影响了乡土文化的发展方向与内容。籍此，乡村教师的乡土文化素养得以形成与发展，乡土文化素养具有了"共生性"特征。

可见，乡土文化素养是乡村教师依托于乡土文化环境之间的共生关系而形成发展起来的一种专业素养，共生理论是我们探讨乡村教师乡土文化素养时必须涉及的理论基础。学者们认为共生理论里有三个关键要素，即共生单元、共生环境、共生关系。共生单元是组成共生关系里的人、事、物等元素；共生环境是共生单元发生共生关系时所处的外部环境；共生关系是共生单元之间的相互作用，并与共生环境产生作用。[1]具体而言，乡村教师与乡土文化环境之间形成了共生关系，其中，乡村教师、乡土文化环境是这对共生关系之中的共生单

---

[1] 王坤.西南地区乡村教师融入乡村振兴的逻辑与路径——基于共生视角［J］.民族教育研究，2022，33（4）：85-90.

元，而影响这对共生单元的共生环境正是乡村振兴战略。在乡村振兴战略推行以前，我国乡村教师素养的发展基本遵循一种补偿模式，即主要通过与城市教师的互动来提升乡村教师的一般专业素养。尽管这一模式能够确保乡村教师在短期内提升自身的专业素养，推动城乡教师素养的均衡发展，但其过于依赖城市教育、城市教师的资源供给，切断了乡村教师与自身的生存环境——乡村环境之间的关联，乡村教师与乡村社会、乡土文化之间呈现出一种疏离的状态，从而对乡村教师专业素养的发展产生了不利影响。主要体现为：其一，乡村教师的教育教学内容与乡土文化脱节，乡村学生在学习的过程中往往对教师所传递的普适性学科知识感到难以理解，这必然不利于乡村学生学习成效的提升，也不利于其了解家乡、生成乡土情怀；其二，乡村教师对乡土文化缺乏了解，他们普遍难以融入乡村的文化环境，难以理解学生的文化境遇，难以与乡村民众之间展开深入的交往。由于缺乏对乡村环境的基本了解，一些乡村教师在内心深处遂即滋生了逃离乡村的想法，他们会尝试通过各种路径流动到城市，即便一些乡村教师迫于生存的压力继续留在乡村学校任教，但也仅仅将乡村教师职业视作谋生的工具，长此以往，乡村教师"下不去、留不住、教不好"的问题就尤为突出。而在乡村振兴时期，城乡之间的关系逐步走向了互益共生，必然会引发乡村教师专业素养发展模式的变化，即由以往的"补偿模式"转变为"共生模式"，与"补偿模式"相比，"共生模式"不仅注重城乡教师之间的互动与交流，而且注重乡村教师与乡村环境之间的互动与交流，从而为乡村教师与乡土文化环境之间共生关系的重新建立提供了环境，也为乡村教师乡土文化素养的发展提供了契机。进而言之，乡村教师与乡土文化环境之间的共生关系以乡土情怀为支点，即乡村教师在乡土文化的滋养下生成了乡土情怀，并在乡土情怀的推动下产生了依托乡土文化资源，丰富自身的专业知识储备、提升自身专业能力的内生动力。在此意义上，乡土文化素养是乡村教师与乡土文化环境耦合而成的一种具有共生性质的专业素养，其形成与发展的支点是乡村教师的乡土情怀，而这正是社会共生理论之于本研究的最大启示。

第三节 乡村教师乡土文化素养的价值意蕴

乡土文化素养作为乡村教师不可或缺的一种专业素养，其最终的价值旨趣是促进乡村学生的健康成长。阐明乡土文化素养的价值意蕴，将有助于我们阐明乡土文化素养的重要性，为乡土文化素养的发展奠定必要的认知基础。

一、促进乡村文化的振兴

（一）传承与发展优秀的乡土文化是乡村文化振兴的内在要求

乡土文化作为中国传统乡土文化的表现形式，其中蕴含着许多优秀的文化元素，如安土重迁的文化心理、守望相助的人情关系、和谐稳定的礼治秩序、天人合一的生态伦理等，这些优秀的文化元素是乡村文化振兴的源头活水，其之于乡村文化振兴具有重要的理论与现实意义。因此，传承与发展优秀的乡土文化是乡村振兴的内在要求。

一是安土重迁的文化心理。历代中华儿女几乎都存在思乡恋归、故土难离、重视乡情的文化情结[1]。安土重迁的文化心理之所以形成，与中国传统的农耕生产密切相关。中国传统的乡土社会以农业为本，农业是乡村民众赖以生存的支柱性产业，也是乡村民众获取财富的源泉。那时的农业生产严重依赖土地，而土地又无法挪动，从而造就了乡村民众世代定居于某一地域的生活常态。即便存在人口流动那也是非常少数的，若不是由于战火兵乱，乡民是不愿意背井离乡、远走他方的[2]。在此背景之下，土地不仅是乡村民众生产与生活的物质依托，而且是他们的精神寄托。在物质方面，乡民聚居于土地周围兴建房舍、兴修水利，形成了稳定而又和谐的生产与生活共同体；在精神层面，乡民对土地始终怀有敬畏与眷恋之情，促使他们难以离开故土。在冥冥之中，乡民甚至将土地视作一种由神秘力量支配的存在，于是他们通过社祭的形式，祈求岁岁丰收、年年有余。因而在中国传统乡民的意识之中，土地是他们不可或缺的生命质素，历经时间的沉淀，这一生命质素逐渐内化为一种安土重迁的文化心理。即便岁月更迭、时代变迁，乡民对土地的眷恋之情却从未更改，并且这种眷恋之情在时间的沉淀中逐渐升华为一种对国家、民族的大爱，从而为其建设家乡、保境安邦赋予了无限的内生动力。因而在乡村振兴时期，如何充分利用安土重迁的文化心理，吸引大批新乡贤返乡创业、建设家乡，将颇具现实意义。

---

[1] 李秀亮. 中国古代"安土重迁"观念的形成发展及其当代价值[J]. 济南大学学报（社会科学版），2021, 31（6）：77-84；175.

[2] 李友梅, 耿敬, 刘玉照, 等. 快速城市化过程中的乡土文化转型[M]. 上海：上海人民出版社，2007：42.

二是守望相助的人情关系。在中国传统的乡土熟人社会中，乡民的行动逻辑围绕着人情而展开，人情实质上具有三重意蕴。其一，人自发的感情与性情，这是人情原本的含义；其二，与法理社会中的权利与义务类似，在人与人之间关系的层面使用人情一词，它关注"情分""情义"，以及人情的"给予""亏欠"；其三，与法理社会中的法律类似，在社会规范意义上使用人情，它与天理、国法相互并列，合称为"情、理、法"[①6-7]。可见，中国传统乡土社会中的"人情"既是一种社会情感，也是一种社会关系与社会规范。在社会情感层面，乡土人情是乡民们在长期的生产与生活实践中形成的相互依赖、守望相助的和谐关系，这种关系作为泛地缘关系的体现，在无形中将乡土熟人社会凝聚成了一个具有社会共识的亲密社群。在社会关系层面，乡土熟人社会的人情有家人、熟人、陌生人三个层面，在理想的状态下，熟人社会内部不仅有先赋性的地缘与血缘关系，更重要的是个人与他人之间都有着人情给予与亏欠的关系，因为这种亏欠，乡民之间才有了情分，乡土熟人社会的人情关系网络方能形成[①8]。而乡土社会人情亏欠的范畴十分广泛，其不仅包括了各类仪式场合及非仪式场合的礼物亏欠，而且包括了日常生活中的行动亏欠，在一般情况下，各类人情亏欠会相互交织在一起，乡民不可能一次性了解所有的人情亏欠，借此乡民之间的人情关系得以维续。凭借这种人情关系，在劳动工具不足、劳动力短缺之时，乡民们通常会相互借用役畜农具或直接代为耕种。即便在面临天灾人祸之际，他们也能相互协作，共度难关。在社会规范层面，乡土人情不仅涉及人与人之间的人情关系，而且涉及如何处理人情关系的规范，由于每个人在熟人社会中的微观关系网中的处境是一样的，因此应当如何处理人情关系的规范会被所有人认可，成为一种地方性共识。经过长期互动，地方性共识将不受质疑，逐渐成为大多数乡民身体力行的行为规范[①11]。乡土熟人社会由此逐渐成为一个较为团结、稳定的亲密社群，在一般情况下，乡民的关系较为和谐，他们相互信赖、守望相助，共同谱写了传统乡土社会的公序良俗。因而在乡村振兴时期，如何重建守望相助的乡土人情关系，引领文明乡风，将颇具现实意义。

三是和谐稳定的礼治秩序。中国传统乡土社会的秩序依靠礼治维系，礼治秩序之于乡土中国，主要蕴含三个方面的内容：首先，礼治秩序的建构过程实质上是礼对乡土人情进行规范的过程，也就是乡土人情礼俗化的过程，乡土人情由此成为乡土礼俗的重要组成部分；其次，礼治秩序是一种无为而治的自然

---

① 陈柏峰. 半熟人社会：转型期乡村社会性质深描[M]. 北京：社会科学文献出版社，2019：6-7；8；11.

秩序，其之所以能够维系乡村社会的秩序，不是凭借权力或法律的约束，而是凭借乡民对礼的自觉遵从；最后，礼治秩序是一种无法的社会秩序，无法的秩序并非与法律无关，而是指社会秩序主要依靠礼来维持[1]。礼治秩序的建构有赖于中国传统乡土熟人社会中的血缘群聚关系，家庭关系的建构由此成为建构礼治秩序的重心，其目的在于维护家族和宗族的利益，因为只有家庭和宗族才能应对农耕社会的各类风险。而随着家庭及宗族的繁衍生息，维系家庭成员、宗族成员关系的和谐融洽，规范其行为就显得尤为重要，乡约、族规、家训等由此应运而生，从而于无形中形成了一套较为完善的乡村道德规范体系。进而言之，在传统乡土熟人社会中，乡民固然会依赖习俗维系社会秩序，但当出现较大的冲突与矛盾时，他们通常会依靠伦理道德、社会舆论等来解决问题，乡土伦理与乡土礼治秩序水乳交融、浑然一体。因而在乡村振兴时期，如何深入挖掘传统礼治文化中蕴含的优秀德育元素，促使重义轻利、崇德向善、民胞物与、守望相助、尊老爱幼、孝悌睦友、勤劳节俭等传统美德能够在乡风文明的建设中发挥重要作用，如何探索法治、自治、德治相结合的乡村治理新道路，将颇具现实意义。

四是天人合一的生态伦理。伦理既包括处理人与人、人与社会、人与自然关系的行为准则，也包括任何人都要按照一定原则去规范自身行为的深刻道理。生态伦理旨在探讨人与自然之间的关系，是人类在开展与自然生态有关的活动中所形成的伦理关系及其调节原则[2]。中国传统乡土文化中蕴含着"天人合一"的生态伦理，人与自然界之间的和谐共生由此成为千百年来中华民族的基本价值遵循。这是因为，中国古代的生产力水平十分有限，农业生产严重依赖于自然环境的变化，于是就形成了人类的生产活动与乡村的自然生态环境互益共生的辩证关系。一方面，人类在长期的生产与生活实践中，总结出了一套根据自然规律从事农业生产的经验体系，如根据节气进行播种与收获，根据向阳与背阴判断种植何种农作物，根据日出日落的变化选择劳作与休息的时间等；另一方面，人类对自然生态环境的态度，逐渐由最初的敬畏转向了调适与改造，正所谓"人法地，地法天，天法道，道法自然""人能弘道，非道弘人"，如若说"天"依据"道"发生变化，那么"道"则依据自然规律发生变

---

[1] 陆益龙.后乡土中国[M].北京：商务印书馆，2017：275-276.
[2] 蔡梅良，李大静.论我国乡村旅游开发中生态伦理思想的渗透[J].湘潭大学学报，2019，43（3）：173-176.

化。在这一过程中，人并非无所作为，而是通过弘扬天道化育生命，从而形成一种天人合一的生态伦理观。历经岁月的沉淀，这一生态伦理观逐渐被丰富与完善，最终成为能够适应农业生产与生活实践的系统化哲学思想体系。由于这一思想体系中蕴含了一种共生发展观，促使其颇具时代意义。尤其是随着党的十九大的召开，生态文明建设被纳入国家顶层设计的范畴，金山银山不如绿水青山的理念已然深入人心。在此背景之下，如何遵循天人合一的生态伦理观，保护乡村的自然生态环境，避免资源枯竭与生态环境恶化；如何充分利用自然生态环境，探索一条绿色而又低碳的乡村可持续发展道路，这些都是我们在乡村振兴时期必须深入思考的问题。

总之，乡土文化作为中国传统农耕文化的内核，其中蕴含了许多有价值的思想。即便到了当代，这些思想也依旧熠熠生辉。因而在乡村振兴时期，传承与发展优秀的乡土文化中显得尤为必要。乡土文化的传承并不是复古式的回归，而是需要汲取中国传统乡土文化中蕴含的价值精华，舍弃其中封建、落后的文化元素，同时将一些与时俱进的现代文化元素融入其中，实现乡土文化与现代文化的碰撞与融合，借此乡土文化既适应了乡村文化振兴的需要，也符合中华民族共同体现代化发展的需要。

（二）乡土文化素养之于乡村文化振兴的价值

随着党的十九大的召开，乡村振兴战略逐渐被纳入顶层政策设计的范畴。乡村振兴离不开人才的支撑，乡村教师作为乡村社会中文化资本的持有者，是乡村不可多得的服务型人才，其应该对乡村振兴做出应有的价值贡献。为此，教育部等部门在2020年颁布的《关于加强新时代乡村教师队伍建设的意见》中明确提出，"注重发挥乡村教师新乡贤示范引领作用，塑造新时代文明乡风，促进乡村文化振兴。"[1]乡村教师由此具有了新乡贤的角色，与传统乡贤相比，新乡贤产生于乡村振兴时代，他们怀揣浓郁的乡土情怀，具备智力、财力、人力、号召力、影响力等能力，热衷于乡村社会的发展。他们富有现代的科学知识与技能，既可以引领乡民创业，走向共同富裕；又可以处理乡村民众之间的纠纷，参与乡村社会的治理；还可以走进乡村民众的生活世界，倡导绿色、文明

---

[1] 中华人民共和国教育部. 教育部等六部门关于加强新时代乡村教师队伍建设的意见［EB/OL］.［2020-07-31］. http://www.gov.cn/zhengce/zhengceku/2020-09/04/content_5540386.htm.

的生活理念。因而，乡村教师作为新乡贤群体中的一员，他们在教书育人之余，还担负着服务乡里、彰显乡土属性、掌握现代知识、引领先进文化等角色[①]。这些角色集中表达了乡村教师的"乡土性"特质，是乡村教师践履新乡贤角色的基本要求。而角色履行与个体的素质能力密切相关，那些在角色履行中必须具备的、能够区分优秀与一般的素质与能力，是个体在角色履行中不可替代的核心素养[②]。乡村教师在履行新乡贤角色时所必须的核心素养即为乡土文化素养，这一素养之于乡村文化振兴具有重要价值。

首先，乡土文化素养有利于乡村教师亲近乡土文化，为乡村文化振兴提供情感支持。乡土文化素养是乡村教师与乡土文化耦合而成的一种专业素养，乡村教师了解乡土文化、亲近乡土文化是乡土文化素养产生的逻辑前提。乡村教师亲近乡土文化意味着乡土文化之于乡村教师的"在场"，"在场"原本是一个哲学概念，在德里达看来，在他之前的西方所有哲学都是形而上学，这种形而上学假定存在着真实的世界，并将它作为哲学描述的终极对象，语言又是文字描述的对象，于是在西方形而上学的图示中，真实在场属于中心或最高地位。在场就是现在正在这里存在的东西，或者说某物现在正在这里存在，根据常识，这种当前存在是最坚实的，是我们直接感受和拥有的东西，是最真实的存在形式[③]。通俗地讲，"在场"就是真实的存在、显现的存在。乡土文化之于乡村教师的"在场"蕴含着两重含义，即身体在场与心理在场，前者指的是乡村教师置身于乡土文化环境之中，乡土文化环境之中蕴含的自然、历史及人文资源是乡村教师成长的源头活水；后者指的是乡村教师在心理上亲近乡土文化，在内生深处以传承与发展优秀乡土文化为己任。正是因为乡土文化之于乡村教师的"在场"，乡村教师方能在乡土文化的滋养下生成浓郁的乡土情怀，从而为其践履新乡贤角色、助推乡村文化振兴提供强大的情感支持。

其次，乡土文化素养有利于乡村教师融入乡土文化，为乡村文化振兴提供价值引领。乡土文化素养是一种由乡村教师与乡土文化环境耦合而成的具有共生性质的专业素养，乡村教师与乡土文化是这一共生关系之中的共生单元。一方面，乡村教师素养的发展离不开乡土文化的滋养，正是在乡土文化的滋养下，乡村教师的人格修养才会朝着匹配乡村环境的方向转变；另一方面，随着

[①] 肖正德.论乡村振兴战略中乡村教师的新乡贤角色[J].教育研究，2020，41（11）：135-144.
[②] 刘佳.乡村振兴时代的卓越乡村教师：角色与素质能力[J].教师教育研究，2022，34（3）：68-76.
[③] 彭锋.重回在场——哲学、美学与艺术理论[M].北京：中国文联出版社，2016：5.

乡村教师人格修养的变化，他们就会自觉推动乡土文化的守正与创新。籍此乡土文化成为促进乡村教师人格成长的文化之源，而乡村教师又成为传承与创新乡土文化的责任主体，乡村教师与乡土文化之间互益共生、水乳交融，正是借助这一共生关系，乡土文化素养才得以形成与发展。因而，乡土文化素养是乡村教师融入乡村的文化资本，唯有具备了乡土文化素养，乡村教师方能以社会主义核心价值观为引领，传承与发展中华优秀传统文化，助推乡村文化振兴。乡土文化作为中华优秀传统文化的根脉，其既有与社会主义核心价值观文明、和谐相贯通的因素，也有与社会层面的公正、和谐相融合的要义，更有与个人层面的爱国、诚信、友善相一致的精髓[1]。乡土文化与社会主义核心价值观存在相通之处，乡村教师一旦具备了乡土文化素养，就能为乡村文化振兴提供必要的价值引领。

最后，乡土文化素养有助于乡村教师传承乡土文化，为乡村文化振兴提供智力支持。乡村振兴是包含产业振兴、生态振兴、人才振兴、文化振兴、组织振兴等在内的乡村社会的全方位振兴。其中，人才振兴作为乡村振兴的内核，在某种程度上决定了乡村振兴的实施成效。2021年，国务院颁发了《关于加快推进乡村人才振兴的意见》，明确提出加强乡村教师队伍、乡村卫生健康人才队伍、乡村文化旅游体育人才队伍、乡村规划建设人才队伍等四类乡村公共服务人才队伍的建设，乡村教师的队伍建设居于首位[2]。乡村教师作为公共服务人才，他们在教书育人之余，还担负着服务乡村教育、引领乡村思想建设、传承乡村优秀文化、参与乡村社会治理等角色，从而为乡村振兴奠定了教育与文化基础[3]。可以说乡村振兴战略对乡村教师的角色提出了新的要求，即乡村思想建设者、乡村文化建设者、乡村社会治理者等。因而，在乡村振兴时期，乡村教师需要立足于乡土文化的传承需要，推动乡土文化与乡村学校教育内容的融合，促使学生在学习普适性科学知识的同时，能够领会乡土文化的独特魅力。此外，乡村教师作为乡村的公共服务人才，也可依托自身的乡土文化素养参与乡村的公共生活，以启迪乡村民众的智识，改造其不健康的思想观念及生活方式，为乡村文化振兴提供必要的智力支持。

---

[1] 吕宾.乡村振兴视域下乡村文化重塑的必要性、困境与路径[J].求实，2019（2）：97-108，112.
[2] 中华人民共和国中央人民政府.中共中央办公厅国务院办公厅印发《关于加快推进乡村人才振兴的意见》[EB/OL].[2021-02-23].http://www.gov.cn/zhengce/2021-02/23/content_5588496.htm.
[3] 马永全.论乡村教师作为乡村公共服务人才[J].教师教育研究，2022，34（3）：27-32.

二、推动高质量乡村教师队伍的建设

（一）"乡土性"是高质量乡村教师队伍建设的重要维度

2020年，《中共中央关于制定国民经济和社会发展第十四个五年规划和二〇三五年远景目标的建议》中勾勒出了建设高质量教育发展体系的基本设想。随后，国家又在2021年颁发的一号文件中明确提出了"以推动高质量发展"为主题的农村改革要求，为全面推进乡村振兴、深化农村改革发展提出了基本遵循[1]。乡村教育作为国民教育体系的一部分，乡村教育的高质量发展不仅关涉高质量教育体系的建设，而且关涉乡村社会的高质量发展。乡村教师是乡村教育的中流砥柱，要建设高质量的乡村教育体系，就要建设一支高质量的乡村教师队伍。根据《乡村教师支持计划（2015—2020年）》《教育部等六部门关于加强新时代乡村教师队伍建设的意见》中的政策话语，高质量的乡村教师队伍既要"下得去、留得住、教得好"，也要"热爱乡村、数量充足、素质优良、充满活力"。其中"下得去、留得住、数量充足"强调乡村教师队伍的数量，是建设高质量乡村教师队伍的先决条件；"教得好、热爱乡村、素质优良、充满活力"强调乡村教师队伍的质量，是建设高质量乡村教师队伍的核心内涵，数量建设和质量建设由此成为高质量乡村教师队伍建设的两个基本维度。

近年来，随着特岗计划、银龄讲学计划、定向公费师范生培养计划、大学生志愿服务西部计划的相继推行，有效地拓宽了乡村教师队伍的补充渠道。加之以《乡村教师支持计划（2015—2020年）》为代表的一系列政策的实施，缓解了乡村教师队伍的数量短缺问题。在此背景之下，乡村教师队伍建设的重心逐渐转向了质量建设方面，"教得好"作为教育质量的具象化表征，乡村教师队伍的高质量建设从顶层设计落到实践层面就变成了乡村教师如何"教得好"的问题。进而言之，"教得好"作为一个教育质量评价话语，受到了乡村教师、学生、学生家长、乡村学校、教育行政部门等诸多利益主体的影响，每个利益主体出于自身利益的需要，对乡村教师"教得好"的评价标准会有所不同，"教得好"至今尚未形成统一的标准。统观目前探讨高质量乡村教师队伍

---

[1] 朱德全，石献记.新时代农村教育高质量发展的价值理性［J］.民族教育研究，2022，33（2）：5-15.

建设的文献后发现，其通常会涉及两种语境，一种是城乡一体化语境，另一种是乡村振兴语境[①]。城乡一体化语境回应的是乡村教师的现代性。现代性的基本特征是人们现实的行为方式与社会生活秩序的理性化，与这种理性化相对应的社会管理制度是科层制，它强调规范化、标准化与专门化，即将职业所需的资质要求标准化，并通过绩效制度，建立起薪酬与岗位职级的匹配，实现效率的最大化[②]。现代性强调城乡教师队伍建设的规范化、标准化、专业化，在这一语境下，强调采用系统统一的标准来衡量乡村教师是否"教得好"。乡村振兴语境回应的是乡土性，强调乡村教师队伍的建设与乡村环境之间的匹配程度。在这一语境下，乡村教师"教得好"的基本标准是能否引导乡村学童充分认识、体察乡村社区，特别是从结构关系的视角引导学童认识乡村社会、乡村社会生活的变化，以及家庭、长辈生活机会选择与获得的变化，为乡村年轻一代理性认识城市与乡村打下基础[①]。研究者认为，乡村教育的根本目的是促进学生的健康成长，乡村学生的健康成长是乡村教师教学活动的出发点及归宿。无论我们在何种语境下探讨乡村教师"教得好"的问题，必然需要考虑乡村学生的健康成长。而乡村学生长期浸润于乡土文化之中，乡土文化滋养了他们的情感、认知及社会性等方面的发展，是乡村学生健康成长的源头活水。因此，出于乡村学生健康成长的需要，乡村教师就应该了解乡土文化、熟悉乡土生活、具备"乡土性"特质，"乡土性"由此成为我们衡量乡村教师"教得好"的必要标准。

多元现代性理论为我们深入理解上述问题提供了启示，这一理论认为理解当代世界也是解释现代性历史的最佳方法，是将它看作多种多样的文化规划与文化模式持续不断的建构与重建的过程[③]41。其核心在于假定由不同的文化传统和社会政治状况所塑造的不同文化形式的现代性，不同形式的现代性在价值体系、各种制度及其他方面将来也会存在差异[③]10。多元现代性理论反对全球同质化的论调，主张以一种开放而又包容的眼光审视现代性问题。正如艾森斯塔德所言，"现代性并未使传统解体，这些传统性反而是现代性永远的建构与重构的源泉。"[③]20借用多元现代性的观点分析，乡村教师的"现代性"与"乡土性"之间绝非二元对立的关系，而是可以相互滋养、互融共生。如若说"乡土

[①] 罗云.乡村教师如何"教得好"：从理念到实践的探索[J].中国人民大学教育学刊，2021（2）.
[②] 王艳玲，陈向明.回归乡土：我国乡村教师队伍建设的路径选择[J].教育发展研究，2019（20）：29-36.
[③] 多明尼克.撒赫森麦尔，任斯.理德尔，S.N.艾森斯塔德.多元现代性的反思：欧洲、中国及其他的阐释[M].郭少棠，王为理，译.北京：商务印书馆，2017：41；10；20.

性"孕育了"现代性",那么"现代性"则是对"乡土性"的扬弃与发展。这意味着,高质量乡村教师的队伍建设既无须完全照搬城市经验,追求与城市教师步调的一致性,也无须守旧式地沉迷于乡土化的想象之中。而是需要在求同存异的基础上,构建一种"和而不同"的取向。其中,"和"表达了一种城乡一体化的立场,旨在通过丰富乡村教师的学科知识体系、提升其城乡教师共通的教育教学能力,为乡村教师"教什么""如何教"指明方向,这既是乡村教师"现代性"的应有之义,也是城乡教师队伍建设的共性要求;"不同"则表达了一种乡村振兴立场,旨在通过提升乡村教师对乡村环境的适应能力、满足乡村教师教育教学的实际需要,为乡村教师"教得好"赋权增能,这是乡村教师"乡土性"的应有之义。强调乡村教师的"乡土性"特质,并不意味着否定城乡教育一体化或乡村教师的"现代性",而是强调在城乡教育一体化的过程中,适当的保留与发展乡村教师的"乡土性"特质,将乡村教师的"乡土性"特质作为高质量乡村教师队伍建设的一个重要维度。

(二)乡村教师"乡土性"专业特质的显现与迷失

基于此,研究者认为高质量乡村教师队伍应该是"现代性"与"乡土性"相统一、"一般专业素养"与"特殊专业素养"相统一、"数量建设"与"质量建设"相统一。那么,乡土文化素养作为乡村教师"乡土性"特质的表现形式,其之于高质量乡村教师队伍的建设有何价值?要理解这一问题,就要在时代发展的境脉中探寻乡村教师"乡土性"的显现与迷失,揭示由于"乡土性"的迷失所引发的乡村教师队伍的建设危机,以之为基础,阐释乡村教师的乡土文化素养之于高质量乡村教师队伍的建设价值。

1. 乡村教师"乡土性"特质的显现

回溯历史我们会发现,中国古代的乡村教师作为乡村社会中的知识分子,在乡土文化传承、乡村教化、乡村社区治理方面发挥着重要的作用,他们扮演了"文化人""政治人""道德人"三重角色,将"乡土性"特质演绎得淋漓尽致。具体表征为:其一,中国古代的乡村教师是乡村社会之中为数不多的、能够识文断字的文化精英。他们在闲暇之余,通常会帮助乡民处理一些文字性的事物,如代写信函、礼仪执事、命名起字、撰写春联、起草契约、宗祠祭祀等。其二,中国古代的乡村教师是乡村社会中为数不多的道德楷模。他们在传承知识、生产知识的同时,通常会秉持一种为万民表率、为百姓立言的社会责任意识，去诠释儒家的生命义理之学，他们成人成己，始终遵从圣贤之道、君子人格，并籍此砥砺学生的德行、教化乡村民众。其三，中国古代的乡村教师是乡村社会中为数不多的政治代表。这一时期乡村教师以乡村塾师为主体，乡村塾师主要由两类人群构成，一类是科举落第的读书人；另一类是曾经获取功名，但由于各种原因赋闲在家的士绅。这两类人群既是乡村教师的重要构成，也是中国传统"乡贤"群体的重要构成。"乡贤"一词肇始于汉末，是国家对有作为的官员、或有崇高声望、为社会做出重大贡献的社会贤达，去世后给予表彰的荣誉称号[1]。在中国传统乡土社会中，皇权对乡土社会的影响力有限，乡村社区始终拥有自治的传统。费孝通将这种自治传统理解为长老统治、贤人治理，并将长老所行使的权力视作一种教化权力[2]。乡村教师作为乡贤群体的一份子，他们德行卓绝、治教合一，在乡村社区的自治中扮演了不可或缺的角色。如明朝进士黄佐在其撰写的《泰泉乡礼》一书中，刻画出乡村教师"督视诸生吟诵、品评诸生所书、查教诸生行止、率诸生演习诸礼"等文化启蒙与道德养成的实像。而且明确规定"教读任—乡风化"的社会治理之重责，包括乡村教师讲明冠婚丧祭四礼以示乡约之众、评定与监督乡民品行、负责听讼官仓与上陈民情等公共事物管理[3]。可见，乡村教师在教书育人以余，在解决民间讼争、考察乡民品行、上陈乡情民意、建设乡规民约等方面同样发挥了重要作用。

民国时期，中国内忧外患、社会局势动荡不安，在这一时期，大量的乡村新式学堂应运而生，新式学堂是在模仿西方现代学校教育制度的基础上建立起来的，在乡村教师的选拔、培养、评价等方面都模仿西方学校，逐步将乡村教师纳入现代化发展的轨道之上，乡村教师职业由此走向了标准化的发展道路。与此同时，随着乡村教育运动的兴起，一些知识分子对乡村教师提出了很高的社会期望。如陶行知先生主张乡村学校做改造乡村社会生活的中心，乡村教师做改造乡村社会生活的灵魂。而改造乡村教育的关键在于有好的乡村教师。好的乡村教师的足迹所到之处，一年能使学校气象生动，二年能使社会信仰教育，三年能使科学农业著效，四年能使村落自治告成，五年能使活的教育普及，十年能使荒山成林、废人生利。这样的教师必须有农夫的身手、科学的头脑、艺术的兴趣、改造社会的精神，更重要的是要有爱心[4]。可见在民国初期，

---

[1] 肖正德. 论乡村振兴战略中乡村教师的新乡贤角色 [J]. 教育研究，2020（11）：135-144.
[2] 费孝通. 乡土中国 [M]. 北京：作家出版社，2019：72-77.
[3] 闫闯. 乡村教师乡贤身份自觉：价值、困境与突围 [J]. 当代教育科学，2021（12）：3-12.
[4] 徐莹晖，徐志辉. 陶行知论乡村教育 [M]. 成都：四川教育出版社，2010：7.

有识之士寄希望于乡村教师革除乡村教育的时弊、力挽时代狂澜，乡村教师在当时受到了前所未有的重视。到了抗战时期，由于文化资本的优势，乡村教师成为各类政治势力角逐时所争取的对象，在此背景之下，一大批乡村教师怀揣救亡图存的人生理想，站在了开启乡民智识的前列。相关资料显示，在中国共产党早期的乡村党组织中，有70%～80%的乡村党组织由乡村教师所创建。[①]彼时的乡村教师在乡村的社区治理、政治活动中发挥过重要作用。但我们也应该意识到，任何时期乡村教师能动性的发挥都要受到生产力的发展水平、政治制度等因素的制约，我们对乡村教师"乡土性"的讨论一定建立在社会现实的基础之上，如若脱离了社会现实去一味的对乡村教师提出要求，就只能将这一群体推向一个尴尬的境地，民国的乡村教师较为贴切的呈现了这种尴尬处境。一方面，这一时期的乡村教师大多接受过正规的新式教育，他们传递给学生的新式思想、科学知识往往与中国传统塾师所传递的知识相冲突，甚至格格不入，他们与传统乡土文化渐行渐远已是不争的事实；但另一方面，受个人生活经历的影响，部分乡村教师在内心深处仍然残存传统思想的印记，这些乡村教师由此在新思想与旧观念、新政策与旧传统、新风尚与旧习俗之间苦苦挣扎。因而，民国时期的乡村教师虽然受到现代教育思想的影响，但在当时的社会环境下，他们尚未完全褪去"乡土性"，乡村教师与乡土文化之间处于一种若即若离的状态。

1949—1978年，乡村教师大多为生于本地乡村、长于本地乡村的民办教师，他们"亦农亦教"，在践履教书育人的使命之余，亦耕种于田间地头，他们与乡土社会之间存在着错综复杂的血缘联系、地缘联系。因而，在这一时期，民办教师对乡土文化、乡土社会葆有热爱之情，他们在本地的婚丧嫁娶、礼仪执事、家族纷争、宗庙祭祀、书写信函等方面发挥着重要作用，他们与乡土文化之间仍然存在着脐带式的关联。

2. 乡村教师"乡土性"专业特质的迷失

改革开放后，中国社会开始全面转型，乡村社会被卷入了由传统社会迈向现代社会的进程。在这一过程中，以城市文化为代表的外来文化对传统乡土文化造成了猛烈冲击，乡土文化的生态环境骤然恶化，传统乡土文化陷入了严峻的生存危机之中。同时，受撤点并校政策的影响，大量的乡村学校被撤销、合并，乡村教师的工作空间开始转移到乡镇一级的寄宿制学校，乡村教师与乡

---

① 闫闯.乡村教师乡贤身份自觉：价值、困境与突围[J].当代教育科学，2021（12）：3-12.

村社会之间的联系一度处于中断状态。此外，自20世纪末以来，随着国家关于民办教师政策的出台，大批民办教师由"亦农亦教"的编外教师身份转变为了具有国家教师编制的体制内工作人员。作为体制内的工作人员，乡村教师的招录、晋升、考核等均由政府负责，于无形中切断了乡村教师与乡村社会相联系的纽带。到了21世纪，受全球教师专业化发展趋势的影响，我国政府在招录乡村教师时采用了专业化的标准，侧重考虑应聘者的学历、专业、资格认证等与招录岗位的匹配程度，忽略了应聘者的原生文化背景与乡村环境的匹配程度。所造成的结果是乡村教师的来源变得多样化，乡村教师的主体构成发生巨大的变化。具体而言，目前我国乡村教师的主体是出生于80年代、90年代的新生代乡村教师，而新生代乡村教师又由成长于城市的乡村教师与成长于农村的乡村教师两类群体构成。对于那些成长于城市的乡村教师而言，他们本身并不了解乡土文化，也不熟悉乡土生活，他们之中的许多人只是将乡村教师职业作为进入城市工作的"跳板"，一旦有合适的机会，这些人就会毫不犹豫的选择流动到城市。对于那些自幼成长于本地乡村的教师，尽管他们自幼成长于乡村、沉淀了丰富的乡村生活经验，但由于城市化教育的影响，其在学校里所学的知识、技能与乡土生产生活相距甚远，这些教师同样在内心深处对城市生活、城市文化充满了向往。由此可见，乡土文化生态环境的恶化、乡村教育布局的调整、乡村教师国家身份的建构、城市化教育导向等，均对乡村教师的乡土文化意识造成了干扰。目前，大多数乡村教师在城市购买了住房，他们上班时进村、下班后回城，在城市与乡村之间过着候鸟迁徙式的生活。这些乡村教师无论是在生活上、还是在情感上，均与乡土文化相疏离，这必然会导致乡村教师难以将乡土文化融入至乡村学校的教育教学内容之中，难以参与乡村的文化活动，其之于乡土文化的"离场"已是不争的事实。

回溯近30年以来我国乡村教师队伍的建设历程，我们会发现，这一时期政府在建设乡村教师的队伍之时，过于关注乡村教师的现代性，忽视了"乡土性"，从而造成乡村教师乡土文化素养的匮乏，进而导致其陷入前所未有的文化困境之中，具体表征为：一是乡村教师拘泥于传递统编的学科教材知识，难以生成科学的乡土文化观。统编学科教材作为教育现代化的产物承载了现代主流文化，乡土文化作为非主流文化，往往难以进入教材编写者的视野，这必将不利于乡村教师体认乡土文化的教育价值，进而制约了其理性乡土文化观的生成。二是乡村教师局限于与学生进行知识层面的交流，难以有效落实文化育人的实践。乡村教师通常会将学习成绩作为评价学生的主要依据，几乎不会考虑乡土文化之于乡村学生健康成长的影响。而乡村学生长期浸润于乡土文化之中，他们本然地携带着乡土文化背景、乡土生活经验，乡土文化、乡土生活经验是他们健康成长的源头活水。如果乡村学校里所传递的知识、经验与学生所携带的文化背景与生活经验难以融合，不仅会造成学生难以理解所学的学科知识，制约其学习成效的提升，而且会造成学生难以深入地了解家乡，制约其家国情怀与民族精神的建构，上述这些均不利于乡村教师文化育人实践的落实。三是乡村教师痴迷于提升城乡教师共通的专业素养，缺乏对自身所面临的工作环境、教育对象的关切，致使他们的特殊专业素养普遍较为匮乏，遑论乡土文化素养的发展。

（三）乡土文化素养之于高质量乡村教师队伍建设的价值

站在人与环境相匹配的视角分析，乡村教师的"乡土性"在本质上体现了人与环境的匹配程度。人与环境相匹配是一种立足于特质因素论的研究视角，也是一种关于个体特质与职业环境的特征相协调、相兼容的理论体系。按照这一理论体系的观点，人与环境的协调性通常被归纳为一致性匹配与互补性匹配两种类型，其中，互补性匹配又被划分为需求—供给匹配与要求—能力匹配两种类型。要求—能力匹配关注的是环境对人提出的需求，即人的知识、技能、体能、经验等必须胜任某一岗位的工作；需求—供给匹配关注的是人对环境提出的需要，即职业的薪酬、工作条件、可支配资源等是否满足了人的基本需求。唯有当需求—供给匹配与要求—能力匹配均得到满足时，人方能处于良好的职业发展状态，反之则会处于消极的职业发展状态[1]。乡村教师作为人，其同样需要与工作环境相匹配。在一般情况下，乡村教师需要考虑两个问题，即乡村环境与自身的期望是否相匹配，自身的能力或素养是否与乡村的环境相匹配。前者体现了乡村教师对工作环境提出的期望，后者体现了乡村环境对乡村教师的能力或素养提出的要求，唯有当上述二者同时匹配之时，乡村教师方能处于良好的职业发展状态，方能建设一支高质量的乡村教师队伍。可以说，乡村教师素养与乡村环境相匹配是高质量乡村教师队伍建设的必要条件，而乡村教师素养与乡村环境的匹配包含了许多方面，其中，文化匹配尤为重要。文化匹配体现了乡村教师对乡村文化环境的适应程度，需要乡村教师能够将乡土文化渗透于自身的专业理念、专业知识、专业能力之中，形成与发展乡土文化素

---

[1] 罗英姿，陈尔东. 基于人与环境匹配理论的高校毕业生职业发展评价体系构建[J]. 高等教育研究，2012，42（3）：70-78.

养。乡土文化素养体现了乡村教师与乡村环境相匹配的内在要求,彰显了乡村教师的"乡土性"特质,其之于高质量乡村教师队伍的建设具有重要价值,具体表征为:

首先,乡土文化素养有助于提升乡村教师的留任意愿,稳定乡村教师队伍的数量。高质量乡村教师队伍包括了数量建设与质量建设两个维度,乡村教师的留任意愿是影响乡村教师队伍数量及规模的关键因素。相关研究表明,教师考核的科学性与公正性、教师对学校文化的认同度、教师的地域融入程度这三个制度与文化因素对教师留任意愿具有显著的正向影响,其中地域融入尤为重要[1]。地域融入的实质是文化融入,需要乡村教师在理解乡土文化、利用乡土文化资源的基础上,形成乡土文化素养。一旦缺乏乡土文化素养,乡村教师将难以了解乡土民情,难以走进乡土生活,难以与乡村民众之间展开深入的交往,这必然会导致乡村教师在情感上、生活上疏离于乡土文化及其乡村社会,进而强化了其离职意向。因而,乡村教师乡土文化素养的发展水平越高,他们融入乡村文化环境的程度也就越高,留任意愿也就越强烈,反之,乡村教师就会产生强烈的离职意向。在此意义上,乡土文化素养是稳定乡村教师队伍数量及规模的利器,其之于高质量乡村教师队伍的建设具有重要价值。

其次,乡土文化素养有助于强化乡村教师的文化回应性教学能力,提升其教育教学质量。已有的研究表明,文化回应性教学能够促使乡村教师在教育教学中对乡村学生所携带的乡土文化背景形成回应,借此生成有效教学。[2] 有效教学作为乡村教师"教得好"的内在要求,有助于提升乡村教师的教育教学质量。而乡村教师的教育对象是乡村学生,乡村教师有效教学的开展必然要考虑到乡村学生成人成才的现实需要。这就需要乡村教师能够了解乡土文化、熟悉乡土生活,能够有效开展文化回应性教学。文化回应性教学的开展,不仅需要乡村教师具备城乡教师共通的专业理念、专业知识、专业能力等,而且需要乡村教师具备开展文化回应性教学的特殊素养,这一特殊素养即为乡土文化素养。乡村教师正是依托乡土文化素养,方能从学生的生活经验出发组织教学内容、选择教学方式,方能在知识及能力层面对学生所携带的乡土文化背景形成回应,这必然有助于实现乡村学校的教育内容与乡村学生生活经验之间的融

---

[1] 王恒,闰予泓,姚岩. 特岗教师留任意愿的影响因素研究——基于全国特岗教师抽样调查数据的logistic回归分析[J].教师教育研究,2018,30(1):41-48.

[2] 裴淼,蔡畅,郭潇. 文化回应性教学:乡村教师专业发展的契机[J].教师教育研究,2019,31(6):21-25;32.

合，从而强化了学生对课堂所学知识的理解程度，提升了乡村教师的教育教学质量。反之，乡村教师的教学内容及方式就会背离学生的经验系统，学生由此难以理解所学的知识内容、难以生成有效学习，其必然不利于乡村教师教育教学质量的提升。在此意义上，乡土文化素养是提升乡村教师教育教学质量的利器，对高质量乡村教师队伍的建设具有重要价值。

三、润泽乡村学生的健康成长

（一）乡土文化的教育价值

乡土文化能够滋养乡村学生的精神世界，引领其走向精神成人。乡村学生之所以是乡村学生，不仅是因为他们生存于乡村之中，而且是因为他们长期浸润于乡土文化的土壤之中。乡土文化作为乡村的原生文化形态，凝聚着乡村人的价值观念、宗教信仰、生活方式、审美情趣等，乡村学生正是通过亲近乡土文化，滋生了乡土情怀，沉淀了乡土生活经验，形成了最初的价值观念与行为模式，从而为其初步的社会化奠定了基础。进而言之，乡土文化作为中国传统农耕文化的表现形式，蕴含了三重质素，即基于人与自然相依而生发出的天人和谐，基于人与人相依而生发出的人人和谐，基于质朴乡村劳动发出的身心和谐[①]。可见，乡土文化的价值精华与整个中国传统文化的价值精华是相通的，其不仅表达了乡村人生存的价值取向，而且表达了整个中华民族生存的价值取向。乡村学生正是通过亲近乡土文化，建构了民族精神，养成了家国情怀，最终成长为合格的社会公民。因而，乡土文化既联结着乡村人的生产与生活，也联结着中华民族的生产与生活，这一文化形态不仅属于乡村人，而且属于全民族乃至全社会，其必然有助于滋养乡村学生的人格修养及精神世界，促使他们走向精神成人。

但反观现实我们会发现，乡土文化的发展至少面临着如下突出问题：其一，在现代物质文明的冲击下，利益本位在乡村社会开始大行其道，传统的乡村伦理陷入了发展困境，乡土文化在乡村文化中处于一种被边缘化的境地。其二，在城镇化进程中，城市对乡村形成了人口虹吸效益，引发了乡村社会人口

[①] 刘铁芳.探寻乡村教育的基本精神［J］.探索与争鸣，2021（4）：15-18.

的空心化现象。加之年长者的不断逝去,乡土文化的传承主体面临断层。其三,受文化资本存量的影响,乡村民众对外来的精英文化缺乏接受能力,致使精英文化难以在乡村社会中被广泛传播,而由于迎合了乡村民众的需要,一些饱含市场元素、功利元素的文化形式却在乡村社会中被广泛的传播,从而制约了精英文化对乡村文化的良性引导。当传统乡土文化陷入凋敝、优秀的精英文化难以传播之时,必然会导致整个乡村社会文化秩序的失调,这必然不利于乡村学生的精神成长。此外,受当下乡村学校教育城市化发展导向的影响,乡村学生在学校里所学的知识与其乡土文化、乡土生活经验相脱节,乡土文化的教育价值无法得到变化与生成,从而对乡村学生的成长产生不利的影响,主要表征为乡村学生难以生成应有的乡村情感,其精神世界长期荒芜化。而一旦乡村学生的精神世界荒芜化,他们就很难找到生存的自信与生命的价值,焦虑、自卑、愤懑等负面情绪就会接踵而至,这实质上传递了一个非常危险的信号。

正因如此,乡村学校更应该关注乡土文化的教育价值,通过推动乡土文化与乡村学校教育内容的融合,引导乡村学生去认知、理解脚下的每一寸土地,去审视、探究其中蕴含的自然、历史及人文资源,去与辛勤劳作于田间地头的父老乡亲对话,共同感受乡村生产与生活之中的艰辛与喜悦,并将之内化为自身生活经验的一部分,从而为其一生的健康成长奠定坚实的基础。在某种程度上,重塑乡土文化的教育价值,就是重塑乡村学生健康成长的生活根基。唯其如此,置身于其中的乡村学生在悦纳城市文化的同时,感受乡村生活的美好,形成乡村情感、乡土文化自信,从而为其一生的健康成长奠定良好的基础。

(二) 乡土文化素养之于乡村学生健康成长的价值

乡土文化教育价值的实现有赖于乡村教师的支持,需要乡村教师在具备一般专业素养的基础上,养成与发展乡土文化素养。乡土文化素养是实现乡土文化教育价值的必要条件,其之于乡村学生的健康成长具有重要价值,具体表征为:

首先,乡土文化素养有利于乡村教师将乡土文化资源转化为教学资源,促进乡村学生的认知发展。目前,乡村学校以国家课程为主导,这类课程的设计权限被国家及省市两级的教育专家所掌控,这些专家主要来自城市的高等院校或中小学。他们之中的许多人并不具备乡土生活经验,也不了解乡村学生的成长环境，致使国家课程与乡村学生的生活经验严重脱节，乡村学生难以将国家课程的内容纳入自身的经验系统之中。对于乡村学生而言，国家课程的内容就是他者的世界，而非我者的世界。此外，国家课程所承载的城市主流文化通常会和乡村学生所携带的乡土文化之间产生冲突，乡村学生由此难以理解国家课程的内容，难以生成有效学习，进而制约了其认知的发展。为此，乡村教师就需要依托自身的乡土文化素养，将乡土文化资源转化为有效的教学资源，用以辅助国家课程的教学，促使乡村学生能够实现国家课程内容与自身经验之间的同化、顺应与重组，进而构建起完整的认知图式，促进其认知的向前发展。

其次，乡土文化素养有利于乡村教师将乡土文化资源转化为课程资源，促进乡村学生的精神成长。我国现代的乡村学校教育是工业文明的产物，呈现出鲜明的城市化导向。通过接受这一类型的教育，乡村学生很容易在内心深处滋生出对城市生活的向往，乡土文化、乡土生活由此在他们眼中黯然失色。对于那些凭借升学路径进入城市的乡村学生而言，他们面对物欲横流的城市生活，很容易滋生自卑、焦虑等负面情绪；而对于那些外出务工的乡村人而言，由于缺乏经济资本、文化资本及社会资本，他们往往在严酷的竞争中处于不利的位置，很容易陷入精神困顿的状态。

美国学者温德尔·拜瑞认为，"人在本质上是一个创造者和一个道德人，人性的完善是和土地密切相关的，人只有在和土地的联系中才能完善人性。"[1]因而乡土文化作为植根于泥土的文化形态，在完善乡村学生的人性、滋养其人格、安顿其精神世界等方面同样具有重要价值。要解决乡村学生的精神困顿问题，就要实现乡土文化的教育价值。乡土文化教育价值的实现有赖于乡村教师的乡土文化素养，需要乡村教师能够对乡土文化资源进行筛选，并将其转化为有效的课程资源与教学资源。这实质上涉及乡土课程的开发问题，乡土课程作为对国家课程、地方课程的补充，承载了乡村的伦理道德、习俗礼仪、农业耕种、乡土民情等，是传承优秀乡土文化的重要载体。通过学习乡土课程，乡村学生了解农业生产知识，激发了他们对农业耕种的兴趣；通过学习乡土课程，乡村学生了解家乡的自然生态环境，唤醒了他们亲近乡土自然的热情；通过学习乡土课程，乡村学生了解家乡的风土人情，生成了对脚下每一寸土地的眷恋之情；通过学习乡土课程，乡村学生了解乡村的伦理规范，形成了

---

[1] 袁利平，温双.乡土课程开发的文化价值与实践选择［J］.中国教育学刊，2018（5）：80-85.

最初的价值观念与伦理道德等。借此，乡村学生自儿时起就葆有浓郁的乡村情感及乡土文化自信，将来无论他们身处何处、从事何种职业，都能以一颗赤子之心造福桑梓。

总之，乡土文化素养之于乡村文化振兴、高质量乡村教师队伍的建设以及乡村学生的健康成长等方面均具有重要价值。其中，乡村文化振兴是乡土文化素养的价值基础，高质量乡村教师队伍的建设是乡土文化素养的价值中介，促进乡村学生的健康成长是乡土文化素养的价值内核，这三者之间互益共生，共同促进着乡村学生的健康成长。

第三章
乡村教师乡土文化素养构成要素指标体系的构建

乡村教师的乡土文化素养是一个复杂的、多维结构，要探讨其结构，就要在明确其构成维度的基础上，构建乡土文化素养构成要素的指标体系。为此，研究者首先立足于文化回应性教学理论与社会共生理论，结合近年来政府颁布的相关政策文件，初步建构了乡村教师乡土文化素养构成要素的指标体系；其次，研究者通过德尔菲法面向专家征询了他们对于指标体系的意见，并根据专家的意见对指标体系进行了修改与完善，最终确立了乡村教师乡土文化素养构成要素的指标体系；最后，研究者分析了各个构成要素的内涵、特征及其相互之间的关联，建构了乡村教师乡土文化素养的结构模型。希望通过本章的研究，能够为后续调查问卷结构与问题的设计提供依据。

第一节 指标体系构建的依据

在一般情况下，任何一个独立系统的构成要素都是由多个层级所构成的系统，在这个系统之中，每一个层级只能体现系统的某一个方面的特征，唯有多个层级有层次、有条理地聚集在一起，方能刻画出整个系统的全貌。乡村教师的乡土文化素养亦是如此。我们在建构乡村教师乡土文化素养构成要素的过程中，首先需要明确其维度层级，其次需要明确其构成要素。本研究将乡村教师乡土文化素养划分为3个维度层级，并逐一建构了各个维度层级的构成要素。其中，在第一个层级中，研究者依据"专业理念与师德—专业知识—专业能力"的框架，构建了乡土文化素养的构成要素；在第二个层级中，研究者根据第一个层级维度的属性及其特征，构建了乡土文化素养的构成要素；在第三个层级中，研究者根据第二个层级维度的属性及其特征，构建了乡土文化素养的构成要素。

第三章 乡村教师乡土文化素养构成要素指标体系的构建

事实上，乡土文化素养作为乡村教师不可或缺的一种专业素养，其构成要素同样需要依循《教师专业标准》的框架。《教师专业标准》是指国家教育行政机构依据一定的教育目的与教师培养目标制定出来的有关教师培养和教育工作的指导性文件。它具体规定了教师专业结构要素中的各项实施准则与方法，包括教师专业的道德标准、知识标准、能力标准等内容，为中小学教师专业素养的提升指明了方向，同时为合格教师的遴选、评价提供了有效的标尺[1]3。根据适用范围的大小，教师专业标准分为了四类：一是世界性教师专业标准，反映了各个国家有关教师专业发展的共性纲领性标准；二是国家教师专业标准，这是指导教师专业发展的全国性标准框架；三是地方教师专业标准，这类标准是在全国教师专业标准的框架下，依据地方教师专业发展的实际情况而制定的适应地方实际的教师专业标准；四是学校教师专业标准，这类标准是某一学校根据学校办学特点和发展水平制定的教师专业标准，对这一所学校的教师专业发展与评价形成指导作用[1]4。 2012年，教育部相继颁发了《小学教师专业标准（试行）》《中学教师专业标准（试行）》，这两个《标准》由此成为了全国通用的中小学教师专业发展的指导纲领。在这两个《标准》中，围绕"专业理念与师德""专业知识""专业能力"三个维度，勾勒了教师专业素养的框架。统观世界各国的做法会发现，我国在《标准》中勾勒的教师专业发展的维度框架，与世界许多国家的做法基本一致，如英国颁发的《教师标准》、苏格兰颁发的《完全注册教师标准》，均遵循了"德—知—能"的框架[2]。因而，我们在建构乡村教师乡土文化素养构成要素指标体系的过程中，同样应该依循"专业理念与师德—专业知识—专业能力"的基本框架，以之为基础，我们需要从相关性文献与政策文本中探寻指标体系的建构依据。

一、从文献中探寻指标体系构建的理论依据

指标体系构建的理论基础有两个，即文化回应性教学理论与社会共生理论。为此，研究者以"文化回应性教学理论""共生理论"为主题在中国知网里进行了检索，并对检索到的有效文献进行了梳理与挖掘，提取出了其中的关键词。

---

[1]江芳,杜启明.小学教师专业标准知与行[M].芜湖:安徽师范大学出版社,2012:3;4.
[2]何齐宗,刘流.中小学教师专业核心素养模型构建研究[J].课程.教材.教法,2021,41（4）:131-137.

在文化回应性教学的文献中，有研究者认为，"乡村教师培养单位应该以文化回应意识和乡土情怀为基础，开展文化回应性教学能力训练，以帮助师范生获得在乡村教师中开展文化回应性教学的意识与能力。熟稔乡土知识不仅可以帮助乡村教师理解乡村、融入乡村社会，而且可以帮助乡村教师将乡土知识与书本知识相结合。"[1]其关键词是"乡土情怀""乡土知识"。有研究者认为，"教师文化回应性教学能力要求教师具有丰富的地方性知识，包括乡土的生产生活、历史文化、传统民俗、地理景观、思想观念等。"[2]其关键词是"地方性知识"。有研究者认为，"为了开展文化回应性教学，乡村教师在教学方式上应该做到适合乡村学生的特点、合理利用乡土特色资源、体现乡村生活的价值。"[3]其关键词是"利用乡土特色资源"。

在共生理论的相关文献中，有研究者认为，"文化共生是乡村教师融入乡村振兴的实践路径，乡村教师应该在乡土文化的滋养中生发乡土情怀的同时传承与发展优秀的乡土文化"[4]，其关键词是"乡土情怀"。有研究者认为，"西北贫困地区应该开展共生教育，致力于解决两个问题，即人与自然的共生、人与文化的共生，其中，文化共生不是简单的推广自上而下外来的学校制度，而是能够把当地的自然及人文资源融合成一个很好的培养基去培养和发展贫困地区的乡村教育"[5]，其关键词是"当地的自然及人文资源"。

此外，乡土文化素养是乡村教师"乡土性"特质的表现形式，在一些探讨乡村教师特质的文献中同样涉及乡村教师的乡土文化素养问题。有研究者认为，"优秀乡村教师是身心在场的守护者，他们心怀乡土情感，累并坚守着；优秀乡村教师是潜心探索的从教者，他们坚持升学与育人相统一，开展着乡土回应教学；优秀乡村教师是仁而爱人的引领者，他们具有仁爱之心，启迪乡民的精神发展"[6]，其关键词是"乡土情感""乡土回应教学"。有研究者认为，

---

[1] 朱晓颖，刘天艺.文化回应性教学——乡村教师回归乡土的教育之路[J].南昌师范学院学报，2022，43（3）：123-127.

[2] 裴淼，蔡畅，郭潇.文化回应性教学：乡村教师专业发展的契机[J].教师教育研究，2019，31（6）：21-25；32.

[3] 王乐.乡村少年"离土"教育的回归——基于"文化回应教育学"的视角[J].湖南师范大学教育科学学报，2014，13（3）：98-102.

[4] 王坤.西南地区乡村教师融入乡村振兴的逻辑与路径——基于共生视角[J].民族教育研究，2022，33（4）：85-90.

[5] 张诗亚.共生教育论：西部贫困地区教育发展的新思路[J].当代教育与文化，2009（1）：55-57.

[6] 耿飞飞.乡村振兴背景下优秀乡村教师的角色特质与生成机理[J].当代教育科学，2022（8）：80-87.

"优秀乡村教师的情感特质是乡土情怀，精神特质是韧性，角色特质是新乡贤，教学特质是基于乡土的多学科教学"，其关键词是"乡土情怀""韧性""新乡贤""多学科教学"[1]。有研究者认为，"乡村教师的乡土性具体体现在专业理念、专业知识、专业能力等方面，在专业理念方面，乡村教师除了具备一般专业理念，还需具有乡土情结。在专业知识方面，乡村教师除了具备一般专业知识，还需具有乡土文化的知识，在专业能力方面，乡村教师需要具有课程意识与课程开发的能力"[2]，其关键词是"乡土情结、乡土文化知识、课程发展的意识与能力"。

接着，研究者按照"专业理念与师德—专业知识—专业能力"的维度框架，对上述关键词进行了分类。其中，"乡土情怀"指向了"专业理念与师德"这一维度；"乡土知识""地方性知识"指向了"专业知识"这一维度，"利用乡土特色资源""当地自然及人文资源的融合""乡土课程的开发意识与能力""乡土回应教学""多学科教学"等关键词指向了"专业能力"这一维度。最后，研究者剔除了相似的关键词，构建了指标体系的一级维度，包括了3个指标，它们分别是"乡土情怀""乡土知识""乡土文化资源利用与开发能力"。

二、从政策文本中探寻指标体系构建的现实依据

通过梳理21世纪以来政府颁发的政策文件，研究者发现，相关性政策文件可以被分为三类。

第一类是政府在这一时期出台的乡村教师教育方面的政策文件，如2003年颁布的《国务院关于进一步加强农村教育工作的决定》、2005年颁布的《教育部关于进一步推进义务教育均衡发展的若干意见》、2010年颁布的《国家中长期教育改革和发展规划纲要（2010—2020年）》、2018年颁布的《教师教育振兴行动计划（2018—2022年）》、2011年颁布的《关于大力加强中小学教师培训工作的意见》等[3]。在这些政策文件或意见中，政府立足于国培计划、县域内

---

[1] 李继宏，李玮，冯睿. 优秀乡村教师特质研究——基于全国300位优秀乡村教师的典型案例分析［J］. 中国教育学刊，2021（10）：15-18.

[2] 吴亮奎. 乡村教师专业发展的矛盾、特质及其社会支持体系构建［J］. 教育发展研究，2015（24）：47-52.

[3] 段伟丽，汪安冉. 回顾与展望：新中国成立70年来乡村教师教育政策变迁［J］. 中国成人教育，2020（5）：90-96.

教师交流制度、师范生公费教育政策、特岗教师计划等问题，提出了对乡村教师教育的基本要求，内容涉及乡村教师乡土文化方面的问题。

第二类是政府在这一时期出台的传统文化教育方面的政策文件，如2001年颁布的《基础教育课程改革纲要（试行）》、2014年颁布的《完善中华优秀传统文化教育指导纲要》、2017年颁布的《关于实施中华优秀传统文化传承发展工程的意见》、2018年颁布的《教育部关于开展中华优秀传统文化传承基地建设的通知》、2019年颁布的《中华优秀传统文化进中小学课程教材指南》、2017年颁布的《关于实施中华优秀传统文化传承发展工程的意见》等[①]。在这些政策文件或意见中，政府对传承与发展中华优秀传统文化提出了要求，内容涉及乡村教师乡土文化方面的问题。

第三类是政府在这一时期出台的乡村教师专业发展方面的政策文本，如2004年颁布的《农村学校教育硕士师资培养计划》、2015年颁布的《乡村教师支持计划（2015—2020）年》、2020年颁布的《关于加强新时代乡村教师队伍建设的意见》、2021年颁布的《中西部欠发达地区优秀教师定向培养计划》等。在这些政策文件或意见中，政府对乡村教师的专业素养提出了基本要求，内容涉及乡村教师乡土文化方面的问题。基于此，研究者对上述政策文件的内容进行了分析，提取了其中的关键词，见表3-1。

表3-1　相关性政策文本分析

编号	政策话语	关键词
1	引导乡村教师深入当地百姓生活，通晓乡情民意，增强教育教学实效	深入百姓生活 通晓乡情民意
2	探索小班化教学模式，融合当地风土文化，跨学科开发校本教育教学资源	厚植乡村教育情怀 融合当地风土文化
3	发挥乡村教师新乡贤示范引领作用，塑造新时代文明乡风，促进乡村文化振兴	新乡贤 乡村文化振兴
4	坚持以乡村教育需求为导向，强化教育实践与乡土文化熏陶，促进师范生职业素养提升与乡土情怀的养成	强化乡土文化熏陶 促进师范生乡土情怀的养成

---

① 王宇琛. 乡村教育回归乡村生活的脉络与路径——以河阳小学百年变迁为中心的考察［J］. 社会治理，2021（8）：52-59.

第三章 乡村教师乡土文化素养构成要素指标体系的构建

（续表）

编号	政策话语	关键词
5	加大培养与选拔乡村振兴人才的力度	培养乡村振兴人才
6	为乡村教师参与乡村社会治理提供渠道	参与乡村社会治理
7	参与乡村文化活动，融入当地百姓生活	参与乡村文化活动
8	突出农村特色	突出农村特色
9	农村中学课程在达到国家课程要求的同时，可以设置符合当地需要的地方课程	设置地方课程
10	学校在执行国家课程与地方课程的同时，应视当地社会、经济的发展情况，结合本校的传统与优势、学生的兴趣与需要，开发或选用适合本校的课程	开发适合本校的课程
11	既要发挥课堂教学的主渠道作用，又要发挥课外活动和社会实践的重要作用	发挥课外活动的作用 发挥社会实践的作用
12	以培养学生对中华优秀传统文化的亲切感为重点，培养学生热爱家乡、热爱生活、亲近自然	热爱家乡 亲近自然 热爱生活
13	中小学地理、数学、物理、化学、生物等课程，应结合教学环节渗透中华优秀传统文化相关内容	教学环节渗透
14	鼓励学校挖掘和利用本地优秀中华传统文化资源，开设地方课程和校本课程	利用传统文化资源 开发地方课程及校本课程
15	加强面向全体教师的中华优秀传统文化教育培训，提升教师开展中华优秀传统文化教育的能力	开展中华传统文化教育
16	保护和利用乡土文化资源，建设新乡贤文化，提升乡土文化的内涵，让子孙后代记住乡愁	利用乡土文化资源 提升乡土文化的内涵 建设新乡贤文化
17	利用博物馆、纪念馆、文化馆、文化遗址等，组织学生实地考察和现场教学	实地考察 现场教学

首先，研究者对上述关键词进行了归类。其中，厚植乡村教育情怀、强化乡土文化熏陶、养成乡土情结、塑造文明乡风、促进乡村文化振兴、参与乡村社会治理、参与乡村文化活动、提升乡土文化的内涵、热爱家乡、选拔乡村振兴人才等关键词指向了"乡土情怀"这一维度；融合当地风土文化、深入百姓

生活、通晓乡情民意、亲近自然等关键词指向了"乡土知识"这一维度；开发校本教育教学资源、突出农村特色、设置地方课程、开发学校课程、发挥课外活动的作用、发挥社会实践的作用、利用优秀传统文化资源、保护和挖掘乡土文化资源、构建中华文化课程、构建中华文化教材体系、组织学生实地考察、组织学生现场教学等关键词指向了"乡土文化资源利用与开发能力"这一维度。

其次，研究者对上述关键词进行了二次归类。在"乡土情怀"这一维度，强化乡土文化熏陶、养成乡土情结、提升乡土文化的内涵等关键词指向了乡村教师的乡土文化意识；厚植乡村教育情怀这一关键词指向了乡村教师的乡村教育情怀；塑造文明乡风、促进乡村文化振兴、参与乡村社会治理、参与乡村文化活动、热爱家乡、选拔乡村振兴人才等关键词则指向了乡村教师对乡村振兴战略的认同与参与意识。基于此，研究者确立了"乡土文化意识""乡村教育情怀""乡村振兴战略认同意识"3个二级指标。在"乡土知识"这一维度，亲近自然这一关键词指向了乡村教师的乡土自然知识；融入当地风土文化、通晓乡情民意、深入百姓生活指向了乡村教师的乡土人文知识。基于此，研究者确立了"乡土自然知识""乡土人文知识"这2个二级指标。在"乡土文化资源利用与开发能力"这一维度，保护与利用优秀的乡土文化资源、利用传统文化资源、教学渗透等关键词指向了乡村教师的乡土文化资源利用能力；开发校本教育教学资源、设置地方课程、开发学校课程、发挥课外活动的作用、发挥社会实践的作用、构建中华文化课程、构建中华文化教材体系、组织学生实地考察、组织学生现场教学等关键词指向了乡村教师的乡土文化资源开发能力。基于此，研究者确立了"乡土文化资源利用能力""乡土文化资源开发能力"这2个二级维度的指标。概而言之，研究者初步构建了7个二级指标，它们分别是："乡土文化意识""乡村教育情怀""乡村振兴战略认同意识""乡土自然知识""乡土人文知识""乡土文化资源利用能力""乡土文化资源开发能力"。

最后，研究者以上述7个二级指标为篇名进行了文献检索，结合政策文本的内容，确立了三级维度的指标，共计25个，它们分别是："乡土文化认知意识""乡土文化求真意识""乡土文化坚守意识""乡土文化凝聚意识""乡村教育认同感""乡村教育热爱感""乡村教育责任感""乡村教育使命感""乡村社会认同感""乡村建设责任感""乡村建设意义感""乡土自然知识""乡土生产知识""乡土生活知识""乡土思想知识"

"乡土历史知识""乡土民俗知识""乡土民间技艺知识""乡土实景教学资源利用能力""乡土模象资源利用能力""乡土问题情境创设能力""乡土学科课程开发能力""乡土文科综合实践活动课程开发能力""乡土理科综合实践活动课程开发能力""乡土基地活动课程开发能力"。具体见表3-2。

表3-2 初步构建的乡村教师乡土文化素养构成要素指标体系

一级指标体系	二级指标体系	三级指标体系
1.乡土情怀	1.1乡土文化意识	1.1.1乡土文化认知意识
		1.1.2乡土文化求真意识
		1.1.3乡土文化坚守意识
		1.1.4乡土文化凝聚意识
	1.2乡村教育情怀	1.2.1乡村教育认同感
		1.2.2乡村教育热爱感
		1.2.3乡村教育责任感
		1.2.4乡村教育使命感
	1.3乡村振兴战略认同意识	1.3.1乡村社会认同感
		1.3.2乡村建设责任感
		1.3.3乡村建设意义感
2.乡土知识	2.1乡土自然知识	2.1.1乡土自然知识
	2.2乡土人文知识	2.2.1乡土思想知识
		2.2.2乡土历史知识
		2.2.3乡土民俗知识
		2.2.4乡土民间技艺知识
		2.2.5乡土生产知识
		2.2.6乡土生活知识
3.乡土文化资源利用与开发能力	3.1乡土文化资源利用能力	3.1.1乡土实景教学资源利用能力
		3.1.2乡土模象资源利用能力
		3.1.3乡土问题情境创设能力
	3.2乡土文化资源开发能力	3.2.1乡土学科课程开发能力
		3.2.2乡土文科综合实践活动课程开发能力
		3.2.3乡土理科综合实践活动课程开发能力
		3.2.4乡土基地活动课程开发能力

第二节　指标体系的优化

研究者初步构建的乡村教师乡土文化素养构成要素的指标体系，尚且有待完善。为此，研究者采用德尔菲法来征询专家对指标体系的意见，并且根据反馈回来的专家意见，修改与完善了指标体系。

一、指标体系的优化步骤

（一）自编专家咨询问卷

本研究采用自编的专家咨询问卷，咨询问卷由三个部分构成：第一个部分为专家的基本信息，包括专家的性别、身份、职称、教龄、职务等。第二个部分为专家评分表，包括量表题、开放题两类题型，量表题主要用于专家判断指标的重要性，设计了"非常不重要、不重要、一般、重要、非常重要"五个选项，采用李克特（Likert）五分量表法，分别对其赋值为"1、2、3、4、5"分，指标所得的分值越高，指标就越重要；开放题既用于专家对整个指标体系的设计思路、维度选择方面提出修改意见，也用于专家补充咨询问卷中未涉及到的重要信息。第三个部分为专家自评表，包括专家对问题的熟悉程度、对问题的判断依据两个部分，这一部分的题型均为单选题，用以检验专家意见的权威程度。

（二）确立咨询专家

本研究采用非概率"主观抽样"的方法遴选专家，专家主要分为三类群体。一是高等师范院校教育学类专业的博士生导师，他们均在核心期刊上发表过与本研究相关的论文或主持过相关课题；二是乡村义务教育阶段的骨干教师，他们均在优质课的评选活动中获得过奖励；三是乡村学校的校长，他们均在乡村优秀校长的评选活动中获得过奖励。在这些专家中，既有乡村教育方面的理论研究者，也有乡村教育方面的实践者，专家来源具有代表性与多样性。就专家的实际情况而言，参与第一轮咨询的专家共计30人，有6位是高等师范院校教育学类专业的博士生导师，有18位是乡村学校的一线骨干教师，有6位是乡村学校的校长；参与第二轮咨询的专家共计24人，有4位是高等师范院校教育学类专业的博士生导师，有17位是乡村学校的一线骨干教师，有3位是乡村学校的校长。专家的基本情况见表3-3。

表3-3 专家分布情况统计表　　　　　　　　　　　　　单位：人

征询次数	学历				教龄				职称		
	研究生	本科	大专	中专或高中	30年以上	21~30年	11~20年	10年内	高级	中级	初级
1	7	16	3	4	5	14	9	2	16	10	4
2	5	13	3	3	5	13	5	1	13	8	3

从表3-3可知，参与本研究的专家大多具有高级职称，本科及以上学历的专家超过了半数，20年以上教龄的专家也超过了半数，使他们能够对列出的指标做出科学而合理的评判，在一定程度上确保了指标体系的科学性。

（三）开展专家咨询活动

本研究从2022年1月开始发放专家意见咨询问卷，截至2022年6月共开展了两轮咨询活动。在第一轮专家意见的咨询中，研究者向专家发放了《关于乡村教师乡土文化素养构成要素指标体系的专家意见咨询问卷（一）》，使用SPSS软件对专家评分结果进行统计与分析，并根据统计结果进一步修改指标体系，并编制了《关于乡村教师乡土文化素养构成要素指标体系的专家意见咨询问卷（二）》；在第二轮专家意见的咨询中，研究者向专家发放了《关于乡村教师乡土文化素养构成要素指标体系的专家意见咨询问卷（二）》，针对存在分歧的指标进一步与专家进行了沟通，最终确立了指标体系。

（四）统计与分析专家咨询问卷

经过与专家的商议，本研究确立了指标筛选标准，即指标必须同时满足以下三个标准：第一，指标的均值>3；第二，指标的专家意见集中程度<1.4；第三，指标的变异系数<0.25。其中，均值用M_j表示，表达了专家对某一指标重要性的认同程度；变异系数（V_j）表达了专家意见的协调程度，是标准差（S）与

均值（M）之间的比值[①]。集中程度表达了专家意见的一致程度，本研究采用"中位数法"处理数据，分别求出专家意见的中位数、均值、上四分位点Q^+和下四分位点Q^-，a_1、a_n为填答的最小、最大值，如果$Q^+ - Q^- < a(a_n - a_1)$，则指标的专家意见集中程度良好。本研究取$a=0.35$，a_n为5，a_1为1，$a(a_n - a_1) = 1.4$，专家意见的集中程度<1.4即可[②]。一般情况下，指标的均值越大、集中程度与变异系数的值越小，指标的可取程度就越高。

（五）检验专家咨询结果的可靠性

专家的权威程度是检验专家咨询结果可靠性的重要指标，用C_r表示。$C_r = (C_s + C_a)/2$。其中，C_a是专家对方案做出判断的依据；C_s是专家对问题的熟悉程度，二者的取值范围为（0，1）。专家意见权威程度的取值也为（0，1）。一般情况下，如果专家权威程度的值大于或等于0.7，则意味着专家咨询结果的可靠性较高。为了统计与分析方便，研究者分别对判断依据、熟悉程度的选项进行了赋值，具体的赋值情况见表3-4、表3-5。

表3-4 专家判断依据的赋值情况一览表

判断依据	对专家判断的影响程度		
	大	中	小
理论思辨	0.4	0.3	0.2
实践经验	0.4	0.3	0.2
文献梳理	0.3	0.2	0.1
自我感觉	0.3	0.2	0.1

表3-5 专家对指标熟悉程度的赋值情况一览表

熟悉程度	很熟悉	熟悉	一般	不熟悉	非常不熟悉
赋值	1.00	0.80	0.60	0.40	0.20

[①] 杨世玉，刘丽艳，李硕. 高校教师教学能力评价指标体系建构——基于德尔菲法的调查分析[J]. 高教探索，2021（12）：66-73.

[②] 李孔珍，张力. 专家视野中的区域教育发展战略与西部教育政策——运用德尔菲咨询法进行的调查分析[J]. 教育研究，2006（4）：11-18.

二、专家咨询结果的统计与分析

(一) 第一轮专家咨询结果的统计与分析

表3-6 第一轮专家咨询结果的统计表

指标类别	指标名称	Q^+	Q^-	S	M	集中程度	变异系数
一级指标	1.乡土情怀	4	4	0.48	4.10	<1.4	0.12
	2.乡土知识	4	4	0.71	3.07	<1.4	0.23
	3.乡土文化资源利用与开发能力	4	4	0.62	3.97	<1.4	0.16
二级指标	1.1乡土文化意识	4	3	0.84	3.57	<1.4	0.24
	1.2乡村教育情怀	4	3	0.89	3.70	<1.4	0.24
	1.3乡村振兴使命感	4	2	1.02	2.80	>1.4	0.36
	2.1乡土自然知识	4	3.75	0.61	3.8	<1.4	0.16
	2.2乡土人文知识	4	3	0.76	3.8	<1.4	0.20
	3.1乡土资源利用能力	4	3.75	0.57	3.77	<1.4	0.15
	3.2乡土课程开发能力	4	4	0.74	4.00	<1.4	0.19
三级指标	1.1.1乡土文化认知意识	4	3	0.61	3.80	<1.4	0.16
	1.1.2乡土文化坚守意识	4	2	0.73	2.57	>1.4	0.28
	1.1.3乡土文化求真意识	4	2	0.96	2.37	>1.4	0.41
	1.1.4乡土文化凝聚意识	4	2	0.89	2.43	>1.4	0.37
	1.2.1乡村教育认同感	5	4	0.68	4.46	<1.4	0.15
	1.2.2乡村教育热爱感	4	3	0.63	3.77	<1.4	0.17
	1.2.3乡村教育责任感	5	5	0.70	4.27	<1.4	0.16
	1.2.4乡村教育使命感	4	3	0.50	3.40	<1.4	0.15
	1.3.1乡村社会认同感	4	2	0.80	2.90	>1.4	0.28
	1.3.2乡村建设责任感	4	2	0.80	2.80	>1.4	0.29
	1.3.3乡村建设意义感	5	3	1.12	3.17	>1.4	0.35
	2.1.1乡土自然知识	4	3	0.50	3.63	<1.4	0.14
	2.2.1乡土生产知识	5	4	0.73	4.13	<1.4	0.18

（续表）

指标类别	指标名称	Q^+	Q^-	S	M	集中程度	变异系数
三级指标	2.2.2乡土生活知识	5	5	0.56	4.30	<1.4	0.13
	2.3.1乡土思想知识	5	4	0.68	4.23	<1.4	0.16
	2.3.2乡土历史知识	5	4	0.79	3.57	<1.4	0.22
	2.3.3乡风民俗知识	5	5	0.61	4.37	<1.4	0.14
	2.3.4乡土民间技艺知识	5	5	0.88	4.10	<1.4	0.21
	3.1.1乡土实物教学资源利用能力	5	4	0.83	4.00	<1.4	0.21
	3.1.2乡土模象资源利用能力	5	4	0.70	4.30	<1.4	0.16
	3.1.3乡土问题情境创设能力	5	5	0.52	4.73	<1.4	0.11
	3.2.1乡土学科课程开发能力	5	4	0.59	4.3	<1.4	0.14
	3.2.2乡土理科综合实践活动课程开发能力	4	2	0.64	2.73	>1.4	0.23
	3.2.3乡土文科综合实践活动课程开发能力	4	2	0.66	2.90	>1.4	0.23
	3.2.4乡土基地活动课程开发能力	5	2	1.33	3.57	>1.4	0.37

在第一轮专家咨询活动中，研究者发放30份咨询问卷，回收有效咨询问卷30份，专家积极系数达到了100%。咨询结果显示，得分均值>3的指标数为28个，占比为77.78%；变异系数<0.25的指标数为26个，占比为72.22%；集中程度<1.4的指标数为26个，占比为72.22%；此外，专家的权威程度达到了0.73，表明了研究者初拟的指标体系在总体上比较适合，且具有一定的可靠性。

根据指标的遴选标准，得分均值<3的指标应该被删除，变异系数>0.25的指标应该被删除，集中程度>1.4的指标应该被删除。结果显示，重要度得分均值>3的指标有8个，变异系数>0.25的指标有10个，集中程度>1.4的指标有10个，且某些指标同时符合两项或三项删除标准。以此为依据，应该删除10个指标，它们是"乡村振兴使命感""乡土文化坚守意识""乡土文化求真意识""乡土文化凝聚意识""乡村社会认同感""乡村建设责任感""乡村建设意义感""乡土理科综合实践活动课程开发能力""乡土文科综合实践活动课程开发能力""乡土基地活动课程开发能力"。

此外，专家提出的修改意见主要包括以下几个方面：其一，需要重新确立某些指标。有专家认为,"乡村振兴使命感"这个指标的表述不够清晰,容易使人产生歧义,建议将其删除后,重新确立指向乡村振兴的指标;有专家认为,"乡土文化坚守意识""乡土文化凝聚意识""乡土文化求真意识"等指标不具备操作性,建议将这3个指标删除后,重新确立指向乡土文化意识的指标。其二,需要合并某些指标。有专家认为,乡土综合实践活动课程的特点是综合性、跨学科性,乡土综合实践活动课程不应该区分文科与理科,建议合并"乡土理科综合实践活动课程开发能力"与"乡土文科综合实践活动课程开发能力"这2个指标;需要调整某些指标,有专家建议将"乡土生产与生活知识"调整至三级指标。

根据专家咨询的结果,研究者进行了如下修改:其一,删除了不符合标准的指标,共计10个;其二,增加了某些指标,即在二级指标体系中增加了"乡村振兴战略认同"这1个指标,在三级指标体系中增加了"乡村振兴战略认知度""乡村振兴战略参与度""乡土文化包容意识""乡土文化回应意识"这4个指标;其三,合并了某些指标,即在三级指标之中,将"乡土理科综合实践活动课程开发能力""乡土文科综合实践活动课程开发能力"这2个指标合并为"乡土综合实践活动课程开发能力"。借此,一级指标的数目未变,二级指标由原来的8个减少至7个,三级指标的数量由原来的25个减少至19个。概而言之,修改与完善后的一级指标包括3个,分别是"乡土情怀""乡土知识""乡土文化资源利用与开发能力";二级指标包括7个,分别是"乡土文化意识""乡村教育情怀""乡村振兴战略认同意识""乡土自然知识""乡土人文知识""乡土资源利用能力""乡土课程开发能力";三级指标包括20个,它们分别为"乡土文化认同意识""乡土文化包容意识""乡土文化回应意识""乡村教育认同感""乡村教育热爱感""乡村教育责任感""乡村振兴战略认知度""乡村振兴战略参与度""乡土自然知识""乡土生产知识""乡土思想知识""乡土历史知识""乡土民俗知识""乡土生活知识""乡土民间艺术""乡土实物教学资源利用能力""乡土模象资源利用能力""乡土问题情境创设能力""乡土综合实践活动课程开发能力""乡土学科课程开发能力"。

(二)第二轮专家咨询结果的统计与分析

根据专家提出的修改意见,研究者对初步确立的乡村教师乡土文化素养构成要素的指标体系进行了修改与完善后,开展了第二轮专家意见的咨询活动。具体统计结果见表3-7。

表3-7 第二轮专家咨询结果的统计表

指标类别	指标名称	Q^+	Q^-	S	M	集中程度	变异系数
一级指标	1.乡土情怀	4.75	4	0.56	4.17	<1.4	0.13
	2.乡土知识	3.75	3	0.83	3.79	<1.4	0.22
	3.乡土文化资源利用与开发能力	4	4	0.56	3.96	<1.4	0.14
二级指标	1.1乡土文化意识	4	3	0.72	3.46	<1.4	0.21
	1.2乡村教育情怀	4	4	0.57	3.98	<1.4	0.14
	1.3乡村振兴战略认同	4	4	0.53	3.78	<1.4	0.14
	2.1乡土自然知识	4	3	0.68	3.75	<1.4	0.18
	2.2乡土人文知识	4	3	0.83	3.79	<1.4	0.22
	3.1乡土文化资源利用能力	4	3	0.62	3.71	<1.4	0.17
	3.2乡土文化资源开发能力	5	4	0.72	4.21	<1.4	0.17
三级指标	1.1.1乡土文化认同意识	4	3	0.83	3.54	<1.4	0.23
	1.1.2乡土文化包容意识	4	3	0.71	3.67	<1.4	0.19
	1.1.3乡土文化回应意识	4	3	0.78	3.39	<1.4	0.23
	1.2.1乡村教育认知感	5	4	0.76	3.81	<1.4	0.20
	1.2.2乡村教育热爱感	4	2	1.13	3.05	>1.4	0.37
	1.2.3乡村教育责任感	5	4	0.53	4.28	<1.4	0.12
	1.3.1乡村振兴战略认知度	4	4	0.67	3.68	<1.4	0.18
	1.3.2乡村振兴战略参与度	5	4	0.71	3.21	<1.4	0.22
	2.1.1乡土自然知识	4	3	0.50	3.58	<1.4	0.14
	2.2.1乡土生产知识	5	4	0.81	4.04	<1.4	0.20
	2.2.2乡土思想知识	4.75	4	0.61	4.13	<1.4	0.15
	2.2.3乡土历史知识	4	3	0.82	3.67	<1.4	0.22
	2.2.4乡土民俗知识	5	4	0.64	4.33	<1.4	0.15
	2.2.5乡土民间艺术	5	4	0.86	4.30	<1.4	0.20
	3.1.1乡土实物教学资源利用能力	4	3	0.82	3.83	<1.4	0.21
	3.1.2乡土模象教学资源利用能力	5	4	0.59	4.50	<1.4	0.13
	3.1.3乡土教学情境创设能力	5	5	0.54	4.75	<1.4	0.12
	3.2.1乡土综合实践活动课程开发能力	4	3	0.77	3.68	<1.4	0.21
	3.2.2乡土学科课程开发能力	5	5	0.89	3.91	<1.4	0.23

第三章 乡村教师乡土文化素养构成要素指标体系的构建

在第二轮专家咨询过程中,研究者共发放了30份咨询问卷,回收有效咨询问卷24份,专家积极系数达到了80%。结果显示,得分均值>3的指标数为30个,占比为100%;变异系数<0.25的指标数为29个,占比为96.67%;集中程度<1.4的指标数为29个,占比为96.67%;此外,专家的权威程度达到了0.81,表明了指标体系在总体上符合要求,并且具有可靠性。

根据指标的选取标准,得分均值<3的指标应该删除,变异系数>0.25的指标应该删除,集中程度>1.4的指标应该删除。结果显示,重要度得分均值<3的指标有0个,变异系数>0.25的指标有1个,集中程度>1.4的指标有1个,且这1个指标同时符合两项删除标准,这一指标即为"乡村教育热爱感",应该删除这一指标。此外,专家提出的修改意见包括如下方面:其一,有专家指出,"乡土文化认同意识""乡土文化包容意识"蕴含于乡村教师乡土文化认同的过程之中,建议将这2个指标合并为"乡土文化认同意识"。其二,需要增加某些指标。有专家指出,乡村教师的身份认同感是乡村教育情怀的重要构成要素,建议将"乡村教师身份认同感"纳为三级指标。其三,需要修正某些指标的表述。有专家指出,"乡土文化资源利用能力""乡土文化资源开发能力"这2个指标的表述过于笼统,容易产生歧义,建议进行修正。

根据专家咨询的结果,研究者对指标体系进行了如下修改:

其一,删除了某些指标。即在三级指标中,删除"乡村教育热爱感""乡土文化认知意识""乡土文化包容意识""乡村教育认同感""乡土文化认知意识""乡土文化包容意识""乡村教育认同感"这7个指标。其二,增加了某些指标。即在三级指标中,增加了"乡土文化感应意识""乡土文化认同意识""乡村教师身份认同感"这3个指标。其三,修正了某些指标的表述。即在二级指标中,将"乡土文化资源利用能力"修改为"乡土教学资源利用能力",将"乡土文化资源开发能力"修改为"乡土课程资源开发能力"。最终形成的乡村教师乡土文化素养构成要素指标体系,具体见表3-8。

表3-8 最终构建的乡村教师乡土文化素养构成要素的指标体系

一级指标	二级指标	三级指标
1.乡土情怀	1.1乡土文化意识	1.1.1乡土文化感应意识
		1.1.2乡土文化认同意识
		1.1.3乡土文化回应意识
	1.2乡村教育情怀	1.2.1乡村教师身份认同感
		1.2.2乡村教育事业责任感

（续表）

一级指标	二级指标	三级指标
1.乡土情怀	1.3乡村振兴战略认同意识	1.3.1乡村振兴战略认知度
		1.3.2乡村振兴战略参与度
2.乡土知识	2.1乡土自然知识	2.1.1乡土自然知识
	2.2乡土人文知识	2.2.1乡土生产知识
		2.2.2乡土生活知识
		2.2.3乡土思想观念
		2.2.4乡土历史知识
		2.2.5乡土民俗知识
		2.2.6乡土民间技艺
3.乡土文化资源利用与开发能力	3.1乡土教学资源利用能力	3.1.1乡土实物教学资源利用能力
		3.1.2乡土模象教学资源利用能力
		3.1.3乡土问题情境创设能力
	3.2乡土课程资源开发能力	3.2.1乡土学科课程开发能力
		3.2.2乡土综合实践活动课程开发能力

第三节 乡村教师乡土文化素养构成要素的分析

一、乡村教师乡土文化素养构成要素的内涵

（一）乡土情怀的内涵

乡土情怀既表达了乡村教师对乡土文化、乡村教育及乡村社会振兴所持有的积极情感，也表达了乡村教师坚守乡村教育、扎根乡土大地的坚定信念。因此，乡土情怀兼具专业情意与专业信念双重属性，对乡土知识、乡土文化资源利用与开发能力具有支配作用，是乡村教师乡土文化素养的内核，其主要蕴含了乡土文化意识、乡村教育情怀、乡村振兴战略认同等要素。

一是乡土文化意识。"乡土文化意识"是一个由"乡土文化"与"意识"

组合而成的词汇，需要分别对这两个词进行解释。"乡土文化"即本乡本土的文化，具有地域属性。"意识"一词在心理学层面通常被用来解释人对客观现实所产生的一种自觉的、能动的反应。因而，乡土文化意识是指个体基于自身经验对乡土文化所做出的一种自觉的、能动的反应[1]。乡村教师的乡土文化意识实质上包含了两重意蕴：其一，包含了乡村教师的乡土文化认同意识，在这种意识的驱动之下，乡村教师会自觉地感知乡土文化、理解乡土文化；其二，包含了乡村教师的乡土文化回应意识，在这种意识的驱动之下，乡村教师会自觉地将乡土文化资源转化为有效的课程资源及教学资源，以在教育教学实践中对乡村学生所携带的乡土文化背景形成回应。概而言之，乡土文化意识主要包括乡土文化感应意识、乡土文化认同意识和乡土文化回应意识三个要素。乡土文化感应意识涉及乡村教师对乡土文化的积极感应与积极应答，是乡村教师养成乡土文化意识的先决条件；乡土文化认同意识是指乡村教师对乡土文化所生成的心理归属感，其主要表征为乡村教师对乡土文化承载的价值规范的认同、风俗习惯的认同、语言的认同以及艺术的认同等[2]。是乡村教师养成乡土文化意识的关键所在；乡土文化回应意识涉及乡村教师能否在情感、知识及能力层面对学生所携带的乡土文化背景形成回应，是乡村教师养成乡土文化意识的归宿。

二是乡村教育情怀。"乡村教育情怀"是一个由"乡村"与"教育情怀"组成的词组，其中，"乡村"是对"教育情怀"的修饰，"教育情怀"是这个词组的中心词汇。值得注意的是，"教育情怀"绝非单纯意义上的教师情感，而是蕴含着教师的教育理想、价值观念与行为取向，蕴含着教师对教育事业的坚持与守望，在这一积极情感的驱动之下，教师以一种昂扬的生命姿态践履教书育人的神圣使命，他们将爱岗敬业、无私奉献等职业品格演绎得淋漓尽致。因而，"教育情怀"集中体现了教师作为专业人员所具有的德性自觉与职业承诺，乡村教师的教育情怀亦是如此。乡村教育情怀主要由乡村教师身份认同感、乡村教育事业责任感两个要素构成。其中，乡村教师身份认同感不仅蕴含着乡村教师对自身职业身份的悦纳与理解，而且蕴含着乡村教师对自身社会身份的悦纳与理解；乡村教育事业责任感强调乡村教师对乡村教育责任的体认与践履，从教师劳动的特殊性进行划分，教师的职业责任包括专业责任与道德责任，教师践履专业责任就是"教好书"，教师的最高境界就是成为"经师"，

---

[1] 纪德奎，黄宇飞. 农村教师乡土意识及其养成［J］. 当代教育与文化，2017，9（4）：74-78.
[2] 陈世联. 文化认同、文化和谐与社会和谐［J］. 西南民族大学学报（人文社科版），2006（3）：117-121.

教师践履职业道德责任就是"育好人"，教师的最高境界就是成为"人师"，道德责任是教师职业责任的核心与基础①。因此，乡村教师的责任不仅在于向学生传递统编教材所承载的科学知识，而且在于充分利用乡土文化资源，激发学生的乡村生活自信，以丰盈学生的精神世界，引领学生的人格成长。

三是乡村振兴战略认同意识。乡村振兴战略认同是乡村教师从自身的利益及需要出发，积极认知与理解乡村振兴战略，并按照新乡贤的角色要求，自觉参与乡村振兴行动。因而，这一构成要素既蕴含了乡村教师对乡村振兴战略本身的认知度，也蕴含了乡村教师对乡村振兴实践的参与度。其中，乡村振兴战略认知度强调乡村教师作为新乡贤，对乡村振兴战略及其所包含的政策体系的理解及接纳程度，乡村振兴战略参与度则强调乡村教师对新乡贤角色的践履程度，包括保护乡村的生态环境、引领乡风文明建设、参与乡村的社区治理、培养乡村的产业人才、优化乡村的生活方式等具体方面。

（二）乡土知识的内涵

"乡土知识"作为乡土文化的内核，承载了乡村民众的生产与生活智慧，国内学者通常将乡土知识等同于本土知识、地方性知识、传统知识②。关于乡土知识的内涵，不同的研究者提出了不同的观点。欧用生认为，乡土知识包括乡土自然、乡土历史、乡土语言、乡土地理、乡土艺术等；王玥认为，乡土知识包括衣食住行方面的生活文化、婚姻家庭与人生礼仪文化、民间传承文化、科技工艺文化、节日文化等③；贵州省民族研究所和贵州省民族研究学会认为，乡土知识包含物质生产知识、物质流通知识、物质消费知识、社会民俗知识、人生礼仪知识、信仰崇拜知识、传统节会知识、民间艺术知识、口头传诵知识等④。之所以会出现上述分歧，是因为研究者对乡土文化概念的界定有所不同。按照刘铁芳教授的观点，乡土文化是乡村的传统文化、原生文化，其主要包括了三个方面的内容，一是乡村独特的自然生态景观；二是建立在这种生态之上的村民们自然的劳作与生存方式；三是乡村生活不断孕育、传递的民间故事、文化

---

① 穆惠涛，张富国. 新时代我国教师队伍师德内化的突破口与实现路径—基于教师职业责任分析的视角［J］. 现代教育管理，2019（4）：91-95.
② 王中华，贾颖. 论新生代乡村教师乡土知识的建构［J］. 教育科学研究，2021（6）：85-90.
③ 李长吉，张晓烨. 教育学视域下的地方性知识研究述评［J］. 当代教育与文化，2014，6（6）：20-24.
④ 李长吉. 论农村教师的地方性知识［J］. 教育研究，2012，33（6）：80-85，96.

与情感的交流融合。正是在这种有着某种天人合一旨趣的文化生态之中，乡村表现出自然、淳朴而独到的文化品格[①]。因而，乡土文化与乡村的人际事态、自然生态及人文环境等密切相关，乡土自然、乡土人文是我们探究乡土知识的两个基本维度。

一是乡土自然知识。乡土自然知识蕴含于乡土自然环境之中，是一种广泛存在于自然界之中，能被人类挖掘与利用的知识形态。其蕴含着乡村的地理地貌、气候环境、水文资源、自然景观、矿产资源、生物资源、土壤资源等方面的知识。在城镇化的进程中，人类的身体及精神被城市的钢筋水泥所禁锢，它们远离了日月星辰、山河湖泊、森林旷野，呈现出一种去"自然化"的生存方式。受这一生存方式的影响，人类的生态环境持续恶化，空气污染、水源污染、土壤污染等问题日益严峻。儿童不再关注蓝天白云、花草鱼虫、莺啼鸟叫、鸡犬相鸣，转而沉浸于由电视、网络、手机等新兴媒介建构而成的现代文明之中，从而对其身心健康产生了负面影响。为了改善上述现象，乡村教师就应该将这类知识融渗于教育教学实践之中。

二是乡土人文知识。乡土人文知识是乡村民众在长期的生产与生活实践之中沉淀的智慧结晶，是一种经过实践检验的知识，其主要包括乡土生产知识、乡土生活知识、乡土思想观念、乡土历史知识、乡土民俗知识、乡土民间技艺等。其中，乡土生产知识与农业生产紧密相联，如乡村的养殖、种植、农产品加工、育苗、育种、手工制作等均属于这类知识；乡土生活知识则与乡村民众的生活方式密切相关，如乡村的交通、居住、饮食、医疗、物流、人际交往等均属于这类知识；乡土思想观念体现了乡民的价值观念、伦理观念、宗教观念、审美观念等，这类知识是乡土知识的内核；乡土历史知识包括乡村的历史事件、历史人物、历史遗址、历史遗迹等，这类知识承载了乡村社会的文明与兴衰，其不仅有助于激发乡村学生的学习兴趣、丰富他们的知识储备，而且有助于唤醒他们的乡土文化意识，激发他们内心深处对乡村的热爱之情；乡土民俗知识涉及乡村的人际交往习惯、乡风民俗、婚姻、丧葬、信仰、崇拜、禁忌、节日习俗等方面的知识[②]，这类知识有助于乡村教师走进乡土生活世界，与乡村民众之间展开良性互动；乡土民间技艺涉及流传于乡间的剪纸、泥塑、腰鼓、绘画、刺绣、舞蹈、歌谣、雕刻、戏曲、年画、民乐等方面的知识，这类知识作为非物质文化遗产，有助于陶冶学生的情操，培养他们的审美情趣与人

[①] 刘铁芳. 乡土的逃离与回归 [M]. 福州：福建教育出版社，2008：38-39.
[②] 李长吉. 论农村教师的地方性知识 [J]. 教育研究，2012，33（6）：80-85；96.

文素养，是一种颇具教育价值的素材。

（三）乡土文化资源利用与开发能力的内涵

乡土文化资源是指乡村学校所在区域的自然生态及文化生态等方面的资源，包括乡土地理、民风民俗、生产与生活经验、民俗艺术等[1]。其取材于乡村的人、事、物、景，是乡村学生生活世界的一部分。就其内涵而言，乡土文化资源利用与开发能力主要蕴含两个方面的内容：

一是乡土教学资源利用能力。这一要素主要包括乡村教师利用乡土实物资源辅助学科教学的能力、乡村教师利用乡土模象资源辅助学科教学的能力以及乡村教师创设乡土问题情境的能力。其中，常用的实物教学资源包括当地的自然景观、历史遗存、生产及生活工具等，这类资源贴近生活，具有直观性、形象性等特征，乡村教师利用这类资源辅助教学，能够引起学生经验的共鸣，深化学生对抽象学科知识的理解，从而提升教学成效。如秋天到了，美术教师可以带领学生去户外写生，培养他们欣赏美、表达美、创造美的能力；科学教师可以带领学生去田间地头捕捉昆虫，并且将其制作成标本，激发学生热爱自然、保护昆虫的意识；语文教师可以引导学生阅读乡土教材，督促学生撰写心得体会，激发他们对家乡的热爱之情。乡土模象教学资源主要包括一些记录乡村生产与生活的挂图、视频、电影、图表、文字等，这类教学资源作为一种直观教具，能够凭借现代的影音技术，重现那些难以观察的事物的结构或过程，从而冲破时空限制，拓宽学生的视野。乡土问题情境的创设能力是指乡村教师在课堂教学的过程中，借助学生的学习经验与生活经验，运用若干个情境性问题来引导学生从自身的生活经验出发，用自己的眼睛观察与发现生活，用自己的心灵体验与感受生活，用自己的方式理解与解决生活难题，学生对生活的感悟与理解实质上就是一种他们对知识的内化与建构[2]。

二是乡土课程资源的开发能力。在《汉典》中，"乡土"一词有两个要义，其一是家乡、故土，如"有人去乡土，离六亲，废家业。"其二是地方、区域，如"乡土不同，河朔隆寒。"《现代汉语词典》中认为，"乡土，即本乡本土；本土，即原来的生长地。"因而，乡土课程就是一种源于乡土、关于乡

---

[1] 秦海地. 新课程改革语境下乡土资源的利用——以衡水市第二中学为例[J]. 中国教育学刊, 2013 (11): 20-21; 23.

[2] 宋林飞. 乡土课堂[M]. 上海：华东师范大学出版社, 2017: 72.

土、为了乡土的课程,其以培养学生认识乡土、热爱乡土、建设乡土的情感与能力为追求,以乡土素材为课程内容来源,以在乡土情境中学习为实施特征[①7-9]。就其构成要素而言,乡土课程主要包括乡土学科课程、乡土综合实践活动课程两类。其中,乡土学科课程的开发是指乡村教师以学科课程为基础,采用选择、改编、整合、补充、拓展等方式,将乡土课程资源与学科课程有机结合,使课程结构更加符合学生的需要及社会的需要。概而言之,乡土学科课程是用乡土中的素材设置情境和问题,使学科课程的教学情境发生变化,使教学内容贴近学生的生活,更容易让学生理解,从而更加有效地实现课程目标[①40]。但这类课程仍然属于分科课程,其缺陷在于人为割裂了不同学科知识体系之间的相互关联,不利于乡村学生综合性地理解与应用知识。为了弥补上述缺陷,乡村教师应该开发乡土综合实践活动课程。这类课程是在乡村教师的指导下,以乡村学生自主选择的、直接体验的、研究探索的学习为课程的基本形式,包括研究性学习、服务社区与社会实践、劳动与技术教育等[②]。乡土综合实践活动课程作为一种"农—科—教"相融合的课程形式,表达了当下我国乡村基础教育领域的课程改革趋势,这类课程开发的关键在于乡村教师能够选择出富有教育价值的活动的主题[③]。

二、乡村教师乡土文化素养结构模型的构建

结构表达了某一群体拥有的信念、知识、能力及精神等方面的构成要素及其各个要素之间的关联,折射出了某一事物的根本属性。通过分析乡土文化素养各个构成要素的内涵、特征及其相互关联,必然有助于研究者深入把握乡土文化素养的结构,从而为乡村教师乡土文化素养结构模型的构建奠定基础。

研究者在阐释乡土文化素养构成要素内涵的基础之上,结合戴维·麦克利兰(David C. McClelland)提出的"冰山模型",最终建构了乡村教师乡土文化素养的结构模型,如图3-1所示。

---

①宋林飞.乡土课程理论与实践[M].上海:上海教育出版社,2011:7-9;40.
②夏心军.综合课程与综合实践活动课程比较分析[J].上海教育科研,2004(3):43-45.
③马锦华.农村学校有效开展综合实践活动课程研究[J].中国教育学刊,2008(6):59-61.

```
        乡土文化资源利用
          与开发能力

           乡土知识

           乡土情怀
```

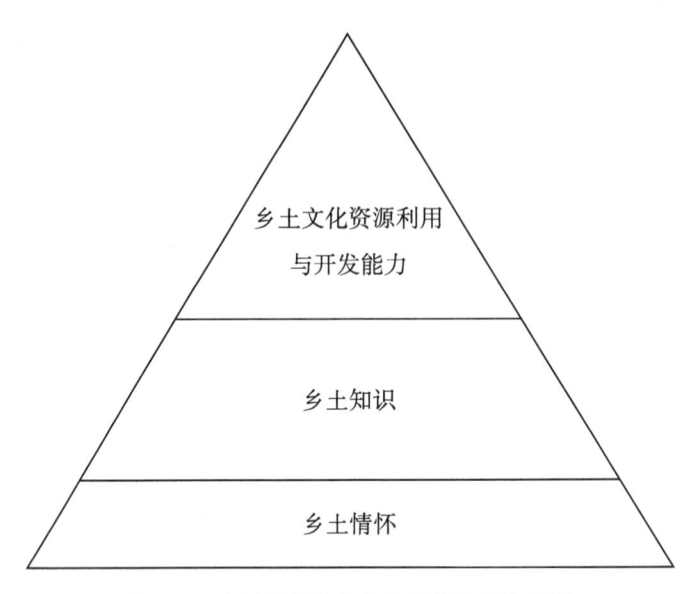

图3-1　乡村教师乡土文化素养的结构模型

从图3-1可知，乡村教师的乡土文化素养犹如一座冰山，漂浮在冰山上的那一部分要素是乡土文化资源利用与开发能力，这一部分要素最终外显为乡村教师的教育教学行为，易于被观察与测量；处于冰山中间的那一部分是乡土知识，乡土知识有显性与隐性之分，显性的乡土知识漂浮在冰山上，隐性的乡土知识隐藏在冰山下，乡土知识由此具有了承上启下的作用，即隐性的乡土知识既对乡村教师的乡土情怀起导向作用，也对乡村教师的乡土文化资源利用与开发能力起支撑作用。因而，乡土情怀、乡土知识、乡土文化资源利用与开发能力这三个维度之间并非相互孤立，而是相互渗透、互益共生。其中，乡土情怀是乡土文化素养的内核，为乡土知识、乡土文化资源利用与开发能力的发展提供了动力支持；乡土知识是乡土文化素养的基石，为乡土情怀、乡土文化资源利用与开发能力的发展提供了智力支持；乡土文化资源利用与开发能力是保障，为乡土情怀、乡土知识的发展提供了专业实践支持。

综上，乡村教师乡土文化素养的构成要素错综复杂，主要包括三个层级。在这三个层级中，第一个层级由3个要素构成，第二个层级由7个要素构成，第三个层级由19个要素构成。并且，各个层级的构成要素既相互独立又相互联系，它们共同显现于乡村教师的专业素养之中，推动着乡土文化素养的向前发展。通过对各个构成要素关联作用的分析，研究者最终构建了乡村教师乡土文化素养的结构模型，为我们考察乡村教师乡土文化素养的发展现状提供了可兹借鉴的依据与框架。

第四章
乡村教师乡土文化素养发展现状的问卷调查

乡土文化素养集中体现了乡村教师的"乡土性"专业特质，是乡村教师不可或缺的一种专业素养。我们既需要从理论层面厘清其内涵，探讨其价值指向，建构其结构模型，也需要从现实层面揭示其现状，探寻其所面临的发展困境及其影响因素。为此，研究者根据在上一章节建构的乡村教师乡土文化素养构成要素的指标体系设计了调查问卷的结构与问题，指标体系之中的每一项指标都设计了相应的调查问题，以之为依据，编制了《关于乡村教师乡土文化素养发展现状的调查问卷》，对甘肃省两地市的乡村教师进行了问卷调查。

第一节 调查研究的设计

一、调查样本的选择情况

本研究对甘肃省两地市下辖的HS县、H县、N县、ZN县、HT市、ZL县等六个县区义务教育阶段的乡村教师实施了问卷调查。这六个县区的教育发展现状大致如下：

HS县现有各级各类学校238所，在校学生共计19270人。其中，小学生13752人，中学生5518人；教职工共计1487人，其中在九年一贯制学校工作的教职工有356人，在小学工作的教职工有839人，在初级中学工作的教职工292人；专任教师共计1374人，其中在小学任教的教师有801人，在九年一贯制学校任教的教师有320人，在初级中学任教的教师有253人；各级各类学校教师的学历合格率均为100%。①

H县现有各级各类学校316所，其中独立高中1所，完全中学3所，职专1所，独立初中23所，九年制学校4所，小学177所，教学点70个，幼儿园55所，特教学校1所；在校学生共计58786人，其中高中生7854人，中职学生2293人，初中生11610人，小学生24868人；县城学生27903人，乡村学生7217人；公办教师共计4499人，其中中学生1953人，小学生1957人，职专学生233人，代课教师233人。②

ZL县现有各级各类学校327所，其中普通完全中学2所，初中22，九年制学校1所，小学147所，职业中学1所，特殊教育学校1所，幼儿园149所；全县共有教职工6189人，其中专任教师5849人；共有学生78179人，其中高中生13032人，初中生17792人，小学生29143人，职业中学5583人，特殊教育学校13人，入园入班幼儿12616人③。

ZN县目前共有各级各类学校143所，其中附设幼儿园74所，学生2634人；幼儿园26所，教师446人，学生6781人；教学点14个，教师22人，学生12人；小学86所，教师1307人，学生15872人；九年制学校5所，教师203人，学生1910人；初中8所，教师566人，学生4849人；完全中学2所，教师236人，学生1728人；独立高中1所，教师202人，学生1786人；职专1所，教师91人，学生469人，全县九年义务教育巩固率达到95.97%④。

N县目前共有各类中小学校292所，其中普通中学24所，完全中学1所，高中5所，初中18所，职业中学1所，小学267所；在校学生共计54912人，其中高中生8001人，初中生14114人，小学生32797人；中小学教职工5221人，其中专任教师4732人，大学本科及以上学历教师3320人⑤。

HT市现有各级各类学校175所，其中幼儿园88所，小学75所，初中8所，九年制学校1所，完全中学1所，中等职业学校1所，独立高中1所；普通高中招生1208人，在校学生3478人，毕业生1174人；初中招生2517人，在校生7123人，毕业生2255人；目前各类学校的在校生达到了3.64万人⑥。

在上述六个县区中，除了HT市、XF区的教育发展水平较好以外，其余四个

---

① 资料来源：HS县教育局资料。
② 资料来源：H县教育局资料。
③ 资料来源：ZL县教育局资料。
④ 资料来源：ZN县教育局资料。
⑤ 资料来源：N县教育局资料。
⑥ 资料来源：HT市教育局资料。

第四章 乡村教师乡土文化素养发展现状的问卷调查

县的教育发展水平则较为滞后。在本次问卷调查中,研究者共发放调查问卷536份,回收有效调查问卷520份,有效问卷的回收率为97.01%,调查对象的分布情况见表4-1。

表4-1 调查对象的分布情况统计表(N=520)

变量	类型	人数	百分比(%)
性别	男	206	39.6
	女	314	60.4
年龄	25岁以下	39	7.5
	25~35岁	188	36.2
	36~45岁	174	33.5
	46~55岁	81	15.5
	56岁及以上	38	7.3
婚姻状况	未婚	87	16.7
	丧偶	2	0.4
	已婚	427	82.1
	离异	4	0.8
身份类型	正式在编	465	89.4
	非正式在编	29	5.6
	专项计划	26	5.0
教龄	0~10年	161	30.9
	11~20年	172	33.1
	21~30年	129	24.8
	30年以上	58	11.2
职称	未定级	49	9.4
	初级	116	22.3
	中级	217	41.7
	高级	138	26.6
最高学历	高中以下	1	0.2
	中专或高中	26	5.0
	大专	80	15.4
	本科	407	78.3
	研究生	6	1.1

（续表）

变量	类型	人数	百分比（%）
任教学校类型	非完全小学	51	9.8
	完全小学	282	54.2
	初中	107	20.6
	九年一贯制学校	80	15.4
出生地域	乡村	376	72.3
	城市	144	27.7
成长地域	乡村	359	69.0
	城市	161	31.0
专业类型	师范类专业	299	57.5
	非师范类专业	221	42.5
日常居住地域	乡村	167	32.1
	城市	353	67.9

二、调查问卷的编制情况

通过梳理文献后发现，现有的关于教师专业素养的调查问卷大多针对的是城市教师群体，对本研究缺乏适切性。鉴于此，研究者自编了《关于乡村教师乡土文化素养现状的调查问卷》。为了检验问卷内容的完整性、问题表述的严谨性，研究者首先实施了预调查。预调查的对象为甘肃省X市HS县HJP、XHC两个学区的乡村教师，研究者事先与这两个学区的主任取得了联系，在征得了他们的同意后，走访了这些学区的乡村学校，累计发放调查问卷122份，回收有效调查问卷103份，调查问卷的有效回收率为84.43%。进一步的验证结果表明，调查问卷的信度、效度均符合要求，可以大范围地开展问卷调查。

正式的调查问卷分为两个部分：第一部分是调查对象的基本信息，共计13个问题，内容涉及调查对象的性别、年龄、婚姻状况、职称、教龄、原始学历、最高学历、身份类型、出生地域、成长地域、专业类别、日常居住地域等；第二部分是关于乡村教师乡土文化素养发展现状的调查，这一部分的问题围绕乡土情怀、乡土知识、乡土文化资源利用与开发能力三个维度设计，共计43个问题。其中，研究者在乡土情怀这一维度共设计了15个问题，旨在了解乡村教师的乡土文化意识、乡村教育情怀和乡村振兴战略认同意识；研究者在乡土知识这一维度共设计了13个问题，旨在了解乡村教师乡土知识的储备、乡土知识的来源以及对待乡土知识的态度；研究者在乡土文化资源利用与开发能力这一维度共设计了15个问题，旨在了解乡村教师将乡土文化资源转化为教学资源、课程资源的能力。此外，根据调查问卷的问题，研究者设计了相应的选项，选项以李克特（Likert）五级量表的设计方式为主，事实类问题的选项分为"非常不符合""不符合""不清楚""符合""非常符合"，态度类问题的选项分为"非常不赞同""不赞同""不清楚""赞同""非常赞同"。为了便于统计，这五个选项分别被赋予数值"1、2、3、4、5"。值得注意的是，研究者根据上一章节构建的乡村教师乡土文化素养构成要素的指标体系设计了调查问卷的题目，调查问卷的题目与指标体系形成了对应的关系，题目分布情况具体见表4-2。

表4-2 题目分布情况一览表

一级指标	二级指标	三级指标	题目分布情况
乡土情怀	乡土文化意识	乡土文化感应意识、乡土文化认同意识、乡土文化回应意识	调查问卷表B.1第1~4题
	乡村教育情怀	乡村教师身份认同感、乡村教育事业责任感	调查问卷表B.1第5~9题
	乡村振兴认同意识	乡村振兴战略认知度、乡村振兴战略参与度	调查问卷表B.1第10~15题
乡土知识	乡土自然知识	乡土自然知识	调查问卷表B.2第1题
	乡土人文知识	乡土生产知识、乡土生活知识、乡土思想观念、乡土历史知识、乡土民俗知识、乡土民间技艺	调查问卷表B.2第2~7题
	乡土知识来源	乡土知识的来源	调查问卷表B.2第8~9题
	对待乡土知识的态度	对待乡土知识的态度	调查问卷表B.2第10~13题
乡土文化资源利用与开发能力	乡土教学资源利用能力	乡土实物教学资源利用能力、乡土模象教学资源利用能力、乡土问题情境创设能力	调查问卷表B.3第1~6题
	乡土课程资源开发能力	乡土学科课程开发能力、乡土综合实践活动课程开发能力	调查问卷表B.3第7~10题
	对待乡土文化资源的态度	对待乡土教学资源及其课程资源的态度	调查问卷表B.3第11~15题

三、调查问卷的检验情况

(一)调查问卷的信度分析

研究者采用克隆巴赫(Lee J. Cronbach)所创的内部一致性 α 系数检验调查问卷的信度,见表4-3。

表4-3 调查问卷的信度检验表

维度	题目	α 值	基于标准化项目 α 值	题目数量
乡土情怀	问卷B1部分第1~15题	0.619	0.752	15
乡土知识	问卷B2部分第1~13题	0.930	0.936	13
乡土文化资源利用与开发能力	问卷B3部分第1~15题	0.926	0.930	15
总体	问卷B部分	0.789	0.817	43

从表4-3可知,调查问卷总体的 α 系数为0.789,各个维度的 α 系数介于0.619~0.930,表明调查问卷具有良好的信度水平。

(二)调查问卷的效度分析

效度通常包括结构效度、内容效度、效标关联效度三个类别,其中结构效度兼具理论性与实践性,属于一种较为严谨的效度检验方法。检验问卷的结构效度有探索式因子分析、验证性因子分析两种方法。本研究采用探索式因子分析来检验问卷的结构效度,即研究者通过抽取调查问卷所得数据的公因子并对其特征进行分析,当公因子的特征接近于理论架构的特征时,则意味着调查问卷具有良好的结构效度。

本研究拟对调查问卷的结构效度进行检验,在检验的过程中,研究者首先进行了KMO系数检验及Bartlett球形检验。其中,KMO值通常被用来表示变量与变量之间的相关程度,KMO的检验值介于0~1,KMO检验值越接近1,变量与变量之间的相关性越强,调查数据就越适合进行因子分析;Bartlett球形检验值

第四章 乡村教师乡土文化素养发展现状的问卷调查

则被用来表示变量与变量之间的独立程度，Bartlett球形检验值如若小于0.05，则表明调查数据适合进行因子分析，检验结果见表4-4。

表4-4 调查问卷的KMO及Bartlett的球形检验分析

维度	KMO值	Bartlett球形检验近似卡方	df	P
乡土情怀	0.808	2046.550	91	0.000
乡土知识	0.946	4246.051	66	0.000
乡土文化资源利用与开发能力	0.933	4705.759	78	0.000
总体	0.957	13667.999	741	0.000

注：*$P<0.05$，**$P<0.01$，***$P<0.001$。

从表4-4可知，调查问卷总体的KMO值为0.957，各个维度的KMO值介于0.808～0.946；Bartlett球形检验值为0.000，各个维度的检验值均为0.000，表明调查问卷的各项数据均符合因子分析的相关要求。接着，研究者采用SPSS22.0统计学软件对调查问卷的数据进行了主成分分析及最大方差旋转分析，计算出了因子的初始特征值、因子的载荷系数、累计方差贡献率、公因子方差等统计量。以之为基础，研究者对公因子的特征进行了分析。在分析的过程中，研究者采用了如下原则：因子的初始特征值需要大于1，累计方差贡献率至少需要达到60%，公因子方差需要大于0.4，因子载荷系数需要大于0.5并且不能同时在两个公因子上大于0.5。统计结果见表4-5、表4-6。

表4-5 "乡土文化素养"提取因子的总方差解释率一览表

成分	特征值 合计	方差(%)	累计(%)	提取平方和载入 合计	方差(%)	累计(%)	旋转平方和载入 合计	方差(%)	累计(%)
1	16.264	41.704	41.704	16.264	41.704	41.704	7.885	20.218	20.218
2	2.343	6.007	47.711	2.343	6.007	47.711	7.340	18.820	47.038
3	1.912	4.904	61.437	1.912	4.904	52.615	5.295	13.577	68.615

109

表4-6 变量的因子载荷系数及公因子方差一览表

问题序号	问题	成分 1	成分 2	成分 3	公因子方差
B1-1	我认为乡土文化中蕴含了许多有价值的思想	0.581			0.520
B1-2	我认为乡土文化中包含了许多封建迷信思想	0.512			0.589
B1-3	我认为乡土文化具有一定的教育价值	0.579			0.518
B1-4	我认为乡村教师应该利用乡土文化资源，激发学生对家乡的热爱	0.557			0.501
B1-5	我认为乡村教师是受人尊敬的职业	0.557			0.514
B1-6	我认为乡村教师对乡村社会的发展具有重要的作用	0.532			0.576
B1-7	我认为乡村教师对乡村学生的健康成长具有重要的作用	0.549			0.563
B1-8	我愿意将毕生的精力奉献给乡村教育事业	0.547			0.536
B1-9	我希望能够实现家校之间的有效协作	0.534			0.554
B1-10	我认为在乡村振兴时期，乡村社会将会得到全面的发展	0.703			0.586
B1-11	我认为在乡村振兴时期，乡村教师应该为乡村培养产业人才	0.638			0.566
B1-12	我认为在乡村振兴时期，乡村教师应该参与乡村的自然生态保护	0.634			0.588
B1-13	我认为在乡村振兴时期，乡村教师应该参与乡村的文化建设	0.637			0.503
B1-14	我认为在乡村振兴时期，乡村教师应该参与乡村的社区治理	0.621			0.532
B1-15	我认为在乡村振兴时期，乡村教师应该引领乡村民众形成健康的思想观念	0.728			0.503
B2-1	我了解当地（任教学校所在区域）的自然生态环境				
B2-2	我了解当地（任教学校所在区域）的生产知识	0.701			0.511
B2-3	我了解当地人（任教学校所在区域）的生活方式	0.599			0.536

(续表)

问题序号	问题	成分 1	成分 2	成分 3	公因子方差
B2-4	我了解当地人（任教学校所在区域）的思想观念		0.732		0.601
B2-5	我了解当地（任教学校所在区域）的历史文化		0.765		0.531
B2-6	我了解当地（任教学校所在区域）的民俗		0.691		0.679
B2-7	我了解当地（任教学校所在区域）的民间艺术		0.755		0.504
B2-8	我所掌握的乡土自然知识主要来源于日常生活体验		0.641		0.612
B2-9	我所掌握的乡土人文知识主要来源于日常生活交往		0.731		0.579
B2-10	我认为乡村教师掌握乡土自然知识，有利于优秀乡土文化的传承与发展		0.691		0.514
B2-11	我认为乡村教师掌握乡土人文知识，有利于优秀乡土文化的传承与发展		0.754		0.538
B2-12	我认为乡村教师应该编写乡土教材，以传承优秀的乡土自然知识		0.732		0.581
B2-13	我认为乡村教师应该编写乡土教材，以传承优秀的乡土人文知识		0.572		0.549
B3-1	我了解当地（任教学校所在地）的乡土实物教学资源			0.734	0.679
B3-2	我会利用当地（任教学校所在区域）的乡土实物教学资源，辅助国家课程的教学			0.762	0.583
B3-3	我会在闲暇时间收集乡土模象教学资源			0.693	0.603
B3-4	我会利用乡土模象教学资源，辅助国家课程的教学			0.737	0.511
B3-5	在国家课程的教学过程之中，我会将城市的生活情境置换为乡土生活情境			0.603	0.615
B3-6	在国家课程的教学过程之中，我会利用乡土文化资源创设问题情境			0.745	0.573

(续表)

问题序号	问题	成分 1	成分 2	成分 3	公因子方差
B3-7	我会自觉了解乡土学科课程的开发流程			0.539	0.524
B3-8	我开发了乡土学科课程			0.641	0.614
B3-9	我会自觉了解乡土综合实践活动课程的开发流程			0.732	0.579
B3-10	我开发了乡土综合实践活动课程			0.611	0.622
B3-11	我认为乡村教师利用乡土课程资源辅助国家课程的教学,能够提升教育教学成效			0.562	0.589
B3-12	我认为乡村教师通过开发乡土课程,能够传承与发展优秀的乡土文化			0.703	0.611
B3-13	我认为乡村教师开发乡土课程会增添自身的工作压力			0.662	0.504
B3-14	我认为应该将乡土教学资源的利用能力作为考核乡村教师的一项指标			0.797	0.632
B3-15	我认为应该将乡土课程资源的开发能力作为考核乡村教师的一项指标			0.512	0.509

从表4-5、表4-6可知,研究者一共提取了3个特征值大于1的因子,并且这三个因子的累计方差贡献率达到68.615%,表明其能够解释的方差为68.615%。此外,每个问题的因子载荷系数、公因子的方差值均大于0.5,表明因子分析的结果符合要求。换而言之,研究者通过探索式因子分析提取的3个因子包含的问题与研究者初步建构的乡村教师乡土文化素养的构成维度之间存在高度一致性,即因子1代表了乡村教师的乡土情怀,因子2代表了乡村教师的乡土知识,因子3代表了乡村教师的乡土文化资源利用与开发能力。其中,在提取的三个因子中,因子1对应的问题包括B1-1、B1-2、B1-3、B1-4、B1-5、B1-6、B1-7、B1-8、B1-9、B1-10、B1-11、B1-12、B1-13、B1-14、B1-15题;因子2对应的问题包括B2-1、B2-2、B2-3、B2-4、B2-5、B2-6、B2-7、B2-8、B2-9、B2-10、B2-11、B2-12、B2-13题;因子3对应的问题包括B3-1、B3-2、B3-3、B3-4、B3-5、B3-6、B3-7、B3-8、B3-9、B3-10、B3-11、B3-12、B3-13、B3-14、B3-15题。表明了因子分析的结果与研究者的预先设想之间存在高度一致性,调查问卷具有良好的结构效度。

第二节 调查数据的分析

一、乡村教师乡土文化素养发展水平的整体分析

对于乡村教师乡土文化素养发展现状的分析,主要以各个观测指标的得分($M\pm S$)情况为依据来进行统计与分析。由于本研究采用了李克特(Likert)五级量表的形式设计问题的答案,事实性问题答案的选项分为"非常不符合""不符合""不清楚""符合""非常符合",态度性问题的选项分为"非常不赞同""不赞同""不清楚""赞同""非常赞同"。在统计与分析的过程中,研究者分别对上述选项赋值为"1、2、3、4、5",所有观测指标的得分均介于1~5。具体言之,如若观测指标的得分介于"1~2",则表明乡村教师所做出的选项介于"非常不赞同"到"不赞同"之间,或"非常不符合"到"不符合"之间;如若观测指标的得分介于"2~3",则表明选项介于"不赞同"到"不清楚"之间,或"不符合"到"不清楚"之间;如若观测指标的得分介于"3~4",则表明选项介于"不清楚"到"赞同"之间,或"不清楚"到"符合"之间;如若观测指标的得分介于"4~5",则表明选项介于"赞同"到"非常赞同"之间,或"符合"到"非常符合"之间。可见,如若乡村教师在某一指标上的得分大于"3",则意味着乡村教师对这一指标的态度偏向"赞同",或意味着这一指标所描述的事实与乡村教师的现状趋向于"符合",指标的得分越高说明乡村教师在这一项指标上的发展水平越高。因而,研究者将"3"这一中间值作为判断标准,指标的得分大于"3",则表明乡村教师在这一项指标方面的发展水平较高;指标的得分小于"3",则表明乡村教师在这一项指标方面的发展水平较低,具体统计结果见表4-7。

表4-7 乡村教师乡土文化素养发展现状的得分情况统计表(N=520)

观测指标	M	S	$M\pm S$
乡土情怀	2.4321	0.58726	2.43 ± 0.59
乡土知识	2.0448	0.70029	2.04 ± 0.70
乡土文化资源利用与开发能力	2.5620	0.79785	2.56 ± 0.79
总体	2.3203	0.62191	2.32 ± 0.62

从表4-7可知，乡村教师乡土文化素养的得分（$M \pm S$=2.32 ± 0.62）低于3。同时，乡土情怀（$M \pm S$=2.43 ± 0.59）、乡土知识（$M \pm S$=2.04 ± 0.70）、乡土文化资源利用与开发能力（$M \pm S$=2.56 ± 0.79）等一级指标的得分同样低于3。为了确保研究结论的科学性，研究者以观测指标为检验变量，以3为检验值，进行了单样本t检验，检验结果见表4-8。

表4-8 乡村教师乡土文化素养发展水平的单样本t检验表

观测指标	$M \pm S$	t	P	95%CI
乡土情怀	2.43 ± 0.59	−22.114	0.000	−0.6183 ~ −0.5174
乡土知识	2.04 ± 0.70	−27.927	0.000	−0.9153 ~ −0.7950
乡土文化资源利用与开发能力	2.56 ± 0.79	−18.288	0.000	−0.7066 ~ −0.5695
总体	2.32 ± 0.62	−24.993	0.000	−0.7331 ~ −0.6262

注：*P<0.05，**P<0.01，***P<0.001。

从表4-7、表4-8可知，乡村教师乡土文化素养的得分与3存在极其显著的差异（P=0.000，<0.001）。同时，从一级观测指标的检验情况来看，乡村教师的乡土情怀（P=0.000，<0.001）、乡土知识（P=0.000，<0.001）、乡土文化资源利用与开发能力（P=0.000，<0.001）同样与3存在极其显著的差异，表明被调查乡村教师的乡土文化素养在整体上处于较低的发展水平。同时，在"乡土情怀""乡土知识""乡土文化资源利用与开发能力"等一级维度（一级观测指标）上，同样处于较低的发展水平。

（一）乡村教师乡土情怀发展水平的分析

乡土情怀作为一级观测指标，包括了乡土文化意识、乡村教育情怀、乡村振兴战略认同意识3个二级指标。其中，乡土文化意识又包括了乡土文化感应意识、乡土文化认同意识、乡土文化回应意识3个三级指标；乡村教育情怀又包括了乡村教师身份认同感、乡村教育事业责任感2个三级观测指标；乡村振兴认同意识又包括了乡村振兴战略认知度、乡村振兴战略参与度2个三级观测指标。

1. 乡村教师乡土文化意识发展水平的分析

乡土文化意识作为乡土情怀的二级指标，包含了乡土文化感应意识、乡土文化认同意识、乡土文化回应意识3个三级观测指标。通过对问卷调查所得的数据进行统计与分析后可知,乡村教师乡土文化意识的得分($M±S$=1.88±0.54)低于3。同时,乡村教师乡土文化感应意识($M±S$=2.15±0.71)、乡土文化认同意识($M±S$=1.67±0.70)、乡土文化回应意识($M±S$=1.54±0.74)等3个三级观测指标的得分同样低于3。研究者以观测指标为检验变量,以3为检验值,进行了单样本t检验,见表4-9。

表4-9　乡村教师乡土文化意识发展现状的单样本t检验表

观测指标	$M±S$	t	P	95%CI
乡土文化感应意识	2.15±0.71	−27.276	0.000	−0.9132～−0.7905
乡土文化认同意识	1.67±0.70	−43.855	0.000	−1.39～−1.27
乡土文化回应意识	1.54±0.74	−45.510	0.000	−1.53～−1.40
总体	1.88±0.54	−47.778	0.000	−1.1710～−1.0785

注:*P<0.05,**P<0.01,***P<0.001。

从表4-9可知,乡村教师乡土文化意识的得分与3存在显著的差异(P=0.000,<0.001)。同时,乡村教师的乡土文化感应意识(P=0.000,<0.001)、乡土文化认同意识(P=0.000,<0.001)、乡土文化回应意识(P=0.000,<0.001)同样与3存在显著的差异。表明了被调查乡村教师在"乡土文化意识"这一二级维度(二级观测指标)上,处于较低的发展水平。在"乡土文化感应意识""乡土文化认同意识""乡土文化回应意识"这3个三级维度(三级观测指标)上,同样处于较低的发展水平。

2. 乡村教师乡村教育情怀发展水平的分析

乡村教育情怀作为乡土情怀的二级指标,包含了乡村教师身份认同感、乡村教育事业责任感2个三级观测指标。研究者通过对调查所得的数据进行统计与分析后得知,被调查乡村教师乡村教育情怀的得分($M±S$=2.00±0.63)低于3,同时,乡村教师在乡村教师身份认同感($M±S$=2.02±0.69)、乡村教育事业责任感($M±S$=1.98±0.89)2个三级维度(三级观测指标)上的得分同样低于3。为此,研究者以3为检验值进行了单样本t检验,结果见表4-10。

表4-10　乡村教师乡村教育情怀发展现状的单样本t检验表

观测指标	$M \pm S$	t	P	95%CI
乡村教师身份认同感	2.02 ± 0.69	−32.426	0.000	−1.0342 ~ −0.9161
乡村教育事业责任感	1.98 ± 0.89	−26.134	0.000	−1.0988 ~ −0.9452
总体	2.00 ± 0.63	−36.078	0.000	−1.0480 ~ −0.9398

注：*P<0.05，**P<0.01，***P<0.001。

从表4-10可知，乡村教师乡村教育情怀的得分与3存在显著的差异（P=0.000，<0.001）。同时，乡村教师的乡村教师身份认同感的得分（P=0.000，<0.001）、乡村教育事业责任感的得分（P=0.000，<0.001）同样与3存在显著的差异。表明了被调查乡村教师在"乡村教育情怀"这一二级维度（二级观测指标）上处于较低的发展水平。同时，在"乡村教师身份认同感""乡村教育事业责任感"这2个三级维度（三级观测指标）上，也处于较低的发展水平。

3. 乡村教师乡村振兴战略认同意识发展水平的分析

乡村振兴认同意识作为乡土情怀的二级指标，包含了乡村振兴战略认知度、乡村振兴战略参与度2个三级观测指标。研究者通过对问卷调查所得数据进行统计与分析后得知，被调查乡村教师乡村振兴认同意识的得分（$M \pm S$=2.87 ± 0.86）低于3，同时被调查乡村教师在乡村振兴战略参与度（$M \pm S$=2.39 ± 0.91）这一项三级维度上（三级观测指标）的得分同样低于3。为了确保研究结论的科学性，研究者以观测指标为检验变量，以3为检验值，进行了单样本t检验，检验结果见表4-11。

表4-11　乡村教师乡村振兴认同意识发展水平的单个样本t检验表

观测指标	$M \pm S$	t	P	95%CI
乡村振兴战略认知度	3.37 ± 0.71	7.831	0.000	0.2928 ~ −0.4346
乡村振兴战略参与度	2.39 ± 0.91	−15.383	0.000	−0.6905 ~ −0.5341
总体	2.87 ± 0.86	−6.565	0.000	−0.2128 ~ −0.3945

注：*P<0.05，**P<0.01，***P<0.001。

从表4-11可知，被调查乡村教师在"乡村振兴认同意识"这一二级维度（二级观测指标）上的得分与3存在极其显著的差异（P=0.000，<0.001）。同时，被调查乡村教师的"乡村振兴战略参与度"的得分同样与3存在极其显著的

差异（P=0.000，<0.001）。表明了被调查乡村教师在"乡村振兴认同意识"这一二级维度（二级观测指标）上处于较低的发展水平。同时，在"乡村振兴战略参与度"这一项三级维度（三级观测指标）上，也处于较低的发展水平。

（二）乡村教师乡土知识发展水平的分析

乡土知识作为一级观测指标，包括了乡土自然知识、乡土人文知识2个二级观测指标。其中，乡土人文知识又包括了乡土生产知识、乡土生活知识、乡土思想观念、乡土历史知识、乡土民俗知识、乡土民间技艺等6个三级观测指标。

1. 乡村教师乡土自然知识发展水平的分析

乡土自然知识是乡土知识的二级指标，研究者通过对问卷调查所得数据进行统计与分析后得知，乡村教师乡土自然知识的得分（$M±S$=1.99±0.87）低于3。为了确保研究结论的科学性，研究者进行了单样本t检验，见表4-12。

表4-12　乡村教师乡土自然知识发展现状的单样本t检验表

观测指标	$M±S$	t	P	95%CI
乡土自然知识	1.99±0.87	−26.713	0.000	−1.09～−0.94

注：*P<0.05，**P<0.01，***P<0.001。

从表4-12可知，乡村教师乡土自然知识的得分与3存在显著的差异（P=0.000，<0.001）。表明了被调查乡村教师在"乡土自然知识"这一二级维度（二级观测指标）上，处于较低的发展水平。

2. 乡村教师乡土人文知识发展水平的分析

乡土人文知识包含了乡土生产知识、乡土生活知识、乡土思想观念、乡土历史知识、乡土民俗知识、乡土民间技艺等6个三级观测指标。通过统计与分析后可知，乡村教师乡土人文知识的得分（$M±S$=1.99±0.71）低于3。同时，乡村教师乡土生产知识（$M±S$=1.86±0.78）、乡土生活知识（$M±S$=1.99±0.87）、乡土思想观念知识（$M±$=1.93±0.79）、乡土历史知识（$M±$=2.10±0.86）、乡土民俗知识（$M±$=2.11±0.88）、乡土民间艺术知识（$M±$=1.98±0.84）等6个观测指标的得分值同样低于3。接着，研究者以3为检验值进行了单样本t检验，见表4-13。

表4-13 乡村教师乡土人文知识发展水平的单样本t检验表

观测指标	$M \pm S$	t	P	95%CI
乡土生产知识	1.86 ± 0.78	−33.577	0.000	−1.21 ~ −1.07
乡土生活知识	1.99 ± 0.87	−26.713	0.000	−1.09 ~ −0.94
乡土思想观念	1.93 ± 0.79	−30.873	0.000	−1.14 ~ −1.00
乡土历史知识	2.10 ± 0.86	−24.014	0.000	−0.98 ~ 0.83
乡土民俗知识	2.11 ± 0.88	−23.342	0.000	−0.97 ~ 0.82
乡土民间技艺	1.98 ± 0.84	−27.889	0.000	−1.10 ~ 0.95
总体	1.99 ± 0.71	−32.348	0.000	−1.0695 ~ 0.9471

注：*$P<0.05$，**$P<0.01$，***$P<0.001$。

从表4-13可知，乡村教师乡土人文知识的得分与3存在显著的差异（$P=0.000$，<0.001）。同时，乡村教师在乡土生产知识（$P=0.000$，<0.001）、乡土生活知识（$P=0.000$，<0.001）、乡土思想观念（$P=0.000$，<0.001）、乡土历史知识（$P=0.000$，<0.001）、乡土民俗知识（$P=0.000$，<0.001）、乡土民间艺术知识（$P=0.000$，<0.001）等维度（三级指标）上的得分同样与3存在显著的差异。表明了被调查乡村教师在"乡土人文知识"这1个二级维度（二级观测指标）上处于较低的发展水平。同时，在"乡土生产知识""乡土生活知识""乡土思想观念""乡土历史知识""乡土民俗知识"乡土民间技艺"这6个三级维度（三级观测指标）上，也处于较低的发展水平。

3. 乡村教师乡土文化资源利用与开发能力发展水平的分析

乡土文化资源利用与开发能力作为一级观测指标，包括了乡土教学资源利用能力、乡土课程资源开发能力2个二级观测指标。其中，乡土教学资源利用能力又包括了乡土实物教学资源利用能力、乡土模象教学资源利用能力和乡土问题情境创设能力3个三级观测指标；乡土课程资源开发能力又包括了乡土学科课程开发能力、乡土综合实践活动课程开发能力2个三级观测指标。

（1）乡村教师乡土教学资源利用能力发展水平的分析

乡土教学资源利用能力作为乡土文化资源利用与开发能力的二级指标，包含了"乡土实物教学资源利用能力""乡土模象教学资源利用能力""乡土问题情境创设能力"3个三级观测指标。研究者通过对问卷调查所得数据进行统计与分析后得知，乡村教师在"乡土教学资源利用能力"这1个二级维度上的得分

（$M±S$=2.27±0.85）低于3。同时，在"乡土实物教学资源利用能力"（$M±S$=2.48±0.94）、"乡土模象教学资源利用能力"（$M±S$=2.22±0.99）、"乡土问题情境创设能力"（$M±S$=2.31±0.89）等3个三级维度上的得分同样低于3。为了确保研究结论的科学性，研究者以观测指标为检验变量，以3为检验值，进行了单样本t检验，检验结果见表4-14。

表4-14　乡村教师乡土文化资源利用能力发展现状的单样本t检验表

观测指标	$M±S$	t	P	95%CI
乡土实物教学资源利用能力	2.48±0.94	−12.596	0.000	−0.5957～−0.4349
乡土模象教学资源利用能力	2.22±0.99	−18.043	0.000	−0.8682～−0.6977
乡土问题情境创设能力	2.31±0.89	−14.873	0.000	−0.7415～−0.8204
总体	2.27±0.85	−19.670	0.000	−0.8067～0.6602

注：*P<0.05，**P<0.01，***P<0.001。

从表4-14可知，乡村教师乡土人文知识的得分与3存在显著的差异（P=0.000，<0.001）。同时，乡村教师乡土实物教学资源利用能力（P=0.000，<0.001）、乡土模象教学资源利用能力（P=0.000，<0.001）、乡土问题情境创设能力（P=0.000，<0.001）的得分同样与3存在极其显著的差异。表明了被调查乡村教师在"乡土教学资源利用能力"这1个二级维度（二级观测指标）上处于较低的发展水平。同时，在"乡土实物教学资源利用能力""乡土模象教学资源利用能力""乡土问题情境创设能力"这3个三级维度（三级观测指标）上，也处于较低的发展水平。

（2）乡村教师乡土课程资源开发能力发展水平的分析

乡土课程资源开发能力作为乡土文化资源利用与开发能力的二级指标，包含了乡土学科课程开发能力、乡土综合实践活动课程开发能力2个三级观测指标。研究者通过对问卷调查所得数据进行统计与分析后可知，乡村教师乡土学科课程开发能力的得分（$M±S$=2.63±1.07）低于3。同时，乡土学科课程开发能力的得分（$M±S$=2.68±1.10）、乡土综合实践活动课程的得分（$M±S$=2.58±1.12）2个三级观测指标的得分同样低于3。为了确保研究结论的科学性，研究者以观测指标为检验变量，以3为检验值，进行了单样本t检验，检验结果见表4-15。

表4-15 乡村教师乡土课程资源开发能力发展现状的单样本t检验表

观测指标	$M \pm S$	t	P	95%CI
乡土学科课程开发能力	2.68 ± 1.10	−6.589	0.000	−0.4133 ~ −0.2234
乡土综合实践活动课程开发能力	2.58 ± 1.12	−8.565	0.000	−0.5171 ~ −0.3242
总体	2.63 ± 1.07	−7.933	0.000	−0.4610 ~ −0.2780

注：*P<0.05，**P<0.01，***P<0.001。

从表4-15可知，乡村教师乡土课程资源开发能力发展现状的得分与3存在极其显著的差异（P=0.000，<0.001）。同时，乡村教师乡土学科课程开发能力的得分、乡土综合实践活动课程开发能力的得分同样与3存在极其显著的差异（P=0.000，<0.001）。表明了被调查乡村教师在"乡土课程资源开发能力"这1个二级维度（二级观测指标）上处于较低的发展水平。同时，在"乡土学科课程开发能力""乡土综合实践活动课程开发能力"这2个三级维度（三级观测指标）上，也处于较低的发展水平。

综上，在3个一级观测指标中，所有指标的得分均小于3，并且所有指标均与3存在极其显著的差异；在7个二级指标中，所有指标的得分均小于3，并且所有指标均与3存在极其显著的差异；在19个三级指标中，除了"乡村振兴战略认知度"这一项指标以外，其余指标的得分均小于3，并且这些指标均与3存在极其显著的差异，表明了被调查乡村教师的乡土文化素养在整体上处于较低的发展水平，同时他们在乡土情怀、乡土知识、乡土文化资源利用与开发能力这3个维度上也处于较低的发展水平。

二、不同变量背景下乡村教师乡土文化素养的发展水平分析

（一）不同性别乡村教师乡土文化素养发展水平的差异分析

研究者以性别为分组变量，以乡土文化素养及各个维度为检验变量，进行了独立样本t检验。检验结果见表4-16。

表4-16 不同性别乡村教师乡土文化素养发展水平的t检验表

检验变量	性别（均值±标准差） 女（n=314）	性别（均值±标准差） 男（n=206）	t	P
总体	2.39 ± 0.62	2.21 ± 0.61	−3.307	0.001
乡土情怀	2.47 ± 0.59	2.37 ± 0.58	−2.041	0.042
乡土知识	2.14 ± 0.71	1.99 ± 0.67	−4.022	0.000
乡土文化资源利用与开发能力	2.56 ± 0.81	2.24 ± 0.77	−2.855	0.004

注：*$P<0.05$，**$P<0.01$，***$P<0.001$。

从表4-16可知，乡村女教师乡土文化素养的得分（$M±S=2.39±0.62$）高于乡村男教师（$M±S=2.21±0.61$）。同时，乡村女教师在"乡土情怀"（$M±S=2.47±0.59$）、"乡土知识"（$M±S=2.14±0.71$）、"乡土文化资源利用与开发能力"（$M±S=2.56±0.81$）3个一级维度上的得分同样高于乡村男教师。此外，独立样本t检验的结果表明，不同性别乡村教师乡土文化素养的发展水平存在显著差异（$P=0.001$，<0.01）。同时，在乡土情怀（$P=0.042$，<0.05）、乡土知识（$P=0.000$，<0.001）、乡土文化资源利用与开发能力（$P=0.004$，<0.01）3个维度上同样存在差异。表明了乡村女教师乡土文化素养的发展水平高于乡村男教师，同时乡村女教师在"乡土情怀""乡土知识""乡土文化资源利用与开发能力"3个一级维度上的发展水平也高于乡村男教师。

（二）不同身份类型乡村教师乡土文化素养发展水平的差异分析

研究者首先对这组数据进行了方差齐性检验，结果显示，不同身份类型乡村教师乡土文化素养方差齐性检验的显著性为 0.383（$sig>0.05$），同时他们在"乡土知识""乡土情怀""乡土文化资源利用与开发能力"3个维度上的显著性分别为0.151（$sig>0.05$）、0.981（$sig>0.05$）、0.496（$sig>0.05$），表明这组数据的方差齐性，适合进行单因素方差分析。基于此，研究者进行了单因素方差分析，见表4-17。

表4-17 不同身份类型乡村教师乡土文化素养发展水平的单因素方差分析表

检验变量	性别（均值±标准差）			F	P
	正式在编（n=465）	临聘（n=29）	专项计划（n=26）		
总体	2.32 ± 0.62	2.27 ± 0.69	2.44 ± 0.53	0.622	0.537
乡土情怀	2.43 ± 0.59	2.40 ± 0.71	2.42 ± 0.49	0.061	0.941
乡土知识	2.13 ± 0.70	2.23 ± 0.71	2.30 ± 0.67	0.922	0.398
乡土文化资源利用与开发能力	2.36 ± 0.80	2.18 ± 0.80	2.60 ± 0.65	1.952	0.143

注：*$P<0.05$，**$P<0.01$，***$P<0.001$。

从表4-17可知，不同身份类型的乡村教师乡土文化素养的发展水平不存在显著差异（$P=0.537$，>0.05）。同时，不同身份类型的乡村教师在"乡土情怀"（$P=0.941$，>0.05）、"乡土知识"（$P=0.398$，>0.05）、"乡土文化资源利用与开发能力"（$P=0.143$，>0.05）3个维度上同样不存在显著差异。

（三）不同教龄乡村教师乡土文化素养发展水平的差异分析

研究者首先对这组数据进行了方差齐性检验，结果显示，不同教龄乡村教师乡土文化素养方差齐性检验的显著性为0.059（$sig>0.05$），同时不同教龄的乡村教师在"乡土知识""乡土情怀""乡土文化资源利用与开发能力"3个维度上的显著性为0.064（$sig>0.05$）、0.063（$sig>0.05$）、0.053（$sig>0.05$），表明这组数据的方差齐性，适合进行单因素方差分析。基于此，研究者以教龄为因子，以乡土文化素养及各个维度为因变量，进行了单因素方差分析，见表4-18。

表4-18 不同教龄的乡村教师乡土文化素养发展水平的单因素方差分析表

检验变量	教龄（均值±标准差）				F	P
	0~10年（n=161）	11~20年（n=172）	21~30年（n=129）	30年以上（n=58）		
总体	2.11 ± 0.51	2.45 ± 0.66	2.31 ± 0.62	2.17 ± 0.51	7.430	0.000
乡土情怀	2.27 ± 0.50	2.53 ± 0.64	2.41 ± 0.57	2.58 ± 0.48	4.282	0.105
乡土知识	1.91 ± 0.54	2.31 ± 0.57	2.13 ± 0.68	2.91 ± 0.61	9.317	0.000
乡土文化资源利用与开发能力	2.13 ± 0.71	2.49 ± 0.81	2.37 ± 0.84	2.17 ± 0.65	5.371	0.001

注：*$P<0.05$，**$P<0.01$，***$P<0.001$。

从表4-18可知，不同教龄乡村教师乡土文化素养的发展水平存在极其显著的差异（P=0.000，<0.001）。同时，不同教龄的乡村教师在"乡土知识"（P=0.000，<0.001）、"乡土文化资源利用与开发能力"（P=0.001，<0.01）这2个维度上也存在显著的差异。为了进一步检验不同教龄乡村教师乡土文化素养发展水平的差异性，研究者进行了LSD事后检验，结果见表4-19。

表4-19 不同教龄乡村教师乡土文化素养发展水平的LSD事后检验表

分析项	组1	组2	组1的均值	组2的均值	P	LSD事后检验结果
总体	0~10年教龄	11~20年教龄	2.1122	2.4488	0.028	组1<组2
	0~10年教龄	21~30年教龄	2.1122	2.3101	0.000	组1<组2
	0~10年教龄	30年以上教龄	2.1122	2.1714	0.002	组1<组2
	11~20年教龄	21~30年教龄	2.4488	2.3101	0.117	无显著差异
	21~30年教龄	30年以上教龄	2.3101	2.1714	0.571	无显著差异
	11~20年教龄	30年以上教龄	2.4488	2.1714	0.129	无显著差异
乡土情怀	0~10年教龄	11~20年教龄	2.2670	2.5341	0.149	无显著差异
	0~10年教龄	21~30年教龄	2.2670	2.4103	0.071	无显著差异
	0~10年教龄	30年以上教龄	2.2670	2.5831	0.086	无显著差异
	11~20年教龄	21~30年教龄	2.5341	2.4103	0.071	无显著差异
	21~30年教龄	30年以上教龄	2.4103	2.5831	0.252	无显著差异
	11~20年教龄	30年以上教龄	2.5341	2.5831	0.745	无显著差异
乡土知识	0~10年教龄	11~20年教龄	1.9094	2.3130	0.114	无显著差异
	0~10年教龄	21~30年教龄	1.9094	2.1345	0.068	无显著差异
	0~10年教龄	30年以上教龄	1.9094	2.9182	0.000	组1<组2
	11~20年教龄	21~30年教龄	2.3130	2.1345	0.116	无显著差异
	21~30年教龄	30年以上教龄	2.1345	2.9182	0.031	组1<组2
	11~20年教龄	30年以上教龄	2.3130	2.9182	0.038	组1<组2
乡土文化资源利用开发能力	0~10年教龄	11~20年教龄	2.1327	2.4953	0.018	组1<组2
	0~10年教龄	21~30年教龄	2.1327	2.3684	0.000	组1<组2
	0~10年教龄	30年以上教龄	2.1327	2.1782	0.116	无显著差异
	11~20年教龄	21~30年教龄	2.4953	2.3684	0.128	无显著差异
	21~30年教龄	30年以上教龄	2.3684	2.1782	0.735	无显著差异
	11~20年教龄	30年以上教龄	2.4953	2.1782	0.108	无显著差异

注：*P<0.05，**P<0.01，***P<0.001。

从表4-19可知，在乡土文化素养的发展水平方面，11~20年以上教龄组、21~30年教龄组、30年以上教龄组的教师明显高于0~10年教龄组的教师。就各个维度的发展水平而言，在乡土知识这一维度上，30年以上教龄组明显高于0~10年教龄组、11~20年教龄组以及21~30年教龄组；在乡土文化资源利用与开发能力上，11~20年教龄组以及21~30年教龄组明显高于0~10年教龄组。

（四）不同学历乡村教师乡土文化素养发展水平的差异分析

研究者首先对这组数据进行了方差齐性检验，结果显示，不同学历的乡村教师乡土文化素养方差齐性检验的显著性为0.110（$sig>0.05$），同时不同学历的乡村教师在"乡土知识""乡土情怀""乡土文化资源利用与开发能力"三个维度上的显著性分别为0.098（$sig>0.05$）、0.054（$sig>0.05$）、0.184（$sig>0.05$），表明这组数据的方差齐性，适合进行单因素方差分析。基于此，研究者以最高学历为因子，以乡村教师的乡土文化素养及其各个维度为因变量，进行单因素方差分析，结果见表4-20。

表4-20 不同学历乡村教师乡土文化素养发展水平的单因素方差分析表

检验变量	高中以下 ($n=1$)	中专 ($n=26$)	大专 ($n=80$)	本科 ($n=407$)	研究生 ($n=6$)	F	P
总体	2.15 ± 0.61	2.24 ± 0.41	2.21 ± 0.51	2.35 ± 0.65	2.03 ± 0.59	1.39	0.235
乡土情怀	2.03 ± 0.59	2.48 ± 0.46	2.41 ± 0.50	2.44 ± 0.61	2.18 ± 0.41	4.42	0.794
乡土知识	1.97 ± 0.45	1.99 ± 0.47	1.97 ± 0.56	2.09 ± 0.73	2.33 ± 0.54	2.52	0.051
乡土文化资源利用与开发能力	2.09 ± 0.61	2.19 ± 0.52	2.40 ± 0.83	2.46 ± 0.80	2.19 ± 0.61	1.56	0.184

注：*$P<0.05$，**$P<0.01$，***$P<0.001$。

从表4-20可知，不同学历乡村教师乡土文化素养的发展水平不存在显著差异（$P=0.235$，>0.05）。同时，不同学历乡村教师在"乡土情怀"（$P=0.794$，>0.05）、"乡土知识"（$P=0.051$，>0.05）、"乡土文化资源利用与开发能力"（$P=0.184$，>0.05）三个维度上同样不存在显著差异。

（五）不同职称乡村教师乡土文化素养发展水平的差异分析

研究者首先对这组数据进行了方差齐性检验，结果显示，不同职称乡村教师乡土文化素养发展水平方差齐性检验的显著性为 0.923（$sig>0.05$），同时不同职称的乡村教师在"乡土知识""乡土情怀""乡土文化资源利用与开发能力"3个维度上的显著性依次为0.398（$sig>0.05$）、0.956（$sig>0.05$）、0.643（$sig>0.05$），表明这组数据的方差齐性，适合进行单因素方差分析。基于此，研究者以职称为因子，以乡土文化素养及其各个维度为因变量，进行单因素方差分析，见表4-21。

表4-21 不同职称乡村教师乡土文化素养发展水平的单因素方差分析表

检验变量	初级职称（n=116）	中级职称（n=217）	高级职称（n=138）	未定级（n=49）	F	P
总体	2.40±0.62	2.27±0.62	2.17±0.56	1.92±0.57	4.797	0.003
乡土情怀	2.48±0.61	2.41±0.59	2.33±0.51	2.2±0.41	2.001	0.113
乡土知识	2.24±0.69	2.10±0.70	1.98±0.70	1.68±0.69	4.736	0.003
乡土文化资源利用与开发能力	2.48±0.80	2.28±0.81	2.19±0.69	1.84±0.75	5.044	0.002

注：*$P<0.05$，**$P<0.01$，***$P<0.001$。

从表4-21可知，不同职称乡村教师乡土文化素养的发展水平存在着显著的差异（P=0.003，<0.01），同时不同职称的乡村教师在"乡土文化资源利用与开发能力"（P=0.002，<0.01）这一维度上同样存在着显著的差异，随后研究者进行了LSD事后多重比较检验，结果见表4-22。

表4-22 不同职称乡村教师乡土文化素养发展水平的LSD事后检验表

分析项	组1	组2	组1的均值	组2的均值	P	LSD事后检验结果
总体	初级职称	中级职称	2.2708	2.1713	0.126	无显著差异
	初级职称	高级职称	2.2708	2.4043	0.005	组1<组2
	初级职称	未定级	2.2708	1.9205	0.115	无显著差异
	中级职称	高级职称	2.1713	2.4043	0.002	组1<组2
	高级职称	未定级	2.4043	1.9205	0.227	无显著差异
	中级职称	未定级	2.1713	1.9205	0.081	无显著差异

（续表）

分析项	组1	组2	组1的均值	组2的均值	P	LSD事后检验结果
乡土情怀	初级职称	中级职称	2.4826	2.4079	0.191	无显著差异
	初级职称	高级职称	2.4826	2.3271	0.059	无显著差异
	初级职称	未定级	2.4826	2.2071	0.145	无显著差异
	中级职称	高级职称	2.4079	2.3271	0.333	无显著差异
	高级职称	未定级	2.3271	2.2071	0.545	无显著差异
	中级职称	未定级	2.4079	2.2071	0.292	无显著差异
乡土知识	初级职称	中级职称	2.2359	2.0968	0.040	无显著差异
	初级职称	高级职称	2.2359	1.9758	0.106	无显著差异
	初级职称	未定级	2.2359	1.6750	0.112	无显著差异
	中级职称	高级职称	2.0968	1.9758	0.221	无显著差异
	高级职称	未定级	1.9758	1.6750	0.200	无显著差异
	中级职称	未定级	2.0968	1.6750	0.062	无显著差异
乡土文化资源利用与开发能力	初级职称	中级职称	2.1873	2.2837	0.113	无显著差异
	初级职称	高级职称	2.1873	2.4819	0.007	组1<组2
	初级职称	未定级	2.1873	1.8385	0.112	无显著差异
	中级职称	高级职称	2.2837	2.4819	0.001	组1<组2
	高级职称	未定级	2.4819	1.8385	0.002	组1>组2
	中级职称	未定级	2.2837	1.8385	0.083	无显著差异

注：*P<0.05，**P<0.01，***P<0.001。

  从表4-22可知，高级职称组乡村教师乡土文化素养的发展水平高于中级职称组、初级职称组以及未定级职称组；同时，在"乡土文化资源利用与开发能力"这一维度上，高级职称组乡村教师乡土文化素养的发展水平同样高于中级职称组、初级职称组以及未定级职称组。

（六）不同出生地域乡村教师乡土文化素养发展水平的差异分析

研究者以出生地域为分组变量，以乡土情怀、乡土知识、乡土文化资源利用与开发能力为检验变量，进行了独立样本T检验，结果见表4-23。

表4-23 不同出生地域乡村教师乡土文化素养发展水平的T检验表

检验变量	出生地域（均值±标准差）		t	P
	出生于乡村（n=376）	出生于城市（n=144）		
总体	2.69 ± 0.85	2.27 ± 0.57	−3.887	0.000
乡土情怀	2.82 ± 0.81	2.40 ± 0.54	−2.778	0.007
乡土知识	2.26 ± 0.94	1.97 ± 0.63	−4.828	0.000
乡土文化资源利用与开发能力	2.73 ± 1.04	2.31 ± 0.74	−3.140	0.002

注：*P<0.05，**P<0.01，***P<0.001。

从表4-23可知，出生于乡村的教师乡土文化素养发展水平的得分（$M±S$=2.69±0.85）高于出生于城市的教师（$M±S$=2.27±0.57），同时出生于乡村的教师在"乡土情怀"（$M±S$=2.82±0.81）、"乡土知识"（$M±S$=2.26±0.94）、"乡土文化资源利用与开发能力"（$M±S$=2.73±1.04）3个一级维度上的得分同样高于出生于城市的教师。此外，出生于乡村的教师乡土文化素养的发展水平与出生于城市的教师具有极其显著的差异（P=0.000，<0.001），同时出生于乡村的教师在"乡土情怀"（P=0.007，<0.01）、"乡土知识"（P=0.000，<0.001）、"乡土文化资源利用与开发能力"（P=0.002，<0.01）3个一级维度上的发展水平同样与出生于城市的教师存在着显著的差异。表明了出生于乡村的教师乡土文化素养的发展水平明显高于出生于城市的教师，同时出生于乡村的教师在"乡土情怀""乡土知识""乡土文化资源利用与开发能力"3个一级维度上的发展水平同样高于出生于城市的教师。

（七）不同成长地域乡村教师乡土文化素养发展水平的差异分析

研究者将成长地域作为分组变量，将乡土文化素养及其各个维度作为检验变量，进行了独立样本T检验，结果见表4-24。

表4-24 不同成长地域乡村教师乡土文化素养发展水平的T检验表

检验变量	成长于乡村（n=359）	成长于城市（n=161）	t	P
总体	2.64 ± 0.81	2.28 ± 0.58	−3.366	0.001
乡土情怀	2.59 ± 0.75	2.01 ± 0.56	−2.819	0.023
乡土知识	2.13 ± 0.98	1.98 ± 0.63	−4.258	0.000
乡土文化资源利用与开发能力	2.69 ± 0.97	2.32 ± 0.76	−2.893	0.005

注：*P<0.05，**P<0.01，***P<0.001。

从表4-24可知，成长于乡村的教师乡土文化素养发展水平的得分（$M±S$=2.64±0.81）高于成长于城市的教师（$M±S$=2.28±0.58），同时成长于乡村的教师在"乡土情怀"（$M±S$=2.59±0.75）、"乡土知识"（$M±S$=2.13±0.98）、"乡土文化资源利用与开发能力"（$M±S$=2.69±0.97）3个一级维度上的得分同样高于成长于城市的教师。此外，成长于乡村的教师乡土文化素养的发展水平与成长于城市的教师具有显著差异（P=0.001，<0.01），成长于乡村的教师在"乡土情怀"（P=0.023，<0.05）、"乡土知识"（P=0.000，<0.001）、"乡土文化资源利用与开发能力"（P=0.005，<0.01）3个一级维度上的发展水平同样与成长于城市的教师存在显著的差异。表明了成长于乡村的教师乡土文化素养的发展水平高于成长于城市的教师，同时成长于乡村的教师在"乡土情怀""乡土知识""乡土文化资源利用与开发能力"3个一级维度上的发展水平也高于成长于城市的教师。

（八）不同专业类型乡村教师乡土文化素养发展水平的差异分析

研究者以专业类型为分组变量，以乡土文化素养及其各个维度为检验变量，进行了独立样本t检验，检验结果见表4-25。

表4-25 不同专业类型乡村教师乡土文化素养发展水平的t检验表

检验变量	师范类专业（n=327）	非师范类专业（n=193）	t	P
总体	2.47 ± 0.70	2.29 ± 0.60	−2.676	0.008
乡土情怀	2.54 ± 0.66	2.41 ± 0.57	−2.103	0.036
乡土知识	2.11 ± 0.82	2.06 ± 0.67	−2.556	0.011
乡土文化资源利用与开发能力	2.55 ± 0.76	2.32 ± 0.79	−2.513	0.012

注：*P<0.05，**P<0.01，***P<0.001。

从表4-25可知，毕业于师范类专业的乡村教师乡土文化素养发展水平的得分（$M±S$=2.47±0.70）高于毕业于非师范类专业的乡村教师（$M±S$=2.29±0.60），同时毕业于师范类专业的乡村教师在"乡土情怀"（$M±S$=2.54±0.66）、"乡土知识"（$M±S$=2.11±0.82）、"乡土文化资源利用与开发能力"（$M±S$=2.55±0.76）3个一级维度上的得分同样高于毕业于非师范类专业的乡村教师。此外，不同专业类型乡村教师乡土文化素养的发展水平存在着显著的差异（P=0.008，<0.01），不同专业类型的乡村教师在"乡土情怀"（P=0.036，<0.05）、"乡土知识"（P=0.011，<0.05）、"乡土文化资源利用与开发能力"（P=0.012，<0.05）3个一级维度上的发展水平同样存在着显著的差异。表明了毕业于师范类专业的乡村教师乡土文化素养高于毕业于非师范类专业的乡村教师，同时毕业于师范类专业的乡村教师在"乡土情怀""乡土知识""乡土文化资源利用与开发能力"3个一级维度上的发展水平同样高于毕业于非师范类专业的乡村教师。

（九）不同居住地域乡村教师乡土文化素养发展水平的差异分析

研究者以日常居住地域为分组变量，以乡土文化素养及其各个维度为检验变量，进行了独立样本 t 检验，检验结果见表4-26。

表4-26 不同居住地域乡村教师乡土文化素养发展水平的 t 检验表

检验变量	日常居住地域（均值±标准差） 乡村（n=167）	日常居住地域（均值±标准差） 城市（n=353）	t	P
总体	2.37±0.59	2.29±0.63	−1.442	0.150
乡土情怀	2.48±0.56	2.41±0.60	−1.330	0.184
乡土知识	2.20±0.65	2.12±0.72	−1.159	0.247
乡土文化资源利用与开发能力	2.43±0.75	2.33±0.82	−1.378	0.169

注：*P<0.05，**P<0.01，***P<0.001。

从表4-26可知，不同居住地域乡村教师乡土文化素养的发展水平不存在显著差异（P=0.150，>0.05）。此外，不同居住地域的乡村教师在"乡土情怀"（P=0.184，>0.05）、"乡土知识"（P=0.247，>0.05）、"乡土文化资源利用与开发能力"（P=0.169，>0.05）3个一级维度上的发展水平同样不存在显著差异。

综上所述，不同身份类型、学历、日常居住地域乡村教师的乡土文化素养发展水平不存在显著差异，但不同性别、教龄、职称、出生地域、成长地域、专业类型的乡村教师乡土文化素养的发展水平存在显著差异。因而，性别、教龄、职称、出生地域、成长地域、专业类型这6个变量会对乡村教师乡土文化素养的发展产生直接的影响。

第三节 调查结论的呈现

一、乡村教师乡土文化素养的发展困境分析

问卷调查的结果表明，被调查乡村教师的乡土文化素养在整体上处于一种

较低的发展水平，乡村教师与乡土文化渐行渐远已是不争的事实。这与我们心目中集"现代性"与"乡土性"于一体的高质量乡村教师的形象相差甚远。诚然，随着现代化的持续推进，乡村教师需要成长为现代化的教师，但现代化的乡村教师并不需要与乡土文化、乡村社会相隔绝。这是因为乡土文化作为中国传统农耕文化的根脉，既关联着乡村人生存的价值取向，也关联着整个中华民族生存的价值取向，一旦彻底远离了乡土文化，实质上就是将乡村教师从其赖以生存的文化土壤中连根拔起，势必会导致乡村教师陷入一种文化失根的困境之中，进而造成其乡土情怀、乡土知识、乡土文化资源利用与开发能力方面的发展困境，具体表征为：

（一）乡村教师乡土情怀的发展困境

乡土情怀蕴含着乡村教师的乡土文化意识、乡村教育情怀、乡村振兴认同意识，能够为乡村教师乡土文化素养的发展提供内生动力。乡村教师如若拥有了浓郁的乡土情怀，就能够将自己的生命根基植入乡土沃野之中，从而形成扎根乡村教育事业的责任感、参与乡村振兴战略的使命感。但问卷调查的结论却不尽人意，具体表征为：

1. 乡村教师的乡土文化意识较为淡薄

乡土文化意识作为乡土情怀的重要构成要素，是本次问卷调查所要关注的重要问题。为了解乡村教师乡土文化意识的发展现状，研究者在调查问卷中设计了四个问题，即"我认为乡土文化之中蕴含了许多有价值的思想，如亲睦的伦理观、天人合一的生态观、合和的宇宙观等""我认为乡土文化之中蕴含了许多封建迷信思想，如重男轻女、迷信阴阳风水等""我认为乡土文化具有一定的教育价值""我认为乡村教师应该充分利用乡土文化资源，激发学生对家乡的热爱之情"。调查结果显示，关于"我认为乡土文化之中蕴含了许多有价值的思想，如亲睦的伦理观、天人合一的生态观、合和的宇宙观等"这一问题，选择"非常赞同"及"赞同"选项的被调查者的合计比例仅为9.5%；关于"我认为乡土文化之中蕴含了许多封建迷信思想，如重男轻女、迷信阴阳风水等"这一问题，选择"非常赞同"及"赞同"选项的被调查者的合计比例高达52.4%；关于"我认为乡土文化具有一定的教育价值"这一问题，选择"非常赞同"及"赞同"选项的被调查者的合计比例仅为8.9%；关于"我认为乡村教师应该充分利用乡土文化资源，激发学生对家乡的热爱之情"这一问题，选择"非常赞同"及

"赞同"选项的被调查者的合计比例仅为8.1%。表明了被调查乡村教师的乡土文化意识较为淡薄,他们普遍对乡土文化持一种消极的、否定的态度,未能体认乡土文化的教育价值,也未能在教育教学实践中生成乡土文化的教育价值。

2. 乡村教师的乡村教育情怀较为淡薄

乡村教育情怀作为乡土情怀的重要构成要素,是本次问卷调查所要关注的重要问题。为了解乡村教师乡村教育情怀的发展现状,研究者在调查问卷中设计了5个问题,即"我认为乡村教师是受人尊重的社会职业""我认为乡村教师对乡村社会的发展具有重要作用""我认为乡村教师对乡村学生的健康成长具有重要作用""我愿意将毕生的精力奉献给乡村教育事业""我希望能够实现家校之间的有效协作"。调查结果显示,关于"我认为乡村教师是受人尊重的社会职业"这一问题,选择"非常赞同"及"赞同"选项的被调查者的合计比例为16.5%;关于"我认为乡村教师对乡村社会的发展具有重要作用"这一问题,选择"非常赞同"及"赞同"选项的被调查者的合计比例仅为3.1%;关于"我认为乡村教师对乡村学生的健康成长具有重要作用"这一问题,选择"非常赞同"及"赞同"选项的被调查者的合计比例高达63.2%;关于"我愿意将毕生的精力奉献给乡村教育事业"这一问题,选择"非常赞同"及"赞同"选项的被调查者的合计比例仅为11.4%;关于"我希望能够实现家校之间的有效协作"这一问题,选择"非常赞同"及"赞同"选项的被调查者的合计比例为29.7%。表明被调查的乡村教师虽然已经意识到了乡村教师职业之于乡村学生健康成长的价值,但未能意识到乡村教师职业之于乡村社会发展的价值,这必然会导致乡村教师价值感的滑落,进而导致他们在情感上疏离乡村社会,乡村教师扎根乡村教育事业、服务乡村社会发展的责任感由此弱化。

3. 乡村教师的乡村振兴参与意识较为淡薄

乡村振兴参与意识蕴含着乡村教师对乡村振兴战略的理解、认同及积极参与,其作为乡土情怀的重要构成要素,是本次调查所要关注的重要问题。为了解乡村教师乡村振兴参与意识的发展现状,研究者在调查问卷中设计了6个问题,即"我认为在乡村振兴时期,乡村社会将会得到全面发展""我认为在乡村振兴时期,乡村教师应该为乡村培养产业人才,如为农民提供电子商务培训、帮助农民宣传农产品等""我认为在乡村振兴时期,乡村教师应该参与乡村的自然生态环境保护,如引导学生保护当地的生态环境、参与乡村人文景观的设计工作等""我认为在乡村振兴时期,乡村教师应该参与乡村的文化建设,如弘扬社会主义核心价值观、传承与发展优秀的乡土文化等""我认为在乡村振兴时期,乡村教师应该参与乡村的社区治理,如担任村委会成员、参与乡村的法治建设等""我认为在乡村振兴时期,乡村教师应该引领乡村民众形成健康的思想观念"。调查结果显示,关于"我认为在乡村振兴时期,乡村社会将会得到全面发展"这一问题,选择"非常赞同"及"赞同"选项的被调查者的合计比例达到了61.2%;关于"我认为在乡村振兴时期,乡村教师应该为乡村培养产业人才,如为农民提供电子商务培训、帮助农民宣传农产品等"这一问题,选择"非常赞同"及"赞同"选项的被调查者的合计比例仅为3.9%;关于"乡村振兴时期,乡村、乡村教师应该参与乡村的自然生态建设,如引导学生保护当地的自然生态环境、参与乡村人文景观的设计工作等,"这一问题,选择"非常赞同"及"赞同"选项被调查者的合计比例仅为23.1%;关于"我认为在乡村振兴时期,乡村教师应该参与乡村的文化建设,如弘扬社会主义核心价值观、传承与发展优秀的乡土文化等"这一问题,选择"非常赞同"及"赞同"选项的被调查者的合计比例仅为6.7%;关于"我认为在乡村振兴时期,乡村教师应该参与乡村的社区治理,如担任村委会成员、参与乡村的法治建设等"这一问题,选择"非常赞同"及"赞同"选项的被调查者的合计比例为27.3%;关于"我认为在乡村振兴时期,乡村教师应该引领乡村民众形成健康的思想观念"这一问题,选择"非常赞同"及"赞同"选项的被调查者的合计比例仅为3.4%。表明了被调查的乡村教师虽然对乡村振兴战略本身持一种积极的、肯定的态度,但对乡村振兴时期自身的角色定位问题缺乏明确的认知,尤其是对自身的"新乡贤"角色缺乏明确的认知。

(二)乡村教师乡土知识的发展困境

乡土知识是乡村民众在长期的生产与生活实践中形成的、经过实践检验的能够代际传承的知识体系。乡村教师如若拥有了丰富的乡土知识储备,就能够提升自身的知识资本含量,从而为其乡土文化素养的发展奠定知识基石。但调查结论却不尽人意,具体表征为:

1. 乡村教师的乡土知识储备不足

乡土知识是乡村教师乡土文化素养的重要构成要素,也是本次调查所要关注的重要问题。为了解乡村教师的乡土知识储备状况,研究者在调查问卷中设计了7个问题,即"我了解当地的自然知识,如地理地貌、气候环境、水文资源、人文景观、矿产资源、生物资源、土地资源等""我了解当地的生产知识，如农作物耕种、农产品加工、养殖等""我了解当地人的生活方式，如交通、居住、饮食、医疗、物流、人际交往等""我了解当地人的思想观念，如价值观、伦理观、宗教观等""我了解当地的历史文化，如地方志、古遗址、文物、族谱、宗祠、古民居、宗教史、乡贤事迹等""我了解当地的民俗文化，如婚姻、丧葬、祭拜、崇拜、禁忌、节日习俗等""我了解当地的民间艺术，如剪纸、泥塑、腰鼓、绘画、刺绣、舞蹈、歌谣、雕刻、戏曲、年画等"。调查结论显示，关于"我了解当地的自然知识，如地理地貌、气候环境、水文资源、人文景观、矿产资源、生物资源、土地资源等"这一问题，选择"非常符合"及"符合"选项的被调查者的合计比例为13.1%；关于"我了解当地的生产知识，如农作物耕种、农产品加工、养殖等"这一问题，选择"非常符合"及"符合"选项的被调查者的合计比例为17.4%；关于"我了解当地人的生活方式，如交通、居住、饮食、医疗、物流、人际交往等"这一问题，选择"非常符合"及"符合"选项的被调查者的合计比例为17.3%；关于"我了解当地人的思想观念，如价值观、伦理观、宗教观等"这一问题，选择"非常符合"及"符合"选项的被调查者的合计比例为25.6%；关于"我了解当地的历史文化，如地方志、古遗址、文物、族谱、宗祠、古民居、宗教史、乡贤事迹等"这一问题，选择"非常符合"及"符合"选项的被调查者的合计比例为11.9%；关于"我了解当地的民俗文化，如婚姻、丧葬、祭拜、崇拜、禁忌、节日习俗等级"这一问题，选择"非常符合"及"符合"选项的被调查者的合计比例为13.5%；关于"我了解当地的民间艺术，如剪纸、泥塑、腰鼓、绘画、刺绣、舞蹈、歌谣、雕刻、戏曲、年画等"这一问题，选择"非常符合"及"符合"选项的被调查者的合计比例为8.2%。表明参与此次问卷调查的乡村教师的乡土知识储备非常不足，尤其是关于乡土民间艺术的知识储备最为不足。

2. 乡村教师的乡土知识来源较为单一

为了解乡村教师的乡土知识来源，研究者在调查问卷中设计了2个问题，即"我掌握的乡土自然知识主要来源于亲身体验""我掌握的乡土人文知识主要来源于日常生活"。调查结论显示，关于"我掌握的乡土自然知识主要来源于亲身体验"这一问题，选择"非常符合"及"符合"选项的被调查者的合计比例为72.3%；关于"我掌握的乡土人文知识主要来源于日常生活"这一问题，选择"非常符合"及"符合"选项的被调查者的合计比例为69.4%。表明了被调查乡村教师主要通过"亲身体验""日常生活"等路径获取乡土知识，而教师教育、媒体、教育教学实践等路径却未能在乡村教师获取乡土知识的过程中发挥应有的作用。

3. 乡村教师对待乡土知识的态度较为矛盾

为了解乡村教师对待乡土知识的态度，研究者在调查问卷中设计了4个问题，即"我认为乡村教师掌握乡土自然知识，有利于优秀乡土文化的传承与发展""我认为乡村教师掌握乡土人文知识，有利于优秀乡土文化的传承与发展""我认为乡村教师应该编写乡土教材，以传承与发展优秀的乡土自然知识""我认为乡村教师应该编写乡土教材，以传承与发展优秀的乡土人文知识"。问卷调查结果显示，关于"我认为乡村教师掌握乡土自然知识，有利于优秀乡土文化的传承与发展"这一问题，选择"非常赞同"及"赞同"选项的被调查者的合计比例为57.8%；关于"我认为乡村教师掌握乡土人文知识，有利于优秀乡土文化的传承与发展"这一问题，选择"非常赞同"及"赞同"选项的被调查者的合计比例为51.4%；关于"我认为乡村教师应该编写乡土教材，以传承与发展优秀的乡土自然知识"这一问题，选择"非常赞同"及"赞同"选项的被调查者的合计比例仅为11.1%，关于"我认为乡村教师应该编写乡土教材，以传承与发展优秀的乡土人文知识"这一问题，选择"非常赞同"及"赞同"选项的被调查者的合计比例仅为6.7%。表明了被调查者对乡土知识秉持一种较为矛盾的态度，一方面，他们已经意识到了乡土知识在传承乡土文化、促进乡村师生成长方面所具有的重要价值；但另一方面，他们却普遍反对通过编写乡土教材传承优秀的乡土知识，从而陷入了"应为"与"难为"的尴尬境地。

（三）乡村教师乡土文化资源利用与开发能力的发展困境

乡土文化资源利用与开发能力蕴含着乡村教师将优秀的乡土文化资源转化为教学资源及课程资源的能力，其作为乡土文化素养的重要构成要素，能够为乡村教师乡土文化素养的发展提供专业实践支持。但调查结论却不尽人意，主要表征为：

1. 乡村教师的乡土教学资源利用能力较为欠缺

乡土教学资源利用能力是乡村教师乡土文化资源利用与开发能力的重要构成要素，也是本研究所要关注的重要问题。为了解乡村教师的乡土教学资源利用能力，研究者在问卷调查中设计了6个问题，即"我了解当地的实物教学资源，如自然景观、历史遗址、动植物资源等""我会利用当地（任教学校所在区域）的实物教学资源，辅助国家课程的教学""我会在闲暇时分收集乡土模象教学资源，如记录乡土生产生活的图片、视频、影音资料等""我会利用乡土模象教学资源，辅助国家课程的教学""在国家课程的教学过程之中，我会将城市的生活情境置换为乡土生活情境""在国家课程的教学过程之中，我会利用乡土文化资源创设问题情境"。问卷调查的结论显示，关于"我了解当地的实物教学资源，如自然景观、历史遗址、动植物资源等"这一问题，选择"非常符合"及"符合"选项的被调查者的合计比例为29.6%；关于"我会利用当地（任教学校所在区域）的实物教学资源，辅助国家课程的教学"这一问题，选择"非常符合"及"符合"选项的被调查者的合计比例为13.7%；关于"我会在闲暇时分收集乡土模象教学资源，如记录乡土生产生活的图片、视频、影音资料等"这一问题，选择"非常符合"及"符合"选项的被调查者的合计比例为17.4%；关于"我会利用乡土模象教学资源，辅助国家课程的教学"这一问题，选择"非常符合"及"符合"选项的被调查者的合计比例为10.9%；关于"在国家课程的教学过程之中，我会将城市的生活情境置换为乡土生活情境"这一问题，选择"非常符合"及"符合"选项的被调查者的合计比例为32.8%；关于"在国家课程的教学过程之中，我会利用乡土文化资源创设问题情境"这一问题，选择"非常符合"及"符合"选项的被调查者的合计比例为12.6%。表明了被调查乡村教师既缺乏自觉收集乡土教学资源的意识，也缺乏自觉利用乡土教学资源辅助学科课程教学的能力。

2. 乡村教师的乡土课程资源开发能力较为欠缺

乡土课程资源开发能力是乡村教师乡土文化资源利用与开发能力的重要构成要素，也是本研究所要关注的重点问题。为了解乡村教师乡土课程资源的开发能力，研究者在调查问卷中设计了4个问题，即"我会自觉了解乡土学科课程的开发流程，如乡土地理、乡土自然、乡土历史等""我开发了乡土学科课程，如乡土地理课程、乡土自然课程、乡土历史课程等""我会自觉了解乡土综合实践活动课程的开发流程""我开发了乡土综合实践活动课程"。关于"我会自觉了解乡土学科课程的开发流程，如乡土地理、乡土自然、乡土历史等"这一问题，选择"非常符合"及"符合"选项的被调查者的合计比例为7.7%；关于"我开发了乡土学科课程，如乡土地理课程、乡土自然课程、乡土历史课程等"这一问题，选择"非常符合"及"符合"选项的被调查者的合计比例为4.9%；关于"我会自觉了解乡土综合实践活动课程的开发流程"这一问题，选择"非常符合"及"符合"选项的被调查者的合计比例为17.6%；关于"我开发了乡土综合实践活动课程"这一问题，选择"非常符合"及"符合"选项的被调查者的合计比例为7.5%。表明了被调查乡村教师既缺乏自觉开发乡土课程的意识，也缺乏自觉开发乡土课程资源的能力。

3. 乡村教师对利用与开发乡土文化资源的态度较为矛盾

为了解乡村教师对利用与开发乡土文化资源所持的态度，研究者在问卷调查中设计了五个问题，即"我认为乡村教师通过利用乡土教学资源辅助国家课程的教学，能够提升教育教学成效""我认为乡村教师开发乡土课程，有利于优秀乡土文化的传承与发展""我认为乡村教师开发乡土课程，有利于促进师生双方的成长""我认为应该将乡土教学资源的利用能力作为考核乡村教师的一项重要指标""我认为应该将乡土课程资源的开发能力作为考核乡村教师的一项重要指标"。调查结论显示，关于"我认为乡村教师通过利用乡土教学资源辅助国家课程的教学，能够提升教育教学成效"这一问题，选择"非常赞同"及"赞同"选项的被调查者的合计比例为57.9%；关于"我认为乡村教师开发乡土课程，有利于优秀乡土文化的传承与发展"这一问题，选择"非常赞同"及"赞同"选项的被调查者的合计比例为41.2%；关于"我认为乡村教师开发乡土课程，有利于促进师生双方的成长"这一问题，选择"非常赞同"及"赞同"选项的被调查者的合计比例高达82.4%；关于"我认为应该将乡土教学资源的利用能力作为考核乡村教师的一项重要指标"这一问题，选择"非常赞同"及"赞同"选项的被调查者的合计比例高达63.6%；关于"我认为应该将乡土课程资源的开发能力作为考核乡村教师的一项重要指标"这一问题，选择"非常赞同"及"赞同"选项的被调查者的合计比例高达91.4%。表明了被调查者对利用乡土教学资源、开发乡土课程资源实质上秉持一种非常矛盾的态度，一方面，他们已经意识到了乡土教学资源及乡土课程资源的价值；但另一方面，他们又普遍反对将利用与开发乡土文化资源作为考核乡村教师的重要指标，从而陷入"应为"与"难为"的尴尬境地。

问卷调查的对象虽然是甘肃省X市、Y市的乡村教师，但调查结果在某种程度上折射出了目前我国乡村教师在乡土文化素养的发展方面所面临的困境。正是因为这些困境的存在，使得乡村教师的"乡土性"特质被逐渐遮蔽，乡村教师由此沦为城市教师的翻版，他们难以适应乡村的文化环境，也难以扎根乡村教育事业，其"下不去、留不住、教不好"的问题显得尤为突出。

二、影响乡村教师乡土文化素养的因素分析

问卷调查的结果显示,不同性别、教龄、职称、出生地域、成长地域、专业类型的乡村教师乡土文化素养的发展水平存在着显著差异($P<0.05$)。因此,性别、教龄、职称、出生地域、成长地域、专业类型等变量是影响乡村教师乡土文化素养发展的因素。

(一)性别因素

调查结果显示,乡村女教师乡土文化素养的发展水平高于男教师。同时,乡村女教师在乡土情怀、乡土知识、乡土文化资源利用与开发能力3个一级维度上的发展水平同样高于乡村男教师。这既与参与调查的女教师的数量占据优势有关,也与女教师的情感细腻,深入体认了乡村社会的价值观念、思维方式、生活习俗等有关。

(二)教龄因素

调查结果显示,11~20年教龄组、21~30年教龄组、30年以上教龄组在乡土文化素养的发展方面更加具有优势。具体而言,在乡土知识这一维度上,30年以上教龄组具有优势;在乡土文化资源利用与开发能力上,11~20年教龄组、21~30年教龄组具有优势。在整体上,11~20年教龄组以及21~30年教龄组在乡土文化素养的发展方面具有明显的优势。这两个教龄组以中青年教师居多,这些乡村教师年富力强,积累了丰富的教学经验,促使他们在乡土文化资源的利用与开发方面更加得心应手,从而于无形中提升了自身的乡土文化素养。

(三)职称因素

调查结果显示,高级职称组乡村教师的乡土文化素养高于中级职称组、初级职称组及未定级的乡村教师。同时,高级职称组乡村教师在"乡土文化资源利用与开发能力"这一维度上的发展水平同样高于中级职称组、初级职称组及未定级的乡村教师。这固然与高级职称的乡村教师在乡土文化资源的利用与开发方面积累了丰富的经验有关,同时也与近年来我国政府在职称评聘的过程中

面向乡村教师倾斜有关。在此背景之下，各省在职称评聘时相继取消或降低了乡村教师在论文发表、计算机应用、英语水平、课题立项等方面的硬性要求，转而注重乡村教师在教育教学方面的实绩贡献，一批具有教学创新意识、勇于探索的中青年乡村教师由此晋升为高级职称。这些乡村教师在内心深处较为认同乡土文化，他们尝试着以乡土文化为支点撬动课堂教学的变革，从而于无形中提升了自身的乡土文化素养。

（四）地缘因素

调查结果显示，与出生于城市、成长于城市的教师相比，出生于乡村、成长于乡村的教师在乡土文化素养的发展方面更加具有优势。同时，出生于乡村、成长于乡村的教师在"乡土情怀""乡土知识""乡土文化资源利用与开发能力"这3个一级维度上的发展方面同样具有优势。这意味着出生地域、成长地域是影响乡村教师乡土文化素养发展的重要因素。

（五）专业因素

调查结果显示，与毕业于非师范类专业的乡村教师相比，毕业于师范类专业的乡村教师在乡土文化素养的发展方面更加具有优势。同时，他们在"乡土情怀""乡土知识""乡土文化资源利用与开发能力"3个一级维度上的发展方面同样具有优势。这与近年来高校师范类专业的课程设置由"理论性"转变为"理论性与实践性并重"的改革趋势有关，受这一趋势的影响，教学实践环节在教师教育课程体系之中的比重有所提升，从而为乡村教师乡土文化素养的发展提供了契机。

综上所述，性别、教龄、职称、地缘关系、专业类型等变量会影响乡村教师乡土文化素养的发展水平，至于这些变量对乡村教师乡土文化素养的发展产生的影响性质及程度，则需要进行斯皮尔曼相关性分析，具体见表4-27。

表4-27 不同变量与乡村教师乡土文化素养发展水平的相关性统计表

	性别	职称	教龄	出生地域	成长地域	专业类别
r	0.112	−0.190	−0.167	0.582	0.643	0.158

从统计学的角度分析，如若相关系数绝对值的取值范围介于[0，0.2]，意味着不同的变量之间呈现弱相关关系；如若相关系数绝对值的取值范围介于[0.5，1]，意味着不同变量之间呈现强相关关系。在表4-27中，成长地域与乡土文化素养发展水平的相关系数（r=0.643）最大，其次是出生地域（r=0.582），其余变量与乡土文化素养相关系数的绝对值均小于0.2。表明了出生地域、成长地域与乡村教师乡土文化素养的发展呈现强相关关系，即出生地域、成长地域是影响乡村教师乡土文化素养发展的重要因素。此外，乡土文化素养的发展不仅与乡村教师个人的成长经历相关，而且与乡村教师所处的外部环境相关。因而，乡村教师乡土文化素养之所以陷入发展困境，必然是多维成因共同作用的结果，我们有必要站在辩证唯物主义的思维立场，对乡土文化素养发展困境的成因进行剖析。

第五章
乡村教师乡土文化素养发展困境的成因剖析

通过问卷调查得知，目前我国乡村教师乡土文化素养的发展水平普遍较低，乡土文化素养陷入了乡土情怀淡薄、乡土知识的储备不足、乡土文化资源利用与开发能力欠缺等方面的发展困境之中。乡土文化素养陷入上述发展困境绝非单一成因使然，而是多维成因共同作用的结果。为此，本章将立足于乡村教师、乡村社区、师范院校、乡村学校等四个层面，深入剖析乡村教师乡土文化素养发展困境的多维成因，以期为后续对策建议的提出提供参考依据。

第一节 乡村教师层面：乡土文化自觉的阙如

一、乡村教师乡土文化自觉的内涵

从构词方式上看，"文化自觉"是一个由"文化"与"自觉"两个词组合而成的词汇。其中，"自觉"是中心词汇，"文化"是对自觉类型的修饰与限定，理解"乡土文化自觉"内涵的关键在于理解"自觉"的内涵。而"自觉"作为一个专门词汇，蕴含着"自"与"觉"两个方面，"自"体现了人的文化主体性，"觉"体现了人的文化自觉的发展过程，即由文化自发至文化觉醒，再由文化觉醒到文化认同，继而由文化认同上升至文化反思、文化创生的过程。据此理解，"文化自觉"实质上表达了身处于一定文化环境中的人对文化的理论思考与实践关切。1999年，费孝通先生在《重建社会学与人类学的回顾与体会》一文中明确界定了"文化自觉"的概念，他认为："文化自觉是指生活在一定文化中的人对其文化有'自知之明'，明白它的来历、形成过程、所具有的特色和它发展的趋向，不带任何'文化回归'的意思，不是要复旧，同时也不主张'全盘西化'或'坚守传统'。自知之明是为了增强对文化转型的自主能力，取得为适应新环境、新时代而进行文化选择时的自主地位。"[①]实现文化自觉是一个艰巨的任务，要做到这一点，需要经历一个漫长的过程。首先要认识自己的文化，理解所接触的多元文化，才有条件在这个正在形成中的多元文化世界中确立自己的位置，经过自主的适应，和其他文化一起，取长补短，共同建立一个有共同认可的基本秩序和一套与各种文化和平共处、各抒所长、联手发展的共处原则。就文化自觉的历程而言，费孝通先生提出了16字箴言，即"各美其美、美人之美、美美与共、天下大同"。"各美其美"就是不同文化中的不同人群对自己传统的欣赏，这是处于孤立、分散状态中的人群所必然具有的文化心理状态；"美人之美"就是要求合作共存时必须具备对不同文化的相互态度；"美美与共"就是在"天下大同"的世界里，不同人群在人文价值上取得共识以促使不同的人文类型和平共处地发展。这一文化价值的动态观念就是创造出一个跨文化界限的研讨，让不同文化在对话、沟通中取长补短，达到"和而不同"[②]。可见，费孝通先生实质上是在多元文化共同发展的宏观背景下探讨了文化自觉的内涵，他所谓的文化自觉不仅蕴含着人对自身文化背景的觉醒、认同与反思，而且蕴含着人对异文化的包容、理解与尊重，甚至蕴含着人对整个多元文化共同体的包容、理解与尊重。在此意义上，文化自觉实质上蕴含着多元文化求同存异、互促共生的文化意识。

"乡村教师乡土文化自觉"是一个由"文化自觉"衍生而来的概念，是指乡村教师这一特定的职业群体在觉醒、认同与反思乡土文化价值的基础上，对乡土文化的本质及其发展规律所形成的科学认知及态度。在静态层面上，其包含了乡村教师对乡土文化的自知之明，以及对乡土文化与异文化关系的定位；在动态层面上，其包含了乡村教师在觉解与反思乡土文化价值的基础上，能够推动乡土文化与异文化之间的互融共生。就其性质而言，"乡村教师乡土文化自觉"具有两个基本特征。一是具有理性。乡土文化自觉蕴含着乡村教师对乡土文化的发展历史、发展特点、发展趋势进行理性思考之后所形成的文化意识及态度。借此，乡村教师不仅能够正确地定位乡土文化、区分乡土文化与异文化之间的差异性，而且能够秉持一种"和而不同"的文化共生意识，推动优秀

[①] 费孝通. 重建社会学与人类学的回顾和体会 [J]. 中国社会科学，2000（1）：37-51，204-205.
[②] 费孝通. 全球化与文化自觉——费孝通晚年文选 [M]. 北京：外语教学与研究出版社，2013：56.

的乡土文化与异文化之间的相互碰撞与融合。二是具有实践指向性。乡土文化自觉生成于乡土生产生活实践之中,服务于乡土生产生活实践,其在本质上是一种基于实践的主体自觉。一旦脱离了乡土生产生活实践,乡村教师乡土文化自觉的养成与发展就无从谈起。

总之,乡土文化自觉体现了乡村教师对乡土文化价值的一种自我觉解、自我反思,以此为基础,乡村教师由最初的对乡土文化的不知不觉走向了后来的自知自觉。其中,自知自觉彰显了乡村教师之于乡土文化的主动性。正是因为具备了乡土文化自觉,乡村教师方能觉解乡土文化的教育价值,方能生成乡土文化素养发展的内生动力。

二、"城市型"乡村教师乡土文化自觉的阙如

乡村教师的乡土文化自觉是一种基于实践的主体自觉,乡土生产与生活实践为乡土文化自觉的形成与发展提供了源头活水。一个长期生活在城市、不了解乡村生产与生活实践的乡村教师,其乡土文化自觉的发展必然滞后。因而,乡村教师乡土文化自觉的发展水平与乡村教师个人的生活经历密切相关。

事实上,目前我国乡村教师的生活经历在整体上呈现出一种"离农化"的倾向,这一特征在"城市型"乡村教师身上体现得尤为深刻。"城市型"乡村教师是指20世纪80年代后在城市出生、成长,接受过系统化高等教育并在乡村从教的群体[1]。这一群体以新生代乡村教师为主,长期的城市生活促使他们本然地携带着城市文化背景,城市文化在潜移默化之中影响了他们的价值观念与行为方式,致使其言行举止显现出了鲜明的城市气息。因而,这些乡村教师与乡村社会、乡土文化之间存在着天然的区隔,他们上班时进村、下班后回城,无论是在情感上,还是在生活上,均疏离于乡土文化及乡村社会。他们之所以选择乡村教师职业,很大程度上是因为迫于就业的压力。乡村教师职业之于他们而言,只是一种谋生的工具而非缘于热爱。在提及乡土文化之时,参与此次访谈的"城市型"乡村教师表示:

> "我出生于双职工家庭,从小跟随父母在市区生活。我通过参加高考进入了河南的一所二本院校的机械专业就读,毕业后在河南郑州的一家机

---

[1] 吴凯欣,毛菊,张斯雷.学校·乡村·日常生活:"城市型"新生代乡村教师身份认同危机与纾解[J].当代教育科学,2021(9):42–50.

械进出口公司工作，那时工作压力比较大，收入也不是很稳定。2008年，我听从父母的建议，回到XF考取了教师资格证，并参加了当年的教师招考，有幸被录用成为一名乡村小学教师。我对这里（任教学校所在村落）的乡土民情、习俗礼仪并不是很了解，家里正在想办法帮我调动工作。"（T1教师）

"我爸在县里的农业系统工作，我妈是家属，我一直和父母在县城生活，直到大学毕业后在这所学校任教。我老家就在隔壁的村子，但自从爷爷奶奶去世后我们就很少回来，我对这里（任教学校所在区域）的风土人情并不是很了解。"（T2教师）

可见，T1教师和T2教师自幼生活在城市，并在城市接受了系统化的教育。受长期城市生活经历的影响，乡土文化之于他们而言完全是一种他者的文化，他们对乡土文化缺乏一种基本的自知之明，遑论乡土文化自觉。

此外，除了来自城市的乡村教师以外，一些自幼成长于乡村的教师同样可以被称为"城市型"乡村教师。这是因为这些乡村教师虽然自幼成长于乡村，但他们自上初中、高中起就在城镇学校读书，在学校里所学的知识技能与农业生产生活实践相去甚远，他们之中的许多人虽然自幼成长于乡村，却从未从事过任何农业生产劳动。长期"离农化"的生活经历导致他们在内心深处对城市文化、城市生活充满了向往，一旦积累了足够的经济资本后，他们就会选择在城市里购买住房。在这些乡村教师的观念中，原生家庭只是老家，在城市的住房才是小家，尽管小家与老家的大家族之间存在着千丝万缕的联系，但其家庭责任以小家为核心，其日常生活场域是城市而非乡村。因而，这类乡村教师的价值观念与言行举止已经完全被城市文化所同化。在提及乡土文化之时，这类乡村教师表示：

"我自幼成长于农村家庭，大学毕业后通过参加县教育局组织的教师招考成为一名乡村教师。我认为乡土文化在整体上还是比较封建的，对我们的生活造成了很大的干扰。比如，我们村仍然存在着非常严重的重男轻女现象，娶媳妇的彩礼价格也比较高。此外，我们村里的农民生病了一般不会去医院救治，而是忙着请神仙、看风水、问阴阳、迁祖坟，这些封建迷信的做法必然会耽误求医问药的时机，而城市文化就比较讲求科学。"（T3教师）

"我家就在隔壁村，但我父母一直在市里打工，我从上初中起就跟随父母在市里读书，唯有在节假日的时候才会回村，我对乡土文化知之甚少。不仅是我，村里的80后、90后、00后等群体普遍面临和我一样的问题。现在村里的年轻人都出门打工了，常住人口就是一些老人和小孩。像结婚、孩子满月、葬礼、寿宴等要么从简，要么在酒店举行，乡土味早已淡去。即便春节期间有庙会、秦腔、社火等民俗文化活动，我也很少参加。与其把时间耗费在自己不感兴趣的事情上，不如花点时间出门聚会、旅游。"（T4教师）

　　可见，T3教师虽然自幼成长于乡村，但对乡土文化持一种否定的态度，并将其视作封建迷信的产物；T4教师虽然幼年时期在乡村成长，但其自初中开始就进城读书，受长期"离农化"生活经历的影响，他对乡土文化知之甚少，也缺乏了解乡土文化的兴趣。深究上述两位乡村教师的观点后会发现，即便是自幼成长于乡村的教师，对乡土文化的认知也存在不足，他们或者将乡土文化视作封建落后的代名词，将其弃如敝履；或者失却了对乡土文化应有的关切，陷入了追逐城市文化的窠臼之中，他们由此未能形成一种理性的乡土文化态度。而理性的乡土文化态度又是乡村教师乡土文化自觉的应有之义，理性乡土文化态度的阙如必然会导致乡村教师乡土文化自觉的阙如，进而导致其丧失了养成与发展乡土文化素养的内生动力。

　　除了"城市型"乡村教师以外，当下的乡村教师队伍中仍然存在着"本土型"乡村教师，"本土型"乡村教师包括公办教师与民办教师，但以公办教师为主体。这类教师出生于本地乡村，成长于本地乡村，接受了系统化的教育后又回到家乡的乡村学校任教，他们具有共同的价值认同与文化认同，会使用同一地域的方言，先赋性的文化背景促使他们在养成乡土文化自觉、发展乡土文化素养方面具有得天独厚的优势。受长期乡村生活经历的影响，"本土型"乡村教师始终对农业生产、乡村教育葆有热爱之情，由此与乡村学生保持着较为亲密的关系，这种关系已然超越了传统意义上的师生关系，更加类似于长辈与晚辈、熟人与熟人之间的关系，致使他们在教育教学实践中更加介意乡民的口碑而非教育行政部门的评价[1]。可以说，"本土型"乡村教师怀有浓郁的乡土情怀，对乡土文化、乡村社会具有本然的亲近感，在提及乡土文化之时，参与此次访谈的"本土型"乡村教师表示：

---

[1] 高小强. 乡村教师阶层分化及其社会文化后果[J]. 中国教育学刊, 2011（12）: 9-12.

"我家就在这个村子，1997年从县里的中等师范学校毕业后，我被分配到本村的教学点任教，学校里就我一个老师，这一呆就是20多年，我怀有很深的乡土情结。现在经常有人说乡村要消亡了、乡土文化要消亡了，我觉得这些看法比较极端，可以说是数典忘祖。我认为乡土文化之中虽然存在着一些糟粕，但仍然蕴含着许多优秀的文化元素。比如，注重人与自然、人与人、人与社会关系的和谐。"（T5教师）

"我是土生土长的本地人，从中等师范学校毕业后原本被分配到其他学区任教，但2002年学校被撤销后，我就被调到了本乡的九年一贯制学校任教，我爱人仍然在家务农。每逢周末，我就会回家帮助我爱人干农活。茶余饭后，我会经常到田间地头走一走、听一听秦腔、逛一逛集市、修一修家谱，这样的生活很惬意！"他顿了顿补充道："我觉得乡土文化在本质上表达了一种生活理念与生活方式，其中肯定会存在优秀的元素，也会存在一些糟粕，城市文化也是一样，乡土文化与城市文化之间可以取长补短嘛！"（T6教师）

可见，"本土型"乡村教师不仅能够准确定位乡土文化，而且能够理性地看待乡土文化与城市文化之间的差异，他们对乡土文化怀有一种本然的自知之明，从而为其乡土文化自觉及其乡土文化素养的发展奠定了基础。但值得注意的是，在开放的就业环境下，我国政府在补充乡村教师的过程中普遍采用了"凡进必考"的政策，并在设置招考条件之时，侧重关注高校毕业生的学历、专业、教师资格认证等，忽略了对高校毕业生的个人成长经历、原生文化背景的关注。所造成的后果是大量的来自城市的"城市型"乡村教师被补充到了乡村教师队伍之中，而随着"凡进必考"政策的不断强化，这类乡村教师日益成为我国乡村教师队伍的主体，这对于乡村教师乡土文化素养的发展而言，实质上非常不利。

第二节 社会层面：乡土文化生态环境的涣散

乡土文化素养是乡村教师与乡土文化耦合而成的一种专业素养，其养成与发展离不开乡土文化生态环境的支持，良好的乡土文化生态环境是确保乡村教师乡土文化素养发展的前提条件。而乡土文化生态环境是农民与乡土文化、乡村自然生态环境交互作用的结果,农民、乡村自然生态环境、乡土文化是构成乡土文化生态环境的三个基本要素,一旦上述三者陷入困境,必然导致乡土文化生态环境的凋敝,进而危及乡村教师乡土文化素养的发展。然而反观现实后会发现,城镇化作为我国社会全面转型中的一种深刻的社会背景,造成了乡民的流动、村落数量的锐减、乡土文化转型等结果,从而危及了乡土文化生态环境,也危及了乡村教师乡土文化素养的发展。

一、乡土文化的传承载体濒临消失

首先,乡土文化传承的物质载体濒临消失。乡土文化是一种"人""乡""土"三者紧密结合的农耕文化形态。"乡"即乡村,是乡土文化传承的重要载体,其繁荣与昌盛直接关系到优秀乡土文化的传承与发展。但在城镇化进程中,出于经济利益与政治利益的需要,大量的村庄被撤销、搬迁、合并,大量的土地被征收、撂荒,大量的村庄出现了人口空心化的现象,我国村落的数量由此持续锐减。据统计,2000—2018年,我国村庄数量由原来的353.7万个降到了245.2万个,平均每年减少6.03万个;乡的数量也在逐年下降,由原来的2.76万个下降到1.02万个,平均每年减少966.67个[1]。而村落作为乡土文化的传承载体,承载了乡土物质文化、制度文化与精神文化,见证了乡土文化的历史文明与时代变迁。村落的持续锐减,必然会危及乡土文化的传承与发展。此外,乡村建筑同样是乡土文化传承的重要物质载体,凝聚了乡村人的乡村情感与生活记忆,书写了乡村社会的兴衰。但在城镇化的进程中,一些地方政府出于新农村的建设需要,破坏了大量的古民居、宗祠、庙宇、牌坊、戏楼等,取而代之的是新建的楼房。许多乡民虽然搬进了楼房,过上了舒适的生活,但同时他们也面临着无法种植、养殖的难题,这不仅违背了乡民真实的生活意愿,而且导致乡村的建设陷入了千村一面的窠臼之中。

其次,乡土文化传承的精神载体濒临消失。乡土非物质文化遗产是乡土文化传承的重要精神载体,但在城镇化的进程中,大量的传统艺人、工匠迫于生存压力相继改行,大量的传统工艺品、曲艺无人问津,大量的节庆仪式被市场化运作所取代,乡土非物质文化无可避免地走向了衰落。虽然近年来一些地方政府大力推动乡村旅游产业的发展,带动了农民的增产与增收,但在这一过程

---

[1]庄学村. 新型城镇化进程中乡村文化传承困境与路径分析[J]. 西安建筑大学学报(社会科学版)2020,39(4):42-49.

中,大量的乡土非物质文化遗产被包装成了可以随意买卖的商品,大量的农民与传统手工艺人转行成了乡村生态旅游景点的演员与推销员,致使乡土非物质文化遗产被市场元素所裹挟,其本该具有的文化底蕴正在被侵蚀殆尽。

二、乡土文化的传承主体面临断层

乡土文化生成于乡村民众的生产与生活实践之中,乡村民众是传统乡土文化最为重要的传承主体。但在城镇化的进程中,大量的乡村人口逃离了乡土,乡村社会日渐变成了以老弱妇孺为主体的空心社会。根据《2014年全国农民工监测调查报告》,分年龄段来看,农民工以青壮年为主,16～20岁占3.5%,21～30岁占30.2%,31～40岁占22.8%,41～50岁占26.4%,50岁以上占17.1%。农民工平均年龄也由35.5岁上升到38.3岁[1]。可见,乡村外出务工人群以青壮年人口为主体,这些乡民选择在城市务工、就业,其价值观念与行为方式无可避免地受到了城市文化的影响,在城市文化的冲击之下,他们逐渐在内心深处开始排斥乡土生活,其传承与发展优秀乡土文化的热情也在逐步减退。

乡村教师作为乡贤群体的一份子,他们自古以来就是乡土文化的重要传承主体。但在城镇化进程中,随着农村中小学教育布局调整政策的推行,大量的乡村学校进城,乡村教师由此被迫离开了乡土,这种"离土化"的经历必然会切断乡村教师与乡村社会、乡土文化之间的联系,进而导致乡土文化传承主体的进一步断层。农村中小学布局调整政策始于2001年,当年颁发的《国务院关于基础教育改革与发展的决定》中明确提出了因地制宜地调整农村义务教育学校布局的指导思想,又在同年召开的全国基础教育工作会议中将农村中小学布局调整列入发展农村义务教育要重点抓好的六项工作之一,全国大范围的农村学校布局调整由此拉开了序幕[2]21。其基本思路是撤并村小、教学点等小规模学校;中小学布局由农村向县镇、城市集中,出现了学校层面的流动与集中,即所谓学校进城的趋势[2]10。受这一政策的影响,我国农村的中小学逐渐由农村向县镇和城市集中,农村学校的数量持续锐减。以农村教学点为例,全国教学点的数量由2000年的178060个锐减到2010年的66941个,减幅达到了62.41%,平均每年减少11112个教学点[2]12。乡村学校数量的锐减意味着大量乡村教师流动

---

[1] 吕宾,俞睿.城镇化进城中乡村文化内生性建设[J].学习论坛,2016,32(5):55-59.
[2] 21世纪教育研究院.农村教育向何处去——对农村撤点并校政策的反思与评价[M].北京:北京理工大学出版社,2013:21;10;12.

到坐落于县镇、城市的寄宿制学校,乡村教师由此切断了与乡村社会之间的空间联系,这必然会造成乡村教师在情感上、生活上与乡土文化的疏离。

可见,在城镇化进程中,乡村社会之中出现了严重的人口空心化现象,加之那些谙熟乡土文化的老一辈人的逐渐故去,乡土文化传承的主体被日益抽空,乡土文化由此面临着传承主体断层的危机,进而危及了乡土文化生态环境。

三、乡土文化的价值内核日益式微

在城镇化进程中,基于现代工业化大生产的城市文化对传统乡土文化造成了猛烈的冲击。而政府作为乡村文化建设的重要主体,通常会将城市文化的建设模式移植到乡村文化的建设之中,城市文化由此对乡土文化的生存空间形成了挤压之势,加之受乡民自身文化资本存量的影响,优质的精英文化难以在乡村广泛传播,一些充满功利色彩的城市文化元素却在乡村社会大肆传播,传统乡土文化的精神内核日益式微。

首先,安土重迁的文化心理日益式微。传统乡土文化以小农经济为生产基础,小农经济严重依赖土地,土地是乡民赖以生存的物质生产资料与心理寄托。在中国传统的乡土社会之中,乡民通常会世代定居于某一土地之上,极少发生流动,造就了乡民安土重迁的文化心理。但在城镇化进程中,大量的村落被撤并、搬迁,大量的土地被征收、撂荒,大量的乡村青壮年劳动力进入了城市务工,从而改写了乡民与土地之间的关系,土地不再是他们赖以生存的生产资料、心理寄托,而是可以随意买卖、闲置的商品。在此背景之下,乡村的生产方式已然由传统的小农经济迈向了"半工半耕"的经济,即老人在家务农、青年人在外务工,或农忙时务农、农闲时务工,农村家庭的收入也由务农收入与务工收入两部分构成,其中务工收入往往在整个家庭经济收入之中占据着更大的比重。因而,目前我国的乡村民众十分依赖通过外出务工获取经济收入,乡民流动于不同城市务工已成为一种常态,于无形中瓦解了他们安土重迁的文化心理。

其次,乡村传统伦理日益式微。梁漱溟认为,中国传统乡土社会是一个伦理本位的社会,伦理即是社会关系[①]。伦理不仅形塑了乡民的价值观念与行为习惯,而且调节了乡村社会的各类关系。但在城镇化进程中,随着打工经济的兴

---

① 梁漱溟. 中国文化要义 [M]. 上海:学林出版社,1987:80.

起，乡民在交往中日益摆脱了传统伦理道德、人情面子的羁绊，开始考虑所谓的经济利益。部分研究者对这一现象进行了反思，认为中国乡村传统伦理的衰落导致产生了一大批缺乏伦理道德的乡民，这些乡民以谋求经济利益为重心，他们的生活充满了自利化色彩。而乡村伦理是调节乡村社会关系的重要标尺，乡村伦理的式微必然会造成乡村社会关系的紊乱，进而导致乡村社会秩序的失调。近年来乡村社会中赌博、淫秽、家庭暴力、遗弃老人等现象的沉渣泛起，即是很好的例证。

最后，乡土礼俗秩序日益式微。礼俗作为乡土熟人社会之中形成的一种地方性共识，以差序格局为社会结构基础，其侧重维护父子之爱、兄弟之谊，通过维护这种血缘关系，家庭就发展成为由诸多血缘关系构成的宗族共同体，即便在姓氏较为复杂的村落里，也能形成拟父子、拟兄弟的群聚共同体。儒家借助家庭关系想象与建构了各类社会政治关系，用父子类比君臣，用兄弟类比同僚，用婚姻来建构少数民族的关系，礼俗由此打通了家国关系，形成了内生型的乡村社会治理模式。但目前的中国政府采用了一种自上而下的乡村社会治理模式，乡村社会由此具有了半熟人社会与工具性差序格局的新特征[①]。半熟人社会是贺雪峰提出的一个概念，他认为当前的行政村由人民公社时期的生产大队演化而来，村民小组由生产大队下面的生产小队演化而来，人民公社时期的生产小队是彼时农民最基本的生产协作单位，也是一个小范围的熟人共同体。而生产大队则超越了村民亲密交往和熟识的范围，同一大队村民之间相互熟识但不知根底。改革开放后，生产小队逐步瓦解，生产小队以前的功能逐步被村委会所代替，村民同村委会的联系有所增加，但这种联系只限于同村干部之间的交往，村民与其他小组的村民之间并不相互熟悉。在此背景之下，村民小组依旧是一个熟人圈子，但行政村内部人与人之间则相互疏远，只能算作半熟人社会[②]。半熟人社会的基本单位是行政村，乡民之间较少进行交往，从而无法形成统一的行动力。加之市场经济原则的渗透，传统的差序格局逐步走向了工具性差序格局，工具性差序格局建立在利益关系之上，成员之间的关系越亲密，他们彼此之间的利益联系就越紧密，乡民对血缘关系、地缘关系日益淡漠，其单子化特征得以显现，传统礼俗秩序的式微自然是不言而喻。

[①] 张晓琴. 乡村文化生态的历史变迁及现代治理转型［J］. 河海大学学报（哲学社会科学版），2016，18（6）：80-86，96.

[②] 陈柏峰. 半熟人社会——转型期乡村社会性质深描［M］. 北京：社会科学文献出版社，2019：3.

总之，在城镇化进程中，乡土文化的传承主体、传承载体、价值内核等均面临着严峻的生存危机，从而危及了乡土文化的生态环境，致使乡村教师虽置身于乡土之中，却难以认同乡土文化，难以感受到乡土文化的独特魅力，其乡土文化素养的发展也就无从谈起。

第三节 高校层面：乡村教师培养模式的"离土化"

"模式"是针对现实问题的解决而形成的有效功能样式，其基于理论指导，来源于实践，又能指导实践，同时模式形成后可以在适当的领域重复，解决同类问题，实现相应的功能[1]。据此理解，乡村教师培养模式就是乡村教师培养主体在培养乡村教师的过程中所形成的有效功能样式或标准样式，是一个综合性的概念，融乡村职前教师培养与在职教师培训于一体。乡村教师培养模式直接关涉到乡村教师培养内容，以及乡村教师对乡土文化的感知与体验，进而影响其乡土文化素养的形成与发展。2018年，教育部等部门在《教师教育振兴行动计划（2018—2022年）》中明确提出："在师范生和在职教师中广泛开展中华优秀传统文化教育，注重通过中华优秀传统文化涵养师德，通过经典诵读、开设专门课程、组织专题培训等形式，汲取文化精髓，传承中华师道。"[2]可见，乡土文化作为中国传统农耕文化的重要体现，应该被融入乡村教师培养的内容之中，这既是开展优秀传统文化教育的内在要求，也是推动乡村教师乡土文化素养发展的应有之义。然而反观现实后我们会发现，目前我国高校在培养乡村教师的过程中奉行了一种"离土化"的模式，这一模式切断了师范院校与乡村学校、乡村社会之间的联系，致使乡村教师的培养脱嵌于乡土场域以外，从而制约了乡村教师乡土文化素养的发展。

---

[1] 肖起清. 新师范背景下乡村教师教育新模式探索与实践[J]. 国家教育行政学院学报, 2021（10）：31-37, 46.
[2] 教育部. 教师教育振兴行动计划[EB/OL]. [2018-03-22]. http://www.moe.gov.cn/srcsite/A10/s7034/201803/t20180323_331063.html.

一、乡村职前教师培养模式的"离土化"

（一）乡村职前教师培养内容的"离土化"

乡村教师培养主体是指承担乡村教师培养任务的机构或部门，21世纪以前，我国乡村教师的培养任务主要由中等师范学校承担。为了满足当时乡村学校的师资需求，政府几乎在每个县都设立了一所中等师范学校。但自21世纪末以来，在高等教育大众化浪潮的裹挟之下，人们的受教育需求与日俱增，从而于无形中推动了乡村师范教育体制的变革，那些曾经担负着乡村教师培养任务的中等师范学校、高等师范专科学校相继被撤销、合并乃至升格，中等师范学校黯然退出了历史的舞台，乡村教师培养的主体由此转变为师范类院校或综合类院校的教师教育学院。纵观世界各国的师范教育制度，大致可以分为三个类型，即"定向型""非定向型""混合型"。"定向型"师范教育制度主要由独立的师范院校来培养师资；"非定向型"师范教育制度主要由普通高等院校来培养师资；"混合型"师范教育制度既由独立设置的师范院校来培养师资，又通过普通高等院校来培养师资。在这三者中，"非定向型""混合型"的师范教育制度需要满足特定的标准，其中的一个重要标准是这一国家的国民收入占有量（人均GNI）达到2000美元左右[①]。而我国是一个城乡二元分立的国家，乡村的经济发展水平明显滞后于城市，唯有采用以"定向型"为主的师范教育制度，方能适应乡村社会发展的实际需要。为此，自2007年起我国在教育部直属的师范类高校推行了公费师范生政策，通过提前录取、自主招生、免除学费、定向就业等举措，吸引了大量的优质生源，由此开启了对"定向型"师范教育制度的探索之路。迄今为止，国内绝大多数的高校已经开始招收定向公费师范生，这在极大程度上赓续了当年中等师范教育的精神，确保了乡村师资供给的有效性与优质性。

目前，我国乡村教师的培养模式主要有三种，即全科型模式、分科型模式和分向综合型模式。其中，全科型模式的目的在于培养全科教师，分科型模式的目的在于培养分科教师，而分向综合型模式则以"分向发展、综合培养"为质量标准，"分向发展"是把小学教育专业分为文和理两个方向，以语文或数

---

① 李静美.当前我国乡村教师补充的核心问题探讨[J].教育理论与实践，2020，40（4）：50-54.

第五章 乡村教师乡土文化素养发展困境的成因剖析

学某类学科课程主干方向培养;"综合培养"是指师范生除了具备任教一门主干课程教学之外,还能适应小学素质教育要求,具备从事中小学教育所需要的基本知识、专业素质和教学技能,养成具备从事中小学其他课程的综合素养和教学能力[①]。就乡村学校的教学实际而言,其更加需要全科型教师,但全科型教师对师范院校的师资及师范生本人的素养均提出了较高的要求,如若缺乏高标准的培养师资,就很难达成令人满意的成效。在此背景之下,分向综合型培养作为一种折中的培养模式,受到了广大高校的青睐。经过不断的探索,一些高校形成了较为稳定的乡村教师培养模式,提供了值得借鉴的经验,但仍然存在诸多问题,其中的一个突出问题就是课程设置的"离土化"现象(表5-1)。

表5-1　X学院小学教育专业的课程设置表

课程类别	课程名称
通识类课程	《思想道德修养与法律基础》《中国近现代史纲要》《马克思主义基本原理概论》《形势与政策》《军事理论》《大学英语》《大学计算机理论基础》《大学生心理健康教育》《大学生就业与创业指导》
教育类课程	《教育学原理》《课程与教学论》《教育心理学》《儿童发展心理学》《中国教育史》《外国教育史》《普通心理学》《教育科学研究方法》
学科类课程	《小学教育专业导论》《高等数学》《小学数学基础理论》《数学方法论》《现代汉语》《中国古代文学》《中国现当代文学》《外国文学》《美术基础》《儿童画创作与指导》《手工制作》《音乐基础》《钢琴伴奏》《舞蹈基础》《教师口语》《写字训练》《小学综合实践活动设计》《小学德育与班队工作》《儿童与媒介教育》《儿童文学》《小学数学教材教法》《小学语文教材教法》《自然科学基础》《社会科学基础》
专业选修课程（文科方向）	《写作》《文学理论》《古代汉语》《中国古代文学作品选》《中国现当代作家作品研究》《小学课文朗读训练》《教育管理学》《中外教育名著选读》《课堂观察与研究》《儿童与教育哲学》《教师职业道德与礼仪》《教育统计与测量》《农村基础教育研究》《小学学科课程与教学指导》《心理健康教育概论》《社会心理学》《心理测量与评估》《SPSS》《特殊儿童心理与教育》《小学生心理辅导》《国画基础》《少儿舞蹈创编》《泥塑与陶艺》《合唱与指挥》《钢琴与声乐》

---

①李梅.精准扶贫背景下民族地区乡村教师培养模式研究[J].西藏大学学报(社会科学版),2019,34（1）：216-220.

（续表）

课程类别	课程名称
专业选修课程（理科方向）	《线性代数》《解析几何》《数学思维与解题方法》《概率论与数理统计》《人工智能与生命科学》《中国现当代作家作品研究》《教育管理学》《中外教育名著选读》《课堂观察与研究》《儿童与教育哲学》《教师职业道德与礼仪》《教育统计与测量》《农村基础教育研究》《小学自然科学教育》《小学学科课程与教学指导》《心理健康教育概论》《社会心理学》《心理测量与评估》《SPSS》《特殊儿童心理与教育》《小学生心理辅导》《国画基础》《少儿舞蹈创编》《泥塑与陶艺》《合唱与指挥》《钢琴与声乐》
实践类课程	《军事训练》《计算机应用技术》《教育实习》《教育见习》《社会实践》《毕业论文》《声乐》《器乐》《舞蹈》《简笔美术》《手工制作》《普通话》《写字训练》《试讲》
学分	156学分（通识类课程40学分，专业课学分78学分，实践类课程38学分）

可见，高校的课程主要包括四类，即通识类课程、学科类课程、教育类课程、实践类课程。其中，"通识类课程"凸显了师范教育的综合性，"学科类课程"凸显了师范教育的学术性，"教育类课程"凸显了师范教育的师范性，"实践类课程"凸显了师范教育的实践性。在理想的状态下，上述四类课程的设置应该达到均衡，这是确保师范教育质量的重要前提。反观X学院小学教育专业的课程设置后我们会发现，这所师范院校采用了一种"分向综合型"的培养模式，即在注重培养师范生全科素养的基础上，采用了文、理分科的制度设计。其中，文科方向旨在为乡村学校培养语文等学科的教师，理科方向旨在为乡村学校培养数学等学科的教师，但文科方向的师范生仍然需要学习《小学数学基础理论》《数学方法论》等课程，理科方向的师范生仍然需要学习《中国现当代文学》《现代汉语》等课程。因而，文科方向与理科方向的课程设置并非完全对立，而是存在相通之处，这样培养出来的乡村教师既具备广博的文化素养，也具有特定的学科专长，能够满足乡村学校对全科教师的需求。但其仍然存在如下不足。其一，学科类课程居于主导地位，淡化了师范生的双专业特征。小学教育作为启蒙教育，具有较强的综合性与基础性，教师的专业知识不在于专和深，而在于广和博。学科专业知识的多寡并不能决定教师的教学质量，教师的教育教学理论知识同样在教育质量的提升中发挥着重要的作用。但上述师范院校的课程设置方案以学科专业类课程为主导，未能彰显师范生的双专业属性。其二，理论课程居于主导地位，淡化了师范生的实践属性。2017

年，教育部颁发的《普通高等学校师范类专业认证实施办法（暂行）》明确提出，师范类专业认证要以"学生为中心、产出导向、持续改进"为基本理念，体现师范生的实践属性[①]。其中，"产出导向"的理念要求师范院校按照师范生核心素养的发展需要，凸显师范生实践智慧的重要性。为了落实这一理念，师范院校就应该要求师范生参与教育教学实践，在"做教师"的过程中养成与发展实践智慧。但上述师范院校的课程设置方案以理论课程为重心，未能凸显师范教育的实践属性。其三，普适性课程居于主导地位，淡化了师范生培养的乡村指向。与普通师范生相比，地方师范院校的定向公费师范生在入学之前就已经与原户籍所在县的教育局签约，他们将来的就业方向就是去乡村学校任教，这就需要地方师范院校在设置课程方案之时，能够考虑到乡村教育教学的实际需要，开设诸如《乡村教育学》《乡土文化教育专题》《乡村留守儿童心理健康教育》《乡村社会发展导论》《乡村教师职业道德与修养》《全科教师专业发展》等选修课程，促使定向公费师范生能够了解乡村教育及乡土文化。而上述师范院校的课程设置很少涉及乡土文化元素，仅有一门《农村基础教育研究》有所涉及，但仅有2个学分。这固然有助于提升师范生的一般性专业素养，夯实其专业发展的基础，却造成了师范院校与乡村教育、乡土文化长期处于隔绝的状态。关于这一问题，参与此次访谈的高校教师可谓感同身受，他们表示：

"我们学院小学教育专业的课程设置方案渗透了综合培养、学有所长的指导思想，在整体上符合本专业的人才培养要求。至于说不足嘛，我认为还是缺乏特色。我们学院招收的定向公费师范生大多来自本市或邻近的市，属于经济欠发达地区，乡村的小规模学校及教学点居多，许多学区存在一师一校的情况。在这些学校任课的乡村教师不仅需要具备城乡教师共通的专业知识与能力，而且需要谙熟乡土民情、了解乡土生活、掌握乡土文化资源的利用与开发，只有这样，我们培养的公费师范生将来才能适应乡村教育教学环境，但遗憾的是学院开设的课程没有涉及上述内容。"
（HT1教师）

"我们学院小学教育专业的课程设置处于一个不断完善的过程，相

[①] 于海忠，李莹洁. 学术性与师范性之争的综合性大学师范教育归宿：实践性——基于师范类专业认证理念的视角［J］. 黑龙江高教研究，2021，39（2）：82-86.

信在大家的共同努力下会日臻成熟。至于说不足嘛，我认为还是理论与实践相脱节。虽然小学教育专业的一些课程具有普适性，但有些课程并非如此，如语文教法课，需要任课教师具备乡村生活经验、了解乡土文化，毕竟语文来源于生活嘛，但遗憾的是这一问题并未引发领导的重视。"
（HT2教师）

可见，目前我国乡村职前教师的培养内容呈现出鲜明的"离土化"倾向，乡土文化元素未能在高等院校的课程设置中得到体现，致使定向公费师范生难以体认乡土文化的独特魅力，进而阻碍了其乡土文化素养的发展。

（二）乡村职前教师培养方式的"离土化"

高等院校作为师范生的培养主体，其在培养公费师范生的过程中，不仅需要考虑公费师范生的主体发展需要，而且需要考虑乡村教育教学的实际需要。对于前者而言，高等院校需要秉持以人为本的原则，培养公费师范生的主体意识，引导他们自主发现问题、探究问题、解决问题；对于后者而言，高等院校需要通过教育实习、见习、社会实践、毕业论文、专题调研等实践环节，为公费师范生、乡村职前教师提供体验乡村教育、乡土文化的机会。为此，《教育部关于大力推进教师教育课程改革的意见》规定，师范生到中小学和幼儿园教育实践不少于一个学期[1]。研究者进行了专门调研，具体情况见表5-2。

表5-2　X学院小学教育专业实践类教学环节的安排表

层次类别	序号	课程代码	课程名称	学分	周数/学时	开课起止周	一	二	三	四	五	六	七	八
基础实践	1	9400028	军事训练	2	2周	1-2	√							
	2	9000007	劳动实践	1	1周					√				
	3	9000008	社会实践	2	2周		√							
			小计	5	5周									

---

[1] 李梁. 师范院校教育实践课程探索——以温州大学小学教育专业为例[J]. 教育研究，2017，38（4）：152-158.

第五章 乡村教师乡土文化素养发展困境的成因剖析

（续表）

层次类别	序号	课程代码	课程名称	学分	周数/学时	开课起止周	一	二	三	四	五	六	七	八
集中实践环节	4	9041530	学年论文	1	1周					√	√			
	5	9000003	教育见习	5	5周	5-5	√	√	√	√	√			
	6	9041531	专业技能训练	5	5周	5-5		√	√	√	√			
	7	9000004	教育实习	12	16周	1-16							√	
	8	9000005	毕业论文/设计	8	8周	1-15								√
			小计	31	39周	1-15								
个性培养实践	9	9041532	创新创业实践	2							√			
	10	9041533	教育学科竞赛训练	2					√					
	11	9041534	小学教师资格证考试指导	2							√			
	12	9041535	专业技能考级培训指导	2						√				
			小计	2										
			合计	38	40周									

说明：实践教学环节38学分，其中基础实践5学分，专业实践-集中实践环节31学分，个性培养实践最低选修2分。

可见，上述师范高校小学教育专业的教育实践环节并非集中于某一学期，而是贯穿于整个本科阶段。单就学时而言，其达到了40学周，远远超出了《教师教育课程标准（试行）》中规定的18学周的下限。为了了解教学实践环节的实施成效，研究者专门访谈了这所院校小学教育专业的公费师范生，他们表示：

"学院几乎每学期都会安排我们去乡村学校进行为期一周的见习，地点就固定在郊区的几所乡村学校，这些学校距离城市较近，已经完全被城市教育同化了，缺乏乡土气息。试讲一般安排在大三，每位学生需要试讲三次，时间是一周，地点固定在教育学院的多媒体教室，指导教师由教育学院的教师担任，由于脱离了真实的乡村教育情境，所以效果差强人意。我认为实习、社会实践、毕业论文写作等环节有助于加深我们对乡村教

育、乡土文化的了解，但学院在这些方面的管理比较松懈，建议加强对这些环节的监督与管理。"（HS1学生）

"我觉得教育实践环节对我的帮助不大，就拿实习来说吧，学院采取了自主实习与集中实习两种形式，自主实习由学生本人申请，面向的是那些考研的学生。集中实习由学院统一安排，时间在大四第一学期，地点固定在学校周边县区的几个乡村学校，每个实习点会安排专门的实习带教老师。但我感觉时间上仍然很仓促，因为我们一般是9月中旬进校实习，12月中旬的时候回校，短短三个月的时间，我们对乡村教育只能是走马观花式的了解，无法触及乡村教育的本质。此外，由于我们是实习生，乡村学校一般不会给我们安排任何教学任务，我们实质上被边缘化了，我觉得顶岗置换的实习方式可能更加具有成效。"（HS2学生）

可见，X学院专业教育实践环节仍然存在一些突出问题，具体表现为公费师范生的实习时间过于短促、教学实践环节缺乏监督与管理、试讲指导教师缺乏乡村教学经验等。这些问题反映出了师范院校在教学实践管理方面的松懈，同时也在深层次上折射出了目前我国乡村教师培养的一个根本性误区，即重视对师范生理论知识的培养，忽略了对其乡村性教育教学实践能力的培养。通过这种"离土化"方式培养出来的乡村教师虽然具备扎实的理论素养，但普遍缺乏融入乡村教育、乡土文化的意识与能力，其乡土文化素养的发展自然无从谈起。

二、乡村在职教师培训模式的"离土化"

乡村教师置身于乡土场域之中，其专业发展具有地方性、文化性、个体性等特征，乡村教师的培训应该嵌入乡土文化场域。如果培训者能够将乡村的自然、历史、人文等方面的知识融入乡村教师培训的内容之中，必然有助于乡村教师形成相似的价值观念与专业发展愿景。但事实上，目前我国的乡村教师培训模式大致可以分为基于能力素质提升的培训模式、基于方式改进的培训模式以及基于学生视角的培训模式[①]。其中，基于能力素质提升的培训模式是主导模式，这类培训通常由地方师范院校负责组织与实施，采用集中培训、在线研

[①] 肖庆华. "论基于主体诉求"的乡村教师培训[J]. 中国教育学刊, 2020 (8): 93-96.

修、顶岗置换等形式，在培训的过程中，培训者注重向参训教师传递系统性的理论知识与技能。其优点在于能够在短期内提升乡村教师的共通性专业知识能力，缺陷在于忽略了对乡村教育教学实践的关注，未能处理好理论知识与乡村教师教学实践之间的张力问题。后两类培训模式一般由县域教师培训中心或乡村学校负责实施，采用校本研修、教学观摩、教学反思、教学研讨、线上教育等形式，其优点在于培训的成本低、形式灵活，能够有效解决乡村教师的工学矛盾，缺陷在于容易导致乡村教师仅仅关注其日常的教育教学经验，从而陷入一种低水平的、自我封闭式的探索之中，在一定程度上阻碍了其理论素养的提升。此外，近年来各地陆续兴起了包括城乡合作、地域合作、校地合作、校际合作等在内的具有合作性质的乡村教师培训模式，这类培训通常采用线上平台交流、送教下乡、城乡教师结对子等形式，有助于乡村教师通过城市教师的帮扶提升其教育教学能力，但其未能考虑到城市教师的教育教学方法之于乡村学生的适切性问题，同样收效甚微。因而，尽管改革开放以来我国乡村教师的培训取得了长足的进展，但由于培训模式的局限性，其仍然存在着诸多难以克服的缺陷，致使我国的乡村在职教师培训工作仍然十分薄弱。在提及乡村教师培训之时，一线乡村教师可谓感同深受，他们表示：

"我参与了两次国培计划，培训地点都在我们当地的师范院校，采用集中培训的形式，侧重学习理论知识。在培训的过程中，专家也会安排我们到市里的学校现场观摩公开课的教学，但我感觉收获不多。因为公开课教学本身具有较强的设计痕迹，课堂教学中的各个环节都是经过精心准备的，甚至经过了预演，这与乡村学校真实的课堂教学情境之间存在着差别，对于诊断与解决乡村教育教学的实践问题无所裨益。至于乡土文化方面的培训嘛，我觉得这个当然重要了，因为乡村学校的教育内容应该与乡村学生的生活相结合，遗憾的是这方面的内容在培训中几乎没有涉及。"（T7教师）

"我参加工作时间不久，仅仅参与了一次由县里教育局组织的教师短期集中培训，时间是一周。培训专家包括教研员、师范院校的教育专家、一线骨干教师等。通过培训我了解到崭新的教育理念与方法，拓宽了教育视野。至于说不足嘛，我认为还是以城市化为导向，未能考虑到乡村教师教育教学的现实需要。"（T8教师）

可见，目前我国的乡村教师培训呈现出鲜明的"离土化"倾向，乡村教师培训的内容与方式均参照城市教师培训。这固然有助于在短期内提升乡村教师的专业素养，促使城乡教师专业素养的均衡发展，却忽略了乡村教师教育教学实践的独特性，致使乡村教师培训脱嵌于乡土场域以外，乡村教师由此在培训中难以感知与理解乡土文化，也难以了解如何利用与开发乡土文化资源，进而制约了其乡土文化素养的发展。

第四节 乡村学校层面：乡土文化教育的不足

乡土文化教育是对乡村社区的少年和农民进行的具有本地区文化特征和优秀传统文化特色的教育活动[1]。这一教育活动充分体现了乡村教师对乡土知识的理解程度、对乡土文化资源的利用与开发程度，直接影响乡村教师的乡土文化传承实践，进而影响乡村教师乡土文化素养的发展。从严格意义上讲，完整的乡村学校必须是"在乡村、是乡村、为乡村"的学校，"在"地理空间的意义，为后两者提供了基础；"是"社会文化的角度，是对乡村学校存在特质的认可，为后者提供了可能；"为"强调功能与价值，意味着乡村学校在与乡村社会的互动中促进乡村的学生、文化及社会的发展[2]。可见，乡村学校本然地担负着乡土文化功能，其应该成为传承与发展优秀乡土文化的重要阵地。乡村学校实现乡土文化功能的重要路径是开展乡土文化教育，乡土文化教育自古以来就是乡村学校教育的重要内容。在中国传统的乡土社会中，无论是夏商时代的庠、序，还是周代的乡学，其在传播知识的同时，都担负着教化乡村民众、祭祀庆典、群体议事等职能。借此，乡村学校具有了特色，而乡土文化则具有了新的形式与内容，乡土文化与乡村学校水乳交融、互融共生。但在现代化的进程中，乡村学校教育无可避免地被纳入了标准化的发展轨道，教育目标的确立、教材的选取、课程的设置、教学质量的评价都遵从城乡统一的标准，致使其丧失了与乡村社区、乡土文化之间应有的互动，乡土文化教育长期处于一种缺位的状态。

---

[1] 高维.乡土文化教育：乡风文明发展根基[J].教育研究，2018，39（7）：87-89.
[2] 周晔，徐好好.乡土文化功能：乡村学校评价内容的革新与发展[J].当代教育科学，2021（2）：53-58.

一、乡土文化教育价值的隐匿

受乡村教育城市化导向的影响，目前我国的乡村学校教育奉行一种"离农"取向的教育目标，这一目标取向认为乡村学校教育应该立足于城市主流文化，培养掌握现代科学知识与技术、服务城市现代化建设的人才，其内核在于将乡村学校教育定位于为城市高一级学校输送人才。这一教育目标在本质上服务于应试教育，在提升乡村学生的文化资本、改变其阶层身份方面发挥了重要作用。但缺陷在于以应试教育为指挥棒，侧重传递系统化的理论知识体系，忽略了对乡村学生的人格及精神世界的关注，从而于无形中助长了乡村学校教育的功利化倾向，致使其沦为了应试教育、学生谋生的工具，正如被访谈的乡村教师所言：

"虽然目前国家倡导推行素质教育，各个学校也在竭力打造一校一品特色教育，但学生的学习成绩仍然是教育局领导、学校领导、学生家长等最为关切的问题。我认为升学是促使孩子走出大山、改变个人命运的重要路径。乡村学校教育的主要目标是服务于应试教育，为高一级学校输送人才。"（T9教师）

"目前我们国家的乡村教育陷入了一种误区，即各类教学改革名目繁多，但内里仍然是一种应试教育，应试教育就是要关注学生的学习成绩，这是难以改变的事实。至于说乡土文化教育嘛，我认为这类教育有助于在教学内容与学生的生活之间建立关联，加深学生对抽象书本知识的理解，提升教师的教学成效。但在整个应试教育背景下，学校以提升学生的考试成绩为目的，乡土文化教育只能是应试教育的一种调节或补充。"（L1校长）

可见，T9教师认为乡村学校教育的目标应该服从应试教育，为高一级学校输送人才；L1校长虽然肯定了乡土文化教育的重要作用，但其仍然将乡村学校教育的目标定位于服务应试教育，认为乡土文化教育只是应试教育的一种补充形式。深究这两位被访谈者的观点，我们不难发现，乡村学校的领导与教师始终将乡村学校教育的目标定位于应试教育，这无疑窄化了乡村学校教育的目标，致使乡土文化教育在乡村学校教育中无法受到重视，其价值长期处于一种被隐匿的状态。

二、乡土文化教育形式的单一

乡土文化教育作为乡村学校不可或缺的教育形式，既有助于传承与发展乡土文化，也有助于滋养学生的人格及其精神世界，更有助于培养乡村教师的乡土文化素养，推动其走向高质量发展的道路。我们需要从文化与教育两个角度来审视乡土文化教育的价值，并且这两者的侧重点有所不同。前者的侧重点在于以乡村学校为依托传承乡土文化，主要通过编写乡土教材、开发乡土课程、开展乡土综合实践活动等路径实现；后者的侧重点在于将乡土文化资源转化为教学资源，辅助国家课程的教学，主要通过教学渗透的路径实现。但反观现实后会发现，乡土文化教育实质上一直处于一种"食之无味、弃之可惜"的尴尬境地。一方面，每当提及乡土文化教育，无论是校长还是一线的乡村教师，都能谈到乡土文化教育之于乡村学生健康成长的价值；但另一方面，每当提及乡土文化教育的实施现状，一线的乡村教师总会表现出诸多无奈，他们表示：

"我认为乡土文化教育有利于滋养学生的人格及其精神世界，有效地推进素质教育的实施，但我们学校在开展乡土文化教育之时仍然存在着较大的困难。首先，没有时间与精力。我们学校的专职教师只有5人，其中包括1位即将退休的教师，学校的课基本上都压在年轻教师的肩上，4位年轻教师每人每学期至少要上两门课程。除此以外，我们还需要在各类政治学习、学生心理健康教育、学区各类教学检查等方面耗费大量的时间与精力，更别提开展乡土文化教育了。其次，没有能力。我们学校除了一位老教师外，其余4位教师均来自城市，他们本身并不了解乡土文化，不熟悉乡土生活，更别提开展乡土文化教育了。最后，没有积极性。新课改虽然强调教学与生活相联系，但在现实中，学生的考试成绩依然是领导、教师及学生家长最为关切的问题，我们一般会围绕课程大纲、教材组织教学内容，缺乏开展乡土文化教育的自主性。"（L2校长）

"我是教语文的，我感觉乡土文化教育对我自身的教育教学很有帮助。比如，有些学生一提到写作文，就感觉到茫然无措，缺乏写作素材。我会要求学生在课外收集我们当地的自然资源及民俗文化资源（实物、图像、故事、歌谣、影音资料等），并开展了以乡土生活为主题的系列作文教学活动，取得了不俗的教学成效。至于编写乡土教材、开发乡土课程嘛，我们全县仅有几所学校有所涉及，并争取到了配套经费。"（T10教师）

"我们当地有着非常丰富的乡土文化资源，这些资源如果能够被充分开发与利用，就有利于培养学生的乡土文化自信意识，促进他们的健康成长。但我认为我们学校在开展乡土文化教育方面，仍然面临着重重困难，其中较为突出的一个困难是缺乏师资。我们学校的地理位置较为偏远，这几年虽然陆续分来了一些具有本科学历的教师，但都把这里当作一个暂时过渡的地方，过段时间基本上都被调走了，留下来的教师都是一些年龄偏大、学历偏低的教师，他们的思想较为保守，主要以教学大纲、统编教材为依据组织教学内容，缺乏开展乡土文化教育的意识与能力。"（T11教师）

可见，L2校长充分肯定了乡土文化教育在促进学生人格成长方面的重要作用，但他认为自己所在学校在开展乡土文化教育方面存在着重重困难，并将这些困难归结为一种师资困境；T10教师通过教学渗透的路径开展了乡土文化教育，并取得了不俗的教学成效；T11教师虽然肯定了乡土文化教育在培养乡村学生的乡土文化自信、促进其健康成长方面的重要价值，但她认为自己所在学校在开展乡土文化教育方面存在着诸多困难，其中较为突出的困难是缺乏师资支持、专家支持等。深究上述被访谈者的观点，我们会发现，在认知层面，虽然乡村学校的校长与教师已经意识到了乡土文化教育之于乡村学生健康成长的重要价值，但他们忽略了乡土文化教育之于乡村文化振兴、高质量乡村教师队伍建设的重要价值，这无疑弱化了乡土文化教育的价值，陷入重视乡土文化的教育价值，轻视其文化传承价值的窠臼之中；在实践层面，虽然一线的乡村教师在乡土文化教育方面进行了探索，但他们主要采用教学渗透的形式开展乡土文化教育，未能通过乡土教材、乡土课程等有效地传承乡土文化，致使乡土文化教育仍然停留于一种浅表化、碎片化的阶段。

三、乡土文化教育评价的缺位

教师评价是一种对教师表现进行价值判断的过程，目的在于为提高教师水平和教育质量提供决策参考①。教师的教学质量评价是整个乡村学校教育质量评价中的重要维度，也是最为复杂的一个维度，可以从多个视角进行研究，其中一个重要的视角是文化学视角。站在文化学的视角分析，教师评价是一个价值判断的过程，价值是文化精神的核心。而文化精神作为积淀在社会生产过程及产物中的人类精神，具有广泛的渗透力与影响力，是整个人类社会文化的核心，正因为如此，许多学者在研究文化时，将价值作为文化的核心②。可见，教师评价作为一个价值判断的过程，植根于特定的社会文化环境之中。对于乡村教师而言，他们置身于乡村之中。乡村兼具物理空间与文化空间的双重属性，乡土文化作为乡村的原生文化形态，在潜移默化中滋养着乡村教师的价值观念与行为方式，乡村教师应该具有基本的乡土文化自觉，这是他们融入乡村环境、扎根乡村教育的先决条件。乡村教师乡土文化自觉的实质是乡土文化的价值自觉，需要乡村教师在充分体认乡土文化价值的基础上，根据乡村学生及社会发展的需要，有所选择地将优秀的乡土文化元素渗透至乡村学校的教育内容之中。因此，乡村教师评价植根于乡土文化的土壤之中，需要乡村学校在评价乡村教师之时，能够考虑到乡土文化的传承需要，将乡土文化教育纳入乡村教师评价的指标体系之中。

但在事实上，现阶段乡村学校在评价乡村教师的过程之中，侧重采用标准化的指标体系，忽略了对乡土文化教育的关注，致使乡村教师评价呈现出一种文化脱域的特点。"脱域"作为一个学术概念，最早由英国的社会学家吉登斯提出，指的是社会关系从行动者的在场空间中分离出来，行动者的社会关系有多种模式，文化关系是其中的一种。"文化脱域"是指个体所接受的文化熏陶从其身体所处的在场化环境空间脱离出来，嵌入异地的空间之中③。其具体表征如下：在评价导向方面，乡村学校教师评价以利益导向与资格导向为主，前者将乡村教师评价与乡村教师个人的经济收益相关联，后者将乡村教师评价与乡村教师个人的任职资格相关联，致使其被异化为对乡村教师进行分层、鉴定的工具，陷入了工具理性主义的桎梏之中，贬抑了乡村教师作为整全人的发展需

---

① 梁文艳，杜育红. 基于学生学业成绩的教师质量评价——来自中西部农村小学的证据[J]. 北京大学教育评论，2011（3）：105-120，191.

② 丁念金. 素质文化视野中的教师素质评价思路[J]. 湖南师范大学教育科学学报，2012（2）：44-47，72.

③ 朱镜君. 走出乡土、文化脱域与城乡融合——农村教育精英的社会流动张力研究[J]. 教育研究与实验，2021（6）：11-19.

第五章 乡村教师乡土文化素养发展困境的成因剖析

要。在评价主体方面，乡村教师评价一般由教育行政部门的领导、学校领导、一线骨干教师、教研员等群体构成，但囿于唯上性逻辑的限制，领导几乎控制了乡村教师评价的话语权，广大一线乡村教师在评价中几乎处于失语的状态。在评价内容方面，乡村教师评价的指标体系以量化指标为重心，这种指标侧重衡量乡村教师的一般性专业素养，具有去情境化、去本土化特征，忽略了对乡土文化的关注，遮蔽了乡村教师评价的文化属性。在评价方式方面，乡村学校在评价乡村教师之时侧重采用终结性的评价方式，这种评价方式是一种短期的、外控式的评价方式，其看似精准、科学，却将乡村教师评价与其教育教学过程相剥离，遮蔽了乡村教师评价的过程性。因此，目前乡土文化教育在乡村教师评价中长期处于一种缺位的状态，从而制约了乡村教师乡土文化素养的发展，参与此次访谈的乡村教师表示：

"目前我国乡村学校教育中存在的最大问题是学生所学的书本知识与其自身的乡土生活经验相脱节，学生难以理解书本知识的内容。因此，我认为我们很有必要开展乡土生活教育、乡土文化教育。但教育行政部门、教育督导机构、乡村学校在评价乡村教师之时，侧重采用城乡教师通用的评价标准，这一套评价标准以城市教师所处的教育教学环境为参照，乡土文化教育未被包括在内，致使我们现在普遍缺乏开展乡土文化教育的积极性。"（T12教师）

"无论是上级教育行政机构，还是乡村学校，在评价乡村教师的过程中，都非常看重学生的考试成绩，虽然现在学校已经不要求对学生的考试成绩进行排名了，但学生的考试成绩依然是学区领导、教学督导、校长们最为关切的问题，他们主要以此为依据评价乡村教师的教学业绩并划分等级，评价的结果通常与乡村教师个人的评奖评优、年终考核、职称晋升等直接挂钩。"她顿了顿补充道："实质上在教学点任教的教师压力相对比较小，因为就那么几个学生、几个老师嘛，但像我们这种乡镇九年一贯制学校，教师的教学压力还是比较大的。学区领导要升迁嘛，教师要晋升职称嘛，所以大家只能一门心思地提升学生的学习成绩，没有时间也没有精力搞乡土文化教育。"（T13教师）

"目前上级教育行政部门在对乡村教师进行评价之时，主要采用了评价城市教师的那一套标准。为了满足评价的标准，在面对上级的课堂教学检查之时，我们通常会提前在网上观摩城市教师的公开课视频，然后依据他们的教学理念与行为，精心设计课堂教学过程的每一个步骤、每一个环节，力求做到精准、规范。但乡村学生的生活环境与城市学生有差异，如果我们在课堂教学中忽视这种差异，一味地向城市教师看齐，不仅不利于提升课堂的教学质量，也不利于促进学生的健康成长，因而我本人比较提倡开展乡土文化教育，最起码这种教育考虑到了学生的成长需要。"

（T14教师）

可见，T12教师比较赞同开展乡土文化教育，但由于现阶段我国的教师评价标准未能将乡土文化教育纳入其中，致使其缺乏开展乡土文化教育的积极性；T13教师认为自己缺乏时间、精力开展乡土文化教育，原因在于上级教育行政部门在对乡村教师进行评价之时，比较注重学生的学习成绩；T14教师虽然比较赞同开展乡土文化教育，但受制于城市化的教师评价标准的制约，致使其在教学考核中倾向于模仿城市教师的教育教学实践。深究上述被访谈乡村教师的观点后发现，乡村教师在开展乡土文化教育方面，陷入了"应为"与"难为"的尴尬境地。一方面，他们已经意识到了乡土文化教育在提升其教育教学质量、促进乡村学生健康成长方面的重要价值；但另一方面，受制于现性乡村教师评价标准的影响，他们又不得不将大量的时间与精力消耗在提升学生的学习成绩方面，由此丧失了其开展乡土文化教育的自主性，进而制约其乡土文化素养的发展。

综上所述，乡村教师乡土文化素养发展困境的成因既可以归咎于乡村教师乡土文化自觉的阙如，也可以归咎于乡土文化生态环境的凋敝、乡村教师教育的"离土化"模式、乡村学校教育中乡土文化教育的缺位等。其中，乡土文化自觉的阙如是根本性成因，要促进乡土文化素养的发展，首先需要重塑乡土文化自觉。

第六章
促进乡村教师乡土文化素养发展的对策建议

乡村教师乡土文化素养的发展涉及乡村教师、社会、高等院校、乡村学校等多个利益主体，任何单一层面的举措所产生的成效都十分有限。因此为了有效促进乡村教师乡土文化素养的发展，就需要乡村教师、乡村社区、高等院校、乡村学校等利益主体多方联动、精准施策，共同推动乡村教师乡土文化素养的发展。基于此，本研究立足于乡村教师、社会、高等院校和乡村学校四个层面，提出了促进乡村教师乡土文化素养发展的对策建议，以期为高质量乡村教师队伍的建设提供有益的思路。

第一节 乡村教师层面：形塑乡村教师的乡土文化自觉，助推乡土文化素养发展

一、乡村教师乡土文化自觉的应有之义

乡土文化自觉体现了乡村教师作为文化主体，对乡土文化的自我觉醒、自我反思、自我创生，其能够为乡村教师乡土文化素养的养成与发展提供内生动力。要促进乡村教师乡土文化素养的发展，就要重塑乡村教师的乡土文化自觉。乡村教师乡土文化自觉的发展是一个内化于心、外化于行的过程，其以理性为本质，以实践为基础，以传承与发展优秀的乡土文化为旨趣。其中，"理性"涉及理性的乡土文化态度，蕴含着乡村教师对乡土文化的发展历史、发展特点、发展趋势等进行理性思考之后所形成的文化意识及其态度，是乡村教师对乡土文化的认知水平达到一定高度的表征。乡村教师若要树立理性的乡土文

化态度，必然会涉及这样一个问题，即在工业化、城镇化的进程中，乡土文化是否依然能被视为一种先进的文化形态？解答这一问题的关键在于我们采取何种标准去衡量文化的进步，如若将城市的生产与生活方式视作进步的标志，并以此为参照标准去衡量文化的进步，那么乡土文化自然会被贴上封建的、落后的标签。但如若能够站在辩证唯物主义的立场去审视人的文化追求，再去判断这一文化形态是否有值得追求之处，那么关于乡土文化的进步性问题就是一个值得讨论的问题了。事实上，任何一个人的文化追求无非包含了三个维度，即人与自然、人与社会、人与自我。在人与自我维度，当代的一些学者通常认为在传统乡土文化中，自我通常被放置在一个不断扩大的家族关系、上下级关系网络之中，自我与他者之间形成了某种具有依附性的社会关系，且这种依附性形塑了自我。在此意义上，传统乡土文化将人们放置在一个复杂的、差序化的社会谱系之中，致使人们对各种社会关系充满了依附性并最终丧失了自我。可以肯定的是，人的现代化的确肇始于人的自我解放，人由此从各种依附性的社会关系之中解放出来，具有了独立的人格与自由，这是城市文化值得追求之处。但物极必反，如若过度的倡导人格独立与自由，就会引发人的家庭责任感及社会责任感的缺失，人很容易陷入以自我为中心的泥淖之中，这也是城市文化饱受诟病之处。在人与自然维度，乡土文化孕育于乡民的生产与生活实践之中，是一种植根于乡土的文化形态，其具有三重意蕴，即基于人与自然相依而生的"天人和谐"，基于人与人相依而生的"人人和谐"，基于质朴乡村劳动而生的"身心和谐"[1]。乡土文化最大的优势就是人与自然的亲近，而这恰恰是城市文化所不能企及的。这是因为，城市文化在本质上属于商业文明，其更加讲求人对自然价值的攫取，自然由此被物质化，人疏离于自然、破坏自然就成了一种常态。在此背景之下，当代的许多城市人对城市生活产生了不适，他们由此在内心深处滋生了回归自然的文化追求。在人与社会维度，传统乡土文化讲求集体主义，注重团结、合作、忠诚、忍让、利他，而城市文化讲求国家主义与个人主义并存，注重利益、民主、自由、竞争等。可以说，城市文化固然渗透了现代先进的文化精神，但其更加功利、注重对利益的攫取[2]。可见，乡土文化作为一种独立的文化形态，既存在优点、也存在缺点，我们绝不能笼统地去判定城市文化是先进的、乡土文化是落后的。我们只能去分析在某一维度或某一层面，城市文化、乡土文化是否值得人们追求与向往。

---

[1]刘铁芳.探寻乡村教育的基本精神[J].探索与争鸣，2021（4）：15–18.
[2]黄平.乡土中国与文化自觉[M].北京：生活.读书.新知三联书店，2007：286.

尽管在工业化、城镇化背景下乡土文化面临着生存危机，但其作为一种独立的文化形态，仍然在现代文化体系之中占据着一席之地，仍然在某些层面值得人们向往与追求。这意味着：一方面，乡村教师绝不应该全盘否定乡土文化。传统乡土文化生成于小农经济以及封建专制的环境之中，经济基础及政治制度的局限性决定了其无可避免地会存在一些封建糟粕，如浓厚的宗法等级观念、偏重直觉的思维方式、科学与民主意识匮乏等，但这些因素绝不能成为乡村教师全盘否定乡土文化的理由。另一方面，乡村教师绝不应该过度地诠释乡土文化。乡土文化之中固然存在着城市文化难以企及的优点，如崇尚自然、自力更生、宽容坚韧、勤劳节俭、诚实求实、亲善好客等品质[①]。但随着中国社会的全面转型，乡土文化曾经赖以生存的物质基础与政治制度土崩瓦解，乡土文化由此走向了转型与变迁。因而，任何一种文化传统，无论其对当代社会的影响力多么持久与深远，构成它的价值观念、思维方式与审美情趣的核心理念都产生于过去，这就决定了传统文化之中所蕴含的一些价值观念、思维方式、审美情趣必然会和当代社会不相兼容[②]。如若乡村教师过度地诠释乡土文化，就会在教育教学过程中过于注重彰显乡土特色，就会以一种近似于复古的心态去开发与利用乡土文化资源，其固然有助于乡土文化的保存，但却容易陷入自闭退守的窠臼之中，进而不利于乡土文化的创新与发展，也不利于乡村教育的现代化发展。

二、形塑"城市型"乡村教师的乡土文化自觉，培养其乡土文化自信

通过上一章节的访谈调查得知，在现代化的进程中面对多元文化的猛烈冲击，乡村教师分化为"城市型"乡村教师与"本土型"乡村教师。"城市型"乡村教师所面临的主要问题是不了解乡土文化、不熟悉乡土生活，这必然会造成他们缺乏对乡土文化的了解，进而阻碍其乡土文化素养的发展。为此，"城市型"乡村教师应该加强与乡村重要他人的互动，通过与乡村重要他人的互动来培养其乡土文化自觉及其乡土文化自信，进而为其乡土文化素养的养成与发展提供内生动力。

---

① 郝文武. 现代农村学校传承乡土文化的意义和方式 [J]. 教育理论与实践, 2021, 41 (4): 18-24.
② 孙燕青. 文化自觉与文化自信视野下的传统文化定位 [J]. 哲学动态, 2012 (8): 19-23.

（一）形塑"城市型"乡村教师的乡土文化理性自觉

受个人成长经历的影响，"城市型"乡村教师将城市文化奉为圭臬，其价值观念、行为方式等无不渗透着城市气息，他们由此在潜意识之中忽略了乡土文化的存在，致使其难以体认乡土文化的价值，更谈不上开展乡土文化回应性教学，这必然会造成其文化认知能力的欠缺，进而制约其乡土文化自觉的发展。站在辩证唯物主义的立场去分析，我们会发现，"城市型"乡村教师乡土文化认知能力的欠缺固然与先天的文化背景相关，但同时也与乡村学校脱嵌于乡土场域、忽略了对乡村教师乡土文化认同感的培养有关。为此，乡村学校就应该采取相应的举措，培养这类乡村教师对乡土文化的认同感，"以旧带新"不失为一条切实可行的举措。这就需要乡村学校在新教师入职初期为其指派专门的带教教师，带教教师是具备浓郁乡土情怀、熟悉乡土生活的"本土型"乡村教师，他们可以引导新入职的乡村教师尽快了解乡村教师职业、熟悉乡村的教育教学环境；此外，也可引导新入职的乡村教师参加除教学活动以外的一些文化活动，促使他们能够与乡村民众近距离的接触，能够体认乡土文化与城市文化之间的差异，从而形成对乡土文化的认知。对于这一举措，一位来自城市的乡村教师可谓感同身受，他表示：

> "我刚参加工作的时候，对于林区（任教学校所在区域）的环境感到水土不服，那时候心情比较低迷。为了帮助我尽快适应环境，学校安排了老T指导我。老T自幼成长于林区，中师毕业后又被分配到林区任教，可谓是本地通。"他笑了笑，继续说道："我那时候没买车、也没谈对象，周末经常窝在宿舍打游戏，日子很是无趣。老T知道后就经常带着我去山里转悠、闲聊、拍照、采集标本，他同我分享了许多乡土知识、日常教学经验，令我受益匪浅。有时候赶上饭点，他会带着我去村里的老乡家里吃饭。时间久了，我对这里的乡土民情有所了解，被淳朴的民风所感染，再也不会感到水土不服了。"（T15教师）

可见，那些谙熟乡土文化、具备乡土生活经验的本土乡村教师实质上扮演了一种纽带的角色，通过与他们交往，新入职的年轻教师能够尽快与乡土文化、乡村社会建立联系，能够尽快了解乡村教育、乡土文化及其乡村社会，从而为其乡土文化自觉的形成奠定了基础。

除了与身边的"本土型"乡村教师进行互动以外，那些来自城市的乡村教师还应该在闲暇之余，经常深入到学生家庭之中，与学生家长进行深入的交流，这不仅有利于其熟悉学生的学习情况、有效开展教育教学实践，而且有利于其尽快了解当地的乡土民情、熟悉当地的生活方式，其必然有助于提升这些乡村教师对乡土文化的包容能力与理解意识，进而为其理性认知乡土文化奠定基础，正如一位来自城市的乡村教师所言：

"我们班有16个学生，其中有13个是留守儿童，父母长期在外地打工，由爷爷奶奶负责照看。刚开始接手这个班的时候我对这些情况不是很了解，只是感到孩子们的生活习惯、卫生习惯有些糟糕。直到有一次，我去一个学生的家里家访，才对这些情况有所了解。山里人好客啊，我每次去家访的时候他们都要招呼我吃饭，走的时候还要给我拿些晒好的杏干、红枣等，你要是不拿反倒觉得生分了。后来，我再去家访的时候就会顺便给老人带点礼物，他们也会欣然接受，一来二往，我和学生家长熟络起来，有时候学生家里有红白喜事，会邀请我去写礼书、坐席，我从不推辞。"（T16教师）

可见，T16教师通过与学生家长的交往，学会了换位思考问题，懂得了包容与理解乡土文化，从而为其乡土文化自觉的养成奠定了基础，也为其乡土文化素养的发展提供了内生动力。

（二）形塑"城市型"乡村教师的乡土文化实践自觉

站在文化学的角度分析，教育在本质上是一种文化与文化的相遇，是师生各自所携带的文化背景之间碰撞、融合的活动，因此乡村教师是否了解学生的原生文化背景、是否能够在教育教学实践中对学生的原生文化背景形成回应，是影响其乡土文化自觉发展的重要因素。然而，在乡村教育现代化的进程中，乡村学校所使用的教材、开设的课程与城市学校别无二致，而这些教材与课程主要承载了现代的主流文化，很少反映乡土人情、乡土生活，致使"城市型"乡村教师的教育教学实践与乡土文化长期处于一种相互隔绝的状态。为此，乡村学校应该鼓励"城市型"教师开展文化回应性教学，文化回应性教学属于一种以文化为核心的教学理念与教学行动策略，其并不需要乡村教师精通乡土文化，而是需要乡村教师摒弃对乡土文化的刻板印象，能够始终保持对乡土文化的好奇心，能够创设一种民主的、包容的课堂教学氛围，能够在合作与对话的氛围中传递知识、总结经验等。关于文化回应性教学，一位来自城市的乡村教师可谓感同身受，他表示：

> "我刚到这所学校任教时，对这里（任教学校所在区域）的一切一无所知。为了尽快熟悉环境、熟悉学生，每节课我都会留出3~5分钟的时间开展口头作文教学活动，要求学生在这几分钟的时间内分享自己的成长故事、生活趣事、当地的风土人情、民俗传统等。有的学生刚开始比较腼腆，小脸憋得通红、半天也讲不出一个字来，我就鼓励他们用方言开展口头汇报，学生们慢慢地喜欢上了口头作文，由最初的不敢说、不愿说到后来的滔滔不绝。令我印象较为深刻的是有位学生口头作文的题目是《领羊》，讲的是陇东的一种丧葬风俗，需要逝者的亲属将羊拉到灵柩前，朝着活羊的鼻子、耳朵、腿部、脊背等部位喷洒白酒或水，由一名丧葬执事不断对着羊发问，内容是关于逝者去世后需要嘱托的事宜，直到羊将喷洒在自己身体上的水珠彻底抖落。学生讲得兴致勃勃，我也听得津津有味，在随后的互动环节中我与学生一起分享了自己家乡的丧葬习俗。通过采用这样一种教学形式，我与学生在对话中分享着生活、传递着知识，产生着文化共鸣，实现着文化与文化之间的共生共长。（T17教师）

深究这位教师的教学行为，我们不难发现，通过实施文化回应性教学，乡村教师与学生在认同自身文化的基础上，实现了文化与文化之间的碰撞与交流。这不仅有利于培养乡村学生的乡土文化自信意识，而且有利于提升乡村教师的乡土文化资源利用与开发能力，从而为其传承与发展优秀的乡土文化创设了条件，也为其养成乡土文化自觉、发展乡土文化素养提供了契机。

值得注意的是，乡村教师的生活不仅包括了教育生活，而且包括了日常生活，教育生活与日常生活是乡村教师生活的两个基本构成要素，其中，日常生活是教育生活的基础，为教育生活的有序进行提供了物质与精神方面的保障。因而，要重塑"城市型"乡村教师的乡土文化自觉、提升其乡土文化素养的发展水平，还需要改善其日常生活。具体而言，目前"城市型"乡村教师在日常生活中面临的主要困难是教育生活空间与日常生活空间相互隔绝，从而引发了这些乡村教师的择偶困难、夫妻分居、教养孩子困难等问题，正是由于这些困难的存在，"城市型"乡村教师难以生成职业身份认同意识、难以安心从教、难以感知与体认乡土文化的价值。尤其是在目前"城市型"乡村教师日益增多的背景下，这些问题的存在已经成为制约乡村教师队伍高质量发展的关键因素。为此，上级教育行政机构、学区等应该针对那些未婚的"城市型"乡村教师，组织一些与其他学区的联谊活动，以解决他们的婚姻问题。同时，也应该经常组织一些户外体育拓展项目、传统乡土民俗文化活动等，促使他们能够感受乡村自然生态之美、乡土文化之善。针对那些已婚的"城市型"乡村教师，上级教育行政部门、学区等可以集中推动乡村教师生活园区、乡村教职工周转房、乡村教师安居工程的建设等，以解决他们的夫妻分居问题与子女教育问题。此外，我们应该清醒地意识到，"城市型"乡村教师追求城市化的生活方式本身无可厚非，因此应该按照教龄、职称等给予"城市型"乡村教师特定的经济补偿，这是提升"城市型"乡村教师的身份认同意识、促使其融入乡村环境的关键举措，其必然有助于乡村教师感知乡土文化、体认乡土文化，形成乡土文化自觉意识，进而促进其乡土文化素养的发展。

三、强化"本土型"乡村教师的乡土文化自觉，夯实其乡土文化底蕴

通过上一章的访谈调查得知，与"城市型"乡村教师相比，"本土型"乡村教师生于斯、长于斯，先赋性的文化背景促使他们本然的对乡土文化怀有文化自觉。而乡土文化属于一种以伦理为本位的文化形态，乡村教师乡土文化自觉的本质是乡村教师的乡土伦理自觉。乡土伦理是乡土文化的重要组成部分，也是独具乡土特色的伦理关系和道德体系。传统的伦理体系和道德原则可分为勤勉重农的生产伦理、诚信互助的交往伦理、克己复礼的行为伦理等几个部分，表现在村规民约、宗族文化、孝悌礼节、民俗传统、婚姻伦理等多个方面[1]。乡土伦理在形塑乡民的价值观念、提升乡村乡民的人格修养等方面扮演了不可或缺的角色。因此，乡村教师的乡土伦理自觉、乡土文化自觉体现了乡村教师作为人的一种人格自觉，人格自觉是乡土文化自觉、乡土伦理自觉的原点与最高境界，也是"本土型"乡村教师乡土文化自觉的应有之意。因此，"本土型"乡村教师的乡土文化自觉绝非一蹴而就，而是需要经历一个不断磨砺、不断创生的过程，在这一过程中，乡村教师逐渐将优秀的乡土文化、乡土伦理内化为一种深入骨髓的、无需他人提醒的人格修养，并以之为基础开展了乡村伦理教育。

---

[1] 纪德奎，刘灵鸽. 基于乡土伦理的农村德育课程：起点与路向[J]. 湖南师范大学教育科学学报，2017，16（4）：94-99.

（一）强化"本土型"乡村教师的乡土文化理性自觉

追本溯源，"人格"一词最初源于古希腊语"persona"，原意是指古希腊戏剧中演员戴的面具，体现了角色特点与人物性格。在心理学中，人格是探讨完整个体与个体差异的领域，是构成一个人的思想情感及行为的特有模式，包含了一个人区别于其他人的稳定而统一的心理品质，人格具有独特性、稳定性、功能性等特征，反映了一个人的内心世界与精神面貌，它包括气质、性格、认知风格、自我调控等[1]。乡村教师的人格分为两部分，即基本人格与教师人格。基本人格属于国民人格的范畴，体现了乡村教师作为合格公民的思想情感及行为模式。教师人格属于身份人格的范畴，体现了乡村教师作为合格职业人所具有的独特的心理品质与特征，且这两者之间相互依存、相互渗透。如若说基本人格表达了社会共同体内部成员共同的价值遵循，那么教师人格则表达了乡村教师这一特定职业群体的个性化价值遵循，其建立在乡村教师的基本人格之上，又超越了基本人格。优秀的乡土伦理作为乡土文化的价值精华，不仅会滋养乡村教师的基本人格修养，而且会滋养其职业人格修养。在基本人格方面，乡土文化所承载的仁、义、礼、智、和、善、信等伦理规范，是促进乡村教师人格成长的源头活水。其中，"仁"体现了乡村教师人格修养的基本规范。历代的研究者对"仁"的理解并不统一，形成了诸多观点，一种引起广泛共识的观点是"仁者爱人"，认为"仁"表达了人对自我、对他人、对自然、对社会的一种广博的爱，人由此具有了至善的情怀。"仁"的基础是"智"，"智"体现了人所具有的独立思考、自主判断的智慧，"智"与"仁"之间相互依存、相互渗透，促使人具有了理性之光与智慧之光。因此，广博的爱、反思意识、批判意识及明辨是非的能力等是乡村教师应该具备的基本人格修养。在职业人格方面，乡土伦理所承载的天人合一、仁义为本、明理养德、克己修身等伦理规范，是促进乡村教师职业修养的源头活水。其中，天人合一体现了天与人之间和谐共生的关系，天的内涵可以概括为主宰之天、自然之天、义理之天和心性之天四个层面。主宰之天是一种主宰人行为的力量，其强调协调俗与礼关系的风俗观。自然之天是一种人与自然之间的和谐共生，其强调协调人与自然关系的生态观。义理之天是一种调节利益关系的哲理依据，其强调协调群与己关系的公私观。心性之天是一种人对自我内心世界的关注，其强调一种

---

[1] 经柏龙.教师专业素质：形成与发展［M］.北京：中国社会科学出版社，2012：122.

指与行关系的价值观①。天人合一在本质上体现了礼俗并用、尊重自然、家国同构、知行合一的价值准则,其必然有助于乡村教师养成务实、集体主义、亲近自然等人格特征,而这些人格特征恰好是乡村教师养成乡土情怀、扎根乡村教育不可或缺的人格质素。

卡丁纳、林顿等人从决定个体童年早期经验的养育方式入手分析个体对文化的影响,构建了人格与文化交互作用的理论,这一理论不仅关注文化在人格形成中的作用,而且重视人格在文化创造与变迁中的作用②。借用这一理论分析,乡村教师的人格与乡土文化、乡土伦理之间存在交互作用:一方面,乡土文化、乡土伦理能够在潜移默化中滋养乡村教师的人格,促使其人格修养得到提升;另一方面,随着乡村教师人格修养的提升,他们就会自觉依托自身的文化资本优势,推动乡土文化、乡土伦理与乡村学校教育内容融合,从而实现了城乡文化之间的融合,影响了乡土文化的发展方向与内容。因此,"本土型"乡村教师的人格成长植根于乡土文化之中,其在本质上属于一种文化人格,而人格自觉又是文化自觉的最高境界,要提升这类乡村教师的乡土文化自觉,就需要利用优秀的乡土伦理去滋养其人格成长,促使其能够将优秀的乡土伦理内化为自身人格修养的一部分,从而形成对乡土伦理的自觉。

(二)强化"本土型"乡村教师的乡土文化实践自觉

乡村教师的乡土文化自觉、乡土伦理自觉需要经历一个内化于心、外化于行的过程,其最终表征为乡村教师的乡土伦理教育实践。乡村教师的乡土文化传承实践绝非一种无意识的行为,而是需要依托乡村伦理教育。乡村伦理教育以乡村优秀的传统生态伦理、家庭伦理、习俗伦理、生产伦理、交往伦理等为教育内容,是一种正规形式的乡村教化,也是乡村学校道德教育活动的组成部分。这种道德教育形式关注到了乡村学生的生活经验,在滋养乡村师生的人格、传承优秀的乡土伦理、推动乡村社会发展方面发挥着重要作用。乡村伦理教育开展的前提是乡村教师能够在深刻体认乡土伦理价值的基础上,将优秀的乡村伦理内化为自身的人格修养、德性品格。德性是使乡村教师成为一个好教

---

① 龚宁,李创. 儒家"天人合一"四维向度与乡村振兴的内在耦合[J]. 云南农业大学学报(社会科学), 2020, 14 (2): 43-47.
② 杨秀莲. 文化与人格研究的若干问题[J]. 教育研究, 2006 (12): 79-83; 96.

师并出色地完成教书育人任务所需的重要品格，这一品格能否生成的关键在于乡村教师的德性自觉。乡村教师的德性自觉是乡村教师对自身德性状况的自觉体认，是对要成为怎样的教师以及应该具备怎样的德性品质和能力的自我觉知、自我设定的深度思考与抉择，主要包括乡村教师身份的价值自觉、乡村教师自我修养自觉、乡村教师专业提升自觉以及乡村教师生命关怀的自觉[①]。这些优良的品格融合在一起，从而形塑了乡村教师的生命样态，促进其生成了乡村教育情怀，赋予了其开展乡村伦理教育所需的精神动力。乡村教师由此成为了道之代表、德之典范，以自身的师德师风引领学生人格修养、精神世界的成长。正所谓"其身正，不令而行；其身不正，虽令不从。"在实践中，乡村教师开展乡村伦理教育的路径有很多，如：采用校园文化浸透的方式，在校园的墙壁上张贴一些有关乡村习俗礼仪的宣传画、在黑板报中穿插一些优秀的乡规民约、家风家训等，借此引导学生养成良好的文明礼仪及行为习惯；采用教学浸透的方式，在语文、品德等课程的教学中融入一些乡贤的成长故事，陶冶学生的情操、滋养他们的人格；采用综合实践活动浸透的方式，在课外兴趣活动、班队活动中布置以"争做道德小榜样"为题材的主题演讲活动，培养学生的道德自律意识；采用开发乡土德育课程、编写乡土德育教材的方式，宣传乡村优秀的传统伦理道德，培养乡村学生对家乡的热爱之情、建构他们的民族精神等。其中，乡土德育课程、乡土德育教材作为乡村伦理教育的重要载体，是开展乡村伦理教育不容忽视的两个路径。为此，研究者专门对甘肃省X市一所获得"全国中小学中华优秀文化艺术传承学校"殊荣的乡村学校的在职教师实施了访谈，他们表示：

"我们学校在20世纪30年代曾经是陕甘宁革命根据地，拥有浓郁的红色文化传统。为了缅怀革命先烈、传承红色文化，我们学校立足于学生道德教育的现实需要，开展了红色教育工程，包括红色文艺汇演、红色主题教育活动、红色乡土课程等。其中，乡土课程包括《红色经典吟诵》《红色民俗文化》《红色历史遗迹》《红色军事》等课程，并编写了配套的教材。学校的这一举措得到了学区领导、边区革命纪念馆及村委会的大力支持，取得了卓然的成效。"（T18教师）

[①] 韩延伦，刘若谷.教育情怀：教师德性自觉与职业坚守［J］.教育研究，2018，39（5）：83-92.

可见，乡土德育课程的开发绝非某一因素使然，而是需要教育行政机构、乡村学校、乡村教师之间的多方联动、协同发力。其中，教育行政部门负责组织对相关人员进行培训，为乡土德育课程的开发提供必要的专家支持与经费支持；乡村学校负责为乡村教师减负，为乡土德育课程的开发提供充足的时间保障；乡村教师负责深入乡村社区，整理与挖掘乡村优秀的伦理道德，为乡土德育课程的开发提供可行性方案。

此外，乡村教师兼具专业身份与公共身份双重身份属性，他们同样应该在乡村公共生活中浸透乡村伦理教育。这就需要"本土型"乡村教师充分践履"新乡贤"的角色，能够在教书育人之余积极参与乡村的公共生活，能够将乡村传统的"温、良、恭、俭、让、仁、义、礼、智、信"等伦理道德浸透于公共生活之中。如：他们可以利用自身的文化资本优势，协助乡镇府、村委会设计乡村文化长廊，在文化长廊内布置民俗廊、乡规廊、乡贤廊、家训廊、生态廊、艺术廊等不同主题的展板，展现文明乡风；可以通过演讲、绘画、曲艺杂耍等形式，展现乡村独特的田园风光与淳朴的民俗民风；可以通过参与评选"乡村好家庭""乡村好儿媳"等活动，展现优良家风；可以通过与学生家长、乡村民众之间的深入交流，弘扬优秀的乡土伦理与习俗礼仪，重塑乡村民众的乡村信仰。同时，他们也应该利用自身的文化资本优势，批判与反思乡土伦理中的封建糟粕，借此改造乡村民众的生活习惯、引领文明乡风。

总之，与"城市型"乡村教师相比，"本土型"乡村教师在养成乡土文化自觉方面具有无以替代的优势，这种优势主要体现为"本土型"乡村教师更容易形成相同的价值认同、地域认同与文化认同，促使他们能够将优秀的乡土伦理内化为自身的人格修养，形成乡土文化人格，进而以有效的形式在乡村教育生活与日常生活中传承优秀的乡土文化。这实质上是其认同乡土文化、理解乡土文化、利用乡土文化的过程。在这一过程中，"本土型"乡村教师凸显了自身的文化主体身份，形成了对乡土文化的自觉，从而为其乡土文化素养的发展提供了必要的动力支持。

第二节 社会层面：营造良好的乡土文化生态环境，助推乡土文化素养发展

斯图尔德认为，文化生态是从人类生存的自然环境和社会环境的各种因素交互作用下来研究文化的产生、发展和变异规律，核心是研究影响文化的各类

复杂变量间的关系，尤其是组织体制及社会价值观念等[①]。由于文化生态属于一种软环境，其社会效用并不会像自然生态环境那样立竿见影，致使人们长期以来忽视了对乡土文化生态环境的关注。但在事实上，乡土文化生态环境凝聚了乡民的精神气质，是坚定乡民的乡土文化自信、维系乡村社会稳定的催化剂。因而，要坚定乡村教师的乡土文化自信、促进其乡土文化素养的发展，就要营建良好的乡土文化生态环境，具体举措如下。

一、复原乡土文化传承的载体，唤醒乡村教师的乡土生活记忆

乡土文化传承的载体包括了物质载体与精神载体，其中，物质载体主要涉及以物质形态存在的乡土文化，如村落、庭院、建筑、祠堂、水井、道路、交通、饮食等；精神载体主要涉及以非物质形态存在的乡土文化，如价值观念、习俗礼仪、伦理道德、民间艺术、民间工艺等。因此，要推行乡土文化保护工程，就需要从上述两个方面入手。

（一）复原乡土文化传承的物质载体

2022年中共中央办公厅、国务院办公厅颁布了《乡村建设行动实施方案》，并明确提出，"传承保护传统村落民居和优秀乡土文化，突出地域特色和乡土特点，保留具有本土特色和乡土气息的乡村风貌，防止机械照搬城镇建设模式，打造各具特色的现代版'富春山居图'"[②]。可见，保护传统村落民居、弘扬优秀的乡土文化是乡村建设的应有之义。而传统村落民居的指向较为丰富，既指向包括院落、民居等在内的村落私人生活空间，也指向包括祠堂、牌坊、碑林、水井、桥梁、麦场等在内的村落公共生活空间。村落作为乡村民众的生产与生活空间、作为中国基层社会的组织单位，是我们了解某一民族、某一地域、某一群体原生文化的一面镜子。因此要唤醒乡村民众的乡土情怀、安放其乡愁，就要保护乡村传统的村落。值得注意的是，保护乡村传统村落，并不是保留落后的价值观念、生活习俗，而是要通过保护乡村传统村落，保留地域特色与乡土特色，探索出一条乡村文化的建设之路，其遵循的并非是经济逻辑、而是文化逻辑。为此，

---

① 聂永江.乡村文化生态的现代转型及重建之道［J］.江苏社会科学，2020（6）：53-61.
② 中共中央办公厅，国务院办公厅.乡村建设行动实施方案［EB/OL］.［2022-05-23］.http://www.gov.cn/zhengce/2022-05/23/content_5691881.htm.

国家多次出台了相关法律与意见，如2014年住房城乡建设部等部门在《关于切实加强中国传统村落保护的指导意见》中明确提出，保护传统村落的完整性、真实性及延续性的基本要求[①]。这就需要地方政府根据《乡村建设行动实施方案》《关于切实加强中国传统村落保护的指导意见》的基本精神，摸清传统村落、特色村寨的实际情况，制定出地方性的有关传统村落保护的法律或条例，并且积极动员村委会，采用因村制宜、一村一策的保护措施。借此，唤醒乡村教师的乡土生活记忆，滋养其乡土情怀，推动其乡土文化素养的发展。

（二）复原乡土文化传承的精神载体

乡土非物质文化遗产是乡村民众在日常的生产与生活中形成的价值观念、宗教信仰、乡规民约、风俗礼仪、伦理道德、民间艺术等，其承载了乡村民众的精神生活。因而，乡土非物质文化是传承乡土文化的重要精神载体，要营建良好的乡土文化生态环境，就要加强对乡土非物质文化遗产的分类与挖掘，以之为基础，丰富其传播手段、拓展其传播渠道。如：地方政府鼓励举办区域性的乡土非物质文化遗产展演活动；鼓励新闻工作者撰写与录制有关乡土非物质文化遗产的专题片、专栏等；鼓励文化工作者利用公共文化设施开办有关乡土非物质文化遗产的展览、鉴赏、培训活动；鼓励教育工作者利用学校教育平台开发有关乡土非物质文化遗产的课程体系及教材体系等。与此同时，构建相关性保障机制，包括加强组织领导、完善政策法规、加强财政金融支持、强化机构队伍建设等[②]。其中，根本性举措在于完善政策法规，这就需要地方政府以《中华人民共和国非物质文化遗产保护法》及《关于进一步加强非物质文化遗产保护工作的意见》为精神指引，结合地域差异制定出有关乡土非物质文化保护的地方性立法或地方性条例。

二、培养乡土文化传承的人脉，激励乡村教师的乡土责任意识

近年来，在社会各界的努力下，我国基本形成了国家、省、市、县区在

---

① 住房城乡建设部，等.关于切实加强中国传统村落保护的指导意见[EB/OL].[2014-04-25].http://www.gov.cn/zhengce/2016-05/22/content_5075656.htm.
② 中共中央办公厅，国务院办公厅.关于进一步加强非物质文化遗产保护的工作意见[EB/OL].[2021-08-12].http://www.gov.cn/zhengce/2021-08/12/content_5630974.htm.

内的乡土文化遗产管理体系与名录制度,乡土文化的保护工作取得了一定的成效。但仍然面临着乡土文化传承主体断层的突出困境,从而制约了乡土文化遗产的再循环与再生产。为此,社会各界应该协同发力,激励乡村精英与本土人才参与到乡土文化遗产的保护过程之中,以延续乡土文化传承的人脉、激发乡村教师的乡土责任意识。

(一)激励乡村精英参与乡土文化的保护

"精英"作为一个学术概念被使用,始于19世纪与20世纪之交。帕累托认为,"精英是指最强有力、最生气勃勃和最精明能干的人,无论是好人还是坏人"。乡村精英就是乡村社会的佼佼者,是具有杰出的才能而令其他成员无法望其项背、是被其他社会成员赞许和认可的个体[①]。乡村精英利用自身的社会资本、经济资本与文化资本服务乡村建设,收获了良好的社会声望。在中国传统乡土社会中,乡贤作为乡村精英,在传承乡土文化、教化乡村民众、维系乡村社会秩序方面发挥了重要作用。正是在乡贤的倾力参与之下,方才夯实了中国传统乡土文化的根脉,推动了传统乡土文化的代际传承。但在现代化的进程中,随着乡村社会的逐步转型,乡村精英大量流失、传统乡土文化的传承主体几乎处于断层的状态。在此背景之下采取相关举措,鼓励乡村精英参与乡土文化保护工作已然刻不容缓,关键在于进一步完善乡土非物质文化遗产传承人的认定及考核制度。这一制度的实施需要与乡土非物质文化遗产名录制度相结合,其不仅需要文化管理部门担负起认定责任,通过专门的网站受理传承人的资格认定申请,及时组织专家评估传承人所递交的申请材料;而且需要村一级的组织担负起考核责任,通过走访乡村民众、查阅存档资料、判别传承人的责任落实情况等,对传承人进行考核,并及时将考核结果上报给县级文化管理部门。在考核的过程中,如果发现乡村民众具有较高的乡土文化传承意向与能力,可以将这些人增补到乡土文化遗产保护传承人的名录之中。如若发现已经被纳入名录之中的传承人缺乏传承乡土文化的意识与能力,可及时将其清退。

此外,地方政府可以从当地的乡土文化资源出发,着力发展乡镇企业、特色产业等,以便吸引乡村精英返乡创业,推动乡村人口有效回流。与此同时,加大对乡村基础文化设施的投入力度,加强对优秀乡土文化的宣传力度,如通

---

① 杨洪林,姚伟钧.乡村文化精英与非物质文化遗产保护[J].江西社会科学,2011,31(9):187-192.

过举办读书月、节庆典礼、民俗艺术展演、民间工艺交流、庙会、乡土非物质文化传承人进学校等活动，营建一种积极健康的乡村文化氛围，并对那些对于乡土文化传承做出卓越贡献的文化团体及个人给予政策倾斜、经济资助与荣誉激励，从而延续乡土文化传承的人脉、避免乡土文化传承的主体出现断层。

（二）激励本土人才参与乡土文化保护

乡村振兴，关键在于乡村的人才振兴。而乡村的人才振兴，不仅需要构建人才吸引机制，而且需要培养本土人才。乡村教师作为乡村振兴时期的新乡贤，他们除了教书育人以外，还是乡村产业人才的培育者、乡村生态文明的传播者、乡风文明的守护者、乡村治理的协助者、乡民生活的改造者[①]。因此乡村教师可以称作是真正意义上的乡村本土人才，优秀乡土文化的保护与发展，离不开乡村教师的倾力参与。为此，地方政府、师范院校、乡村教师等利益主体就需要采取多种举措，激励乡村教师参与乡土文化的保护与传承。

首先，在乡村教师层面，注重唤醒新乡贤身份自觉。新乡贤身份自觉是乡村教师对新乡贤角色和乡贤精神的自我觉醒，是一种从内心产生的作为乡贤的主体自觉。乡村教师的新乡贤身份自觉绝非生搬硬套地回归至传统乡贤的角色，而是在对新乡贤角色形成自知之明的基础上，能够以新乡贤的身份自觉地参与乡村振兴实践。与传统乡贤相比，新乡贤更加平民化、更加讲求自由、也更加具备民主法制之精神，因此新乡贤之新主要体现在新标准方面，这一新标准更多是基于专业技能产生的对于村民的号召力与影响力[②]。在此意义上，乡村教师新乡贤身份自觉应该体现在专业性方面，乡村教师应该依托自身所具备的专业素养教好书、育好人；乡村教师作为乡村的公共知识分子，新乡贤身份应该体现在公共性方面，乡村教师应该依托自身的文化资本优势，自觉地参与乡村教化、乡土文化的传承与乡村社区的治理，这既是新乡贤身份自觉的应有之义，也是乡村振兴战略对乡村教师角色的应然期许。

其次，在高等院校层面，注重采用乡土化的乡村教师培养模式。目前我国的乡村教师教育存在着严重的城市化倾向，其突出表征为课程内容的城市化、教材内容的城市化，对于上述现象，不少研究者提出应该在课程内容与教材内

---

① 肖正德. 论乡村振兴战略中乡村教师的新乡贤角色[J]. 教育研究，2020，41（11）：135-144.
② 闫闯. 乡村教师新乡贤身份自觉：价值、困境与突围[J]. 当代教育科学，2021（12）：3-12.

容中融入乡土知识，促使乡村职前教师、在职教师能够感知与理解乡土文化。研究者认为，乡村教师教育更为本质的问题不在于缺乏乡土知识方面的内容，而在于缺乏对乡土价值观念、乡土生活情感方面的培养。因此，与碎片化的乡土知识教育相比，高等院校更应该针对乡村职前教师与在职教师开展乡村伦理方面的教育，以引领他们体认乡土文化的价值，形成共同的价值认同，能够积极践履新乡贤身份，主动参与乡土文化的保护与传承工作。

再次，在政府层面，注重推行乡村教师新乡贤角色激励机制。激励机制包括物质激励与精神激励的两个方面。在物质激励方面，地方政府需要充分贯彻《乡村教师支持计划（2015—2020年）》的精神决议，进一步提升乡村教师的工资待遇、加大乡村教师安居工程、生活园区、教职工公寓等项目的建设力度。在精神激励方面，地方政府需要通过颁发荣誉证书、职称晋升加分、评奖评优加分等举措，激励乡村教师投身于乡土文化保护工作之中。

最后，在乡村学校层面，注重搭建乡村教师服务乡村社会的平台。这就需要乡村学校能够破除与乡村社会之间的藩篱，通过各种举措激励乡村教师承担起乡土责任、参与乡土文化的保护与传承。地方政府可以设立一些乡土文化方面的保护项目与推介项目，将这些项目的评审权限、管理权限下放至乡村学校并鼓励乡村教师参与其中。通过参与乡村史志修编、地方志撰写等形式挖掘其中蕴含的生活智慧与人文道德，使其文化价值再次得到彰显；通过打造文化产品与特色文化标识等形式传承乡土文化，使之在与时俱进中能够焕发生机[1]。此外，有条件的乡村学校也可设立新乡贤服务中心，鼓励那些具有浓郁乡土情怀的本土乡村教师参与其中，如定期向乡村民众宣讲党的大政方针、弘扬社会主义核心价值观、参与乡村伦理教育等。

总之，乡村教师在乡村振兴时期担负了新乡贤的角色，是真正意义上的乡村本土人才。作为本土人才，乡村教师在教书育人之余，还承担着振兴乡村文化的神圣使命。而乡村文化的振兴，既不需要复归传统的乡土文化，也不需要全盘接纳现代文化，而是需要在对传统乡土文化进行扬弃的基础上，与时俱进地融入一些文化新思想、新观念。在此意义上，乡村教师是乡土文化的重要传承主体，我们应该采取多种举措激励乡村教师参与乡土文化的保护与传承工作。唯此，方能赋予乡土文化应有的地位，促使其获得自我生长的造血细胞。

---

[1] 毛菊，吴凯欣. 论乡村教师"乡贤"到"新乡贤"的行动逻辑与实现路径[J]. 当代教育论坛，2022，312（26）：116-124.

三、赓续乡土文化传承的文脉，催生乡村教师的乡土文化认同

目前我国的乡土文化正在经历着由传统乡土文化向现代乡土文化的转型，在这一过程中，伴随着城市文化元素的渗入，传统乡土文化的价值内核日益式微，突出表征为安土重迁的文化心理日益式微、乡村伦理日益式微、乡土礼俗秩序日益式微等。但在文化内生惯性的支撑之下，传统乡土文化并未完全消亡，而是呈现出一种传统性与现代性互融共生的特点，这是我们对我国乡土文化应该秉持的一个基本认识。这意味着，目前我国的乡土文化转型非常容易导致乡村民众价值观念的迷失，进而造成其盲目追求所谓的经济利益，难以形成与社会主流意识形态相吻合的价值观念。[1]因此，要营建良好乡土文化生态环境、促进乡村教师乡土文化素养的发展，就要在尊重乡土文化原生属性的基础上，以社会主义核心价值观为导向重构乡土文化传承的文脉，激活乡村教师的乡土文化意识。

（一）尊重乡土文化的原生属性

乡土文化作为中国传统农耕文化的表现形式，不仅凝聚了乡民的生存取向，而且凝聚了整个中华民族的生存取向。在中国传统乡土社会中，无论是通往庙堂的城市文化，还是躬耕山野的乡土文化，均以儒家的价值观为支撑，彼时的城市文明与乡土文化之间并未形成分野。但到了近代，中国被迫卷入了现代化的进程之中。一些以救亡图存为己任的人士将眼光投向了西方的文化意识形态，乡村由此在他们眼中成了封建的、落后的标签，乡民在他们眼中也成了具有文化劣根性的群体。尤其是在五四运动时期，乡土文化之中所蕴含的伦理道德、民俗传统等一度遭到了猛烈的抨击。在这一过程中，城市文化与乡土文化之间逐渐出现了分野，乡土文化日益被城市文化所涵化。"涵化"是文化人类学的概念，是指两个及以上的文化形态通过相互接触而导致的一方或双方发生大规模的文化转型、文化变迁，是一种文化从其他文化中获得新的生活条件的适应过程[2]。乡土文化的转型正是乡土文化涵化的结果，是乡土文化实现现代

---

[1] 刘晓峰. 我国乡土文化的特征及其转型［J］. 理论与现代化，2014（1）：66-71.
[2] 胡映兰. 论乡土文化的变迁［J］. 中国社会科学院研究生院学报，2013（6）：94-101.

化发展的必由之路。但值得注意的是，乡土文化现代化发展不是用现代的城市文化去改造、代替乡土文化，而是需要在尊重乡土文化原生属性的基础上，实现城乡文化之间的双向交流、互融共生。如我们既可以将乡土文化之中蕴含的天人合一、重义轻利、礼让谦和、敬天爱人、民胞物与、孝悌睦邻等观念融入城市文化之中，也可以将城市文化所蕴含的自由、民主、平等、竞争等观念融入乡土文化之中，实现乡土文化与城市文化之间的良性互动。综观一些发达国家的经验，我们会发现，这些国家的乡村民众在享受机械化的耕种方式、城市化的生活条件的同时，也保留了自身独有的价值观念、传统习俗以及自然生态环境。借此乡村社区在具备现代气息的同时，也形成了自身的文化特色、文化传统，这既是推动城乡文化融合、促进乡土文化现代化发展的应有之义，也是传承优秀的乡土文化、重构乡土文化传承文脉的内在要求。

（二）形塑乡土文化的价值体系

社会主义核心价值观是社会个体在错综复杂的社会关系中所秉持的价值遵循与行为准则，其凝聚了社会主义的先进文化与时代精神，在形塑人的价值观念、规范人的行为方式方面发挥着重要作用。因此，面对乡土文化转型所引发的乡土文化价值内核日益式微的现象，应当以社会主义核心价值观为导向形塑乡土文化的价值体系。具体而言，我们应当在合理定位乡土文化的基础上，理性判断乡土文化的时代价值，厘清乡土文化与社会主流文化、社会主义核心价值观之间的关联。将乡土文化之中所蕴含的顺应自然、节俭的生活方式以及共生、和谐、互利共存的价值取向融入时代主流文化；将淳朴、诚信、仁爱、勤劳互助等乡土道德观念融入核心价值观[1]。借此构建"勤劳致富、义利共生、礼让谦和、求实创新"的乡村伦理新规范，促使乡村教师能够受到乡土文化的滋养、能够形成应有的乡土文化包容意识与共情能力。

总之，乡土文化生态环境作为由乡村民众、乡村自然生态环境、乡土文化等要素通过交互作用而形成的一种文化生态环境，其能够为乡村教师乡土文化素养的发展提供良好的心理氛围与文化氛围。但在城镇化的进程中，村落的数量持续锐减、乡村教师大量流失、乡土文化发生转型，乡土文化传承的载体、

---

[1] 孙喜英. 时代境遇变迁中乡土文化的规约与走向 [J]. 河南师范大学学报（哲学社会科学版），2017，44（5）：113-117.

主体以及客体等均濒临消失，从而引发了乡土文化生态环境的凋敝，进而危及到了乡村教师乡土文化素养的发展。因此，我们必须深入分析乡土文化生态环境凋敝的形成机理，通过推行乡土文化保护工程、构建乡土文化传承人保护制度、形塑乡土文化价值体系等举措，重塑良好的乡土文化生态环境，借此推动乡村教师乡土文化素养的发展。

第三节　高等院校层面：重构乡村教师教育模式，助推乡土文化素养发展

一、构建乡土化的乡村职前教师培养模式，滋养乡村教师的乡土情怀

乡土化通常是指采用某些路径或措施，促使外来技术或外来产品等具有本乡、本土的特色。在文化层面，乡土化通常指外来的文化逐步改变其初始形态，适应本土文化发展要求的过程。乡土化是一个不断生成的动态过程，既蕴含了对本土传统文化的继承，又蕴含了对外来的、非传统文化的借鉴。乡村职前教师的乡土化培养是指立足于乡村教育发展的现实需要，在充分吸纳外来先进培养模式的基础上，利用乡村本地的文化资源对乡村职前教师实施培养的过程。乡土化培养模式旨在造就具有浓郁乡土情怀的本土型乡村教师，本土型乡村教师生于本地乡村、成长于本地乡村，先赋性的文化背景促使他们在乡土文化素养的发展方面具有先天的优势。因此，乡土化培养模式是促进乡村教师乡土文化素养发展的重要路径，要促进乡村教师乡土文化素养的发展，就要构建乡土化的乡村职前教师培养模式。乡土化的乡村职前教师培养模式需要"溶血"与"造血"齐头并进，即师范院校既要汲取其他院校先进的办学经验，与其他院校实现教育资源的共享；也需要立足于本土资源探索一条定向培养师范生的道路，其着力点是进一步完善定向公费师范生培养政策。为此，就需要夯实地方师范院校培养定向公费师范生的主体地位，促使其能够与县区教育行政部门、乡村学校等加强协作，构建"四位一体"的协同培养机制。具体而言，由县区一级的教育行政部门负责精准预测所辖学区乡村学校的师资需求信息并即时汇报给市级教育行政机构，由市级教育行政机构确定年度定向公费师范生招生数量与定向就业方案，由地方师范院校制订定向公费师范生的培养方案并

在学生入学后实施二次选拔,由乡村学校负责为定向公费师范生提供实践教学场地并保障实践教学环节的有效性,由定向公费师范生本人负责与师范院校、地方政府签订三方培养协议并约定将来的服务期限与违约责任等。在上述过程中,地方师范院校需要严把"过程关"与"质量关",尽可能地采用乡土化的培养内容与方式,滋养定向公费师范生的乡土情怀。

(一)构建乡土化的乡村职前教师培养内容

通过上一章的访谈调查得知,目前我国定向公费师范生的课程设置方案存在着鲜明的城市化、同质化倾向,忽略了乡村教育教学的实际需要。在此背景之下,地方师范院校充分利用乡土文化资源,构建乡土化的定向公费师范生培养内容显得尤为必要,可采取如下举措。

其一,拓展教育类课程的模块。目前地方师范院校的教育类课程侧重传递理论知识,缺乏明确的乡村指向,致使定向公费师范生难以通过师范教育体认乡村教育、乡土文化、乡村社会的独特性,进而制约了其乡土文化素养的发展。这就需要地方师范院校的课程设计者能够开设以乡土文化为主题的教育类课程,这类课程以选修课的形式出现,并占据一定的学分比例,由定向师范生本人根据自己的实际需要自由选修。为此,研究者建议地方师范院校的课程设计者围绕乡村教育信念与责任、乡村教育知识与能力、乡村教育探究与体验三个主题设置课程。在乡村教育信念与责任模块,通过开设《乡村教师职业道德》《乡村教育政策与法规》《乡村教师职业发展规划》等选修课程,强化定向公费师范生对乡村教育本质的理解,引导其形成乡村教师身份认同感;在乡村教育知识与能力模块,通过开设《乡村教育学》《乡村教育思想史》《乡村留守儿童心理健康教育》《乡村全科教师专业发展》《乡村教师课堂教学策略》《乡贤文化》等课程,丰富定向公费师范生的乡土知识,提升他们的乡村性教育教学能力;在乡村教育探究与体验模块,通过增加乡村教育实践、乡村社会热点问题调研、乡土文化主题活动等实践教学环节的比例,增进定向公费师范生对乡村教育的了解,提振他们的乡村教育信念。

其二,推动学科课程的统整。"统整"最初是一个哲学概念,隐含了部分与整体之间相互对立、相互统一的辩证关系。随后,"统整"作为一个专业词汇,被广泛应用于社会学研究领域,从而衍生出了课程统整的概念。课程统整属于课程设计的一种形式,是在一种不受学科限制的情况下,由教育者和年轻人合作认定所要研讨的问题和议题,进而围绕这些主题来组织课程,以增强人

第六章　促进乡村教师乡土文化素养发展的对策建议

和社会统整的可能性[①]。课程统整主要包括经验统整、社会统整、知识统整、课程设计统整等。定向公费师范生未来的教育教学对象是乡村儿童，而乡村儿童的经验尚未分化，他们一般会从自身的经验出发认知事物，乡村儿童由此与经验之间呈现出一种相互对话、相互建构的关系。因此，乡村儿童对知识的掌握程度并不完全取决于乡村教师的知识水平，而是取决于知识能否被纳入到他们自身的经验系统之中。这就需要地方师范院校的课程设计者能够秉持一种课程统整的理念，在传递普适性学科知识的同时注重关注乡村儿童的生活经验，竭力地将乡土知识融入至国家课程的教学之中，促使定向公费师范生能够感受到乡土知识的独特魅力，能够滋生出对乡土文化的认同与热爱之情，正如一位在地方院校任教的教师所言：

> "我在实施《中国传统文化概论》这门课程的教学任务之时，会有意识地将乡贤文化融入其中，如家风家训、乡规民约、习俗礼仪、伦理道德等。目的在于通过传承优秀的乡土文化，引导公费师范生形成勤俭节约、崇德向善、民胞物与等方面的价值观念。"（HT3教师）

其三，开发乡土通识类课程。"通识"有通经与史实之义，它不仅能够表达不受专业、突出人对知识的主体性、博学而后通达的心智结构等现代大学目标，还承载了中国文化传统的基因[②]。因此，这类课程的特点在于冲破了学科的藩篱、承载了广而博的乡土知识，这不仅有助于丰富定向公费师范生的知识储备、提升他们的认知水平，而且有助于激发其乡土情怀、滋养其精神世界。为此，研究者建议地方师范院校在提升这类课程设置比重的基础上，能够秉持"请进来+走出去"的课程实施策略。"请进来"即地方师范院校的教师将泥塑、腰鼓、剪纸、刺绣、赛龙舟、舞狮、地方戏等民间非物质文化传承人请进大学课堂，大胆对这些艺术形式进行创新；"走出去"即鼓励地方师范院校的任课教师能够走出学校的围墙，引领定向公费师范生走进乡村学校、深入乡村社会，构筑广袤的大课堂。借此唤醒他们内心深处的乡土情怀，引导其在情感上更加亲近乡村教育、乡土文化。一位在地方院校小学教育专业任教的教师表示：

[①] James A. Beane. 课程统整[M]. 单文经，译. 上海：华东师范大学出版社，2003：3.
[②] 罗碧琼，唐松林. 乡村教师定向培养中的寻根教学[J]. 湖南师范大学教育科学学报，2021（3）：108-114.

"H县古时为狄、戎之地，当地的道情皮影有2000余年的历史，被列入中国国家级非物质文化遗产保护名录。对此，我们学院正在筹备开发《黄土情·道情皮影》这门选修课程，在这门课程的实施中，我们打算开发皮影历史、皮影制作、皮影观赏、皮影学唱、皮影舞蹈等多个教学单元，专门邀请H县文化馆、本校音乐学院以及道情皮影非物质文化传承人等担任主讲教师，教学形式拟采用线上教学与线下教学两种形式，目的通过这样一种喜闻乐见的形式，传承与发展优秀的乡土文化。"（HT4教师）

可见，地方师范院校在培养定向公费师范生的过程中，应该注重在课程内容中渗透乡土知识，这必然有助于加强师范院校与乡村学校、乡村社区之间的联系，强化定向公费师范生地方性培养，促使定向公费师范生能够体认乡土文化的独特魅力，进而唤醒其内心深处的乡土情怀，从而为其乡土文化素养的发展提供必要的动力支持。

（二）构建乡土化的乡村职前教师培养方式

目前，我国师范院校在培养公费师范生的过程中普遍存在重视理论学习、轻视实践能力养成的倾向，致使其培养的公费师范生无法胜任乡村教育教学实践。在此背景之下，师范院校应该采用乡土化的乡村教师培养方式，乡土化培养方式注重激发公费师范生的主体意识，其在提升公费师范生的实践能力方面发挥着重要作用，研究者建议地方师范院校搭建"全程实践"的教学平台。全程实践教学的概念有广义和狭义之分，广义的全程实践教学贯穿我们一生每个阶段的教学和实践；狭义的全程实践教学就是为培养出真正符合市场需求的优秀师范生，大学生在本部以及大学合作单位（中小学、幼儿园）进行有计划、有目的、有组织、有指导的实践锻炼活动[①]。"全程实践"并不需要压缩理论课程的课时，而是需要依据《教师教育课程标准（试行）》的基本规定，在确保理论课程基本课时的基础上，将教育实践环节渗透至定向公费师范生培养的全过程之中，以实现教育理论与教学实践之间的相互对话。"双导师制"无疑为"全程实践"教学平台的搭建提出了可以借鉴的思路。双导师制绝非我们日常所理解的校内导师负责培养公费师范生的理论素养，校外的乡村教师负责提升公费师范生的教学实践素养，这样的理解显然有失偏颇。双导师制实质上是一

---

① 宋桂支.地方院校师范生全程实践教学探索及反思[J].教育与职业，2015（24）：100-102.

种由教师教育者、公费师范生、乡村教师共同构建的学习共同体，并且这三者之间不是一种单向联系，而是彼此之间皆有沟通。即校内导师的理论指引与学生的实践反思、乡村学校导师的实践艺术与学生的理论升华、校内导师的教育教学理论与乡村导师的教育教学实践艺术之间的全方位碰撞与交流，促使教育理论之意蕴始终处于教育实践的检视之下，实践则始终处于教育理论的关怀之中[①]。

此外，教育实习是教育实践的重要一环，为公费师范生走进乡村学校、体认乡村教育实践创设了机会，公费师范生教育实践能力的提升，离不开教育实习。但通过上一章的访谈调查得知，目前师范院校教育实习的形式过于单一，且缺乏成效。鉴于此，研究者建议采用多样化的教育实习形式，如院本实习、基地实习、顶岗实习、母校实习等。其中，顶岗实习作为师范生与地方贫困学校的教师岗位互换角色的一种实习形式，能够使公费师范生全面融入到乡村学校的教育教学实践之中，其在提升公费师范生的乡村性教育教学能力方面发挥着不可或缺的作用[②]。在访谈调查中，一位师范院校教育学院的副院长表示：

"乡村的教育教学环境具有独特性，需要乡村教师在具备一般性教育教学能力的基础上，还要具备开展跨学科教学、复式教学、留守儿童心理健康教育、包班教学等方面的能力。因此，乡村教师教育具有强烈的实践导向，绝不可以纸上谈兵。我们学院在培养公费师范生的过程中，注重凸显实践导向。在市教育局的牵头下，学院与多所乡村学校之间建立了长期的合作关系，实现了师范院校与乡村学校之间的资源共享。此外，我们学院还强化了教育见习与教育实习环节，要求公费师范生的见习与实习学时累计不低于半年。其中前三个学年侧重教育见习，通过现场观摩教学、乡村社会实践、公费师范生与乡村一线教师结对子等形式，引导公费师范生感知乡村教育教学实践、形成专业身份认同意识；第四学年则侧重教育实习，在实行双导师制的同时，为每所实习学校配备了专门的实习指导教师，实习指导教师不仅负责促成公费师范生与校内导师、校外导师之间的互动，而且负责指导公费师范生的毕业论文撰写，促使他们的论文选题尽可能地具有乡土文化意识及乡村教育问题意识。"（HT5教师）

[①] 周大众.乡村定向师范生卓越潜质提升：内涵、价值与路径[J].当代教育论坛，2019（5）：40-46.
[②] 罗碧琼，蒋良富，王日兴，等.地方高校公费师范生培养模式创新：乡土意蕴与系统方法[J].大学教育科学，2019（6）：37-44.

深究这位院长的观点，我们会发现，乡村教师教育带有鲜明的实践导向，对公费师范生的培养绝不能停留于抽象的理论世界之中，而应该落地于乡村的教育教学实践。唯此，方能弥合公费师范生培养中教育理论与教学实践之间的裂隙，造就亲近乡土、具备乡土文化素养的乡村教师，引领他们同心、同行于乡村教育！

二、构建乡土化的乡村在职教师培训模式，丰富乡村教师的乡土知识

目前我国乡村在职教师的培训存在着鲜明的同质化倾向，忽略了城乡教师的文化差异，也忽略了城乡教师教育教学实践的复杂性，致使乡村教师的培训陷入了理论与实践相脱节的困境之中，从而严重制约了乡村教师培训的效用。而乡村教师作为影响乡村教育质量的关键因素，其培训的效用在宏观的社会道德、共同的价值观之中，其自发生成的乡村社会文化背景直接影响着乡村教师个体的行为。此外，文化背景唯有转化为文化功能才能真正发挥其文化感化功能[1]。因此，乡村教师的培训必然嵌入在乡土文化场域之中，培训者应该根据乡土文化的传承需要，推行"乡土化"的培训模式，可采取如下举措。

首先，组建乡土化的培训团队，培养乡村教师的乡土文化意识。关键在于甄选出具有乡村教学经验的城市教师成为培训者。这是因为，具有乡村教学经验的教师不仅谙熟乡村的教育教学环境，而且了解乡村教师的培训需要，他们能够精准的为乡村教师提供指导。进而言之，有许多城市学校的教师原本就是乡村教师，他们通过选拔、调动等路径进入城市学校任教。这些教师积累了丰富的乡村教育经验，并以城市教师的身份参与了各式各样的教学交流及教研培训活动，促使他们具备了培训乡村教师的资格。而乡村学校每年会有大量的来自城市的新进教师，这些新进教师自幼成长于城市，对乡土文化、乡村教育及乡村社会缺乏基本的认知，面临水土不服的现实困境。因此，将同一县域内具有乡村教学经验的城市教师组成培训团队，让他们去指导来自城市的新进乡村教师，必然有助于夯实培训的乡土文化底蕴，促使新进的乡村教师能够尽快了解当地的乡土民情、熟悉当地的生存环境，增强其乡土文化认同感与乡土生存意识，从而为其乡土文化素养的发展奠定基础。

---

[1] 肖林，郑智勇，宋乃庆. 嵌入性理论视域下乡村教师培训动力机制探赜[J]. 东北师大学报（哲学社会科学版），2022，318，（4）：128-136.

其次，构建乡土化的培训内容，滋养乡村教师的乡土知识。莫雷尔认为，教师应该具备对他们所服务的社区及家庭的文化、身份以及所在社区的背景性知识，并且能够在不同的情境中创建有效的教学实践[①]。可见，乡村教师开展有效教学的前提是具备乡土知识，乡土知识应该被纳入乡村教师培训的内容体系之中，如有关农业生产及生活、价值观念、习俗礼仪、伦理道德、自然生态、民间艺术等方面的知识。通过领会这些知识，乡村教师就能够与乡村学生及其家长之间"共言稼穑、共话桑麻"，从而为其走进乡土生活、融入乡土文化创设条件。进而言之，尽管有许多乡村教师自幼成长于乡村之中，但他们之中的绝大多数人自高中之日起就进城求学，长期的城市化教育经历与生活经历遮蔽了其乡土生活记忆，造成了他们的乡土知识储备严重不足，这些乡村教师同样需要通过在职培训补齐乡土知识的短板。因而，培训者应该正视乡土知识，通过教学渗透、活动渗透、编写乡土教材、开发乡土课程等路径向乡村教师传递乡土知识，从而培养乡村教师的乡土文化意识。

最后，采用乡土化的培训方式，提升乡村教师的乡村性教育教学能力。培训者应该具有问题导向意识，聚焦于解决乡村教师在教育教学实践中遇到的现实难题。并且立足于乡村教师的培训需要，采用乡土化的乡村教师培训方式，如设计乡土文化综合实践活动、开展乡村教育问题学习沙龙、开展乡村儿童心理健康教育专题研讨、分享优秀的乡村复式教学案例、城市教师结对帮扶等。

第四节　乡村学校层面：注重乡土文化教育，助推乡土文化素养发展

乡村教师乡土文化素养的发展既离不开教师教育的支持，也离不开乡土文化教育活动的支持，乡土文化教育活动体现了乡村教师对乡土文化资源的理解能力与运用能力，其能够为乡村教师乡土文化素养的发展提供专业实践支持。因此，如若要促进乡村教师乡土文化素养发展，乡村学校就应开展乡土文化教育活动。

[①] 戴伟芬.论跨界互动特性的农村教师合作培训[J].教育研究，2016，37（10）：130-137；159.

一、重树乡村学校教育的目标取向，增强乡村教师的乡土文化教育认同

通过上一章的访谈调查得知，目前我国乡村基础教育的目标呈现出一种"离农"取向，受这一目标取向的影响，乡村学校旨在为城市各行各业输送人才，其教育教学实践严重脱离了农业生产与生活实际，致使乡村学生陷入了身份焦虑与文化失根的困境之中。在此背景之下，"离农"的目标取向招致了广泛的批评，"为农"的目标取向重新回到了研究者的视野，所谓"为农"就是乡村教育应该立足于乡村，围绕乡村的生产及生活实际组织教学内容，以培养适应乡村社会发展需要、服务乡村社会建设的人才。这两种观点互不相让、争论至今。因此，要澄明乡土文化教育在乡村学校教育中的地位，首先需要厘清"离农"与"为农"教育目标取向的缺陷。如若仔细审视"离农"与"为农"两种乡村教育目标取向，我们会发现其存在相通之处。"离农"取向将乡村基础教育视作培养城市建设人才的工具，而"为农"取向则将乡村基础教育视作培养乡村建设人才的工具，这二者均陷入了工具理性主义的窠臼之中。工具理性主义遵循的是一种"投入—产出"的工业生产逻辑，受这一逻辑的影响，学生是需要加工的材料，学校是加工原材料的工厂，磨具则是根据适应农村或者城镇生产需要的标准铸就的[1]。因此，这两种取向的本质缺陷在于均将学生视作一种等待被加工的材料，忽略了乡村基础教育促进乡村学生成人成才的内在价值。这意味着，"离农"取向与"为农"实质上是从教育的外在价值出发探讨乡村基础教育的目标取向，忽略了乡村学生作为人的真实存在性，践踏了其生命尊严。

事实上，乡村基础教育乃是发生在乡村环境中、以乡村学生的成长为核心关怀、围绕乡村学校但不局限于乡村学校的教育活动。其基本精神涵括三个层面，即基于乡村、坚守教育本色、延续文化命脉，最终指向乡村儿童的健全成人与乡村文明的自我更新[2]。进而言之，乡村学生的成人成才在本质上是一种社会化与文化化的过程，是乡村学生由自然人蜕变为社会人、文化人的过程。在这一过程中，乡村学生通过与乡土自然的亲密接触，葆有了沛然生气与生命活

---

[1] 李学良. 农村教育的"离农""向农"之争——兼论农村教育的价值取向[J]. 教育学术月刊, 2018（2）: 65-70.
[2] 刘铁芳. 探寻乡村教育的基本精神[J]. 探索与争鸣, 2021（4）: 15-18.

力，为其成人成才提供了源头活水。除了乡土自然外，乡土文化也是乡村学生成人成才的重要依托。乡土文化作为中国传统农耕文化的表现形式，其与党的十八大以来所倡导的社会主义核心价值观存在相通之处，可以说乡土文化不仅表达了中国传统文化的价值追求，而且表达了当代中国文化的价值追求，守护乡土文化就是守护中国传统文化的根与魂。

因而，乡村学校应该摆脱"离农"与"为农"二元悖论的束缚，树立一种"发展性"的目标取向。这一目标取向立足于立德树人的价值原点，强调乡村学校教育的根本目标是为了促进学生的全面发展，其应该给予乡村学生一种全面的关怀，而不仅仅是培养只会学习、只会工作的工具人。具体而言，其指向了两个方面：一方面，乡村学校教育应该与现代的城市学校教育相关联，着眼于向学生传递普适性的学科知识与技能，为其将来成为合格的现代公民奠定基础；另一方面，乡村学校教育应该与乡村的自然环境、人文环境相关联，着眼于培养学生的乡村情感与乡土文化自信，为其养成乡土情怀奠定基础。乡村基础教育的目标实质上包含了两个层次，第一个层次是为乡村学生提供与城市学生同等的公民教育机会，第二个层次是为乡村学生提供一种全面呵护其乡村情感的乡土文化教育。这必然有利于强化乡村教师对乡土文化教育的认同意识，从而为其乡土文化素养的形成奠定必要的认知基础。

二、立足乡土文化教育的多元路径，提升乡村教师的乡土资源转化能力

通过上一章的访谈调查得知，目前我国的乡村教师侧重采用渗透教学的方式开展乡土文化教育，即将乡土文化渗透于国家课程的教学过程之中，致使乡土文化教育停留于浅表化、碎片化阶段。为此，乡村学校应该以乡土课程的开发为抓手，推动乡土文化教育的深入开展。借此，提升乡村教师将乡土文化资源转化为教学资源、课程资源的能力，为其乡土文化素养的发展提供必要的专业实践支持，建议采取如下举措。

（一）创设具有乡土特色的校园文化环境

校园文化是乡村学校宣传社会主义物质文明与精神文明的重要路径，也是乡村学校开展乡土文化教育的重要载体，要加强乡村学校的乡土文化教育，就要建设具有乡土特色的校园文化环境，其具体包括了校园的物质文化环境建设

与精神文化环境建设两个方面。就校园的物质文化环境而言，可分为显性环境和隐性环境。显性环境又被称为硬件环境，包括校园里所有看得见的建筑物与陈列品，隐性环境则是建筑物、校园陈列品以及文字无法传递的、存在于人的大脑之中的、只可意会不可言传的环境、氛围[1]。乡村学校的物质文化环境整合了各类要素，覆盖了乡村师生在乡村学校学习及活动的全范围，是传承乡土文化的重要载体。如乡村教师可以利用墙报等突出乡土文化的内容，介绍乡土歌谣、乡规民约、家风家训等，还可以在校园里陈列关于农耕文化的载体，引导学生通过参观农具展馆、解说农庄建筑等了解乡土文化，加深对乡土文化的理解，进而实现乡土文化认同[2]。校园的精神文化环境包括乡村学校的校风、班风、学风、文化氛围、人际氛围等。乡村学校的精神文化环境凸显了校园文化的优势及特色，形塑了校园文化方向，对广大师生的思想及言行具有持久的影响，其同样是传承乡土文化、开展乡土文化教育的重要载体。如乡村学校可以立足于优秀的乡村伦理道德，结合乡村的教育教学实践，制定出具有乡土文化底蕴的校训，可以通过举办充满乡土特色的体育竞赛、艺术展演、知识竞赛等，培养乡村学生的乡土情怀，培养他们的集体主义精神等。唯有将乡土文化元素渗透至乡村学校的校园文化建设之中，让师生双方在潜移默化之中受到乡土文化的滋养，方能促使师生双方形成一种乡土文化的包容意识与共情能力，从而推动师生双方乡土文化素养的发展。在提及这一举措之时，一位被访谈的乡村教师表示：

> "我们学校在建设校园文化环境的过程中非常注重凸显乡土特色，在师生的共同努力下，我们不仅布置了以乡风民俗为主题的墙报、陈列了以农业生产为主题的农具，而且加大了对乡贤文化的宣传力度。校园景观、少先中队等均以我们当地历史上的乡贤命名，教学楼的走廊里也张贴了对这些乡贤生平及事迹的介绍，促使校园里时时处处都渗透了乡土文化元素，校园环境由此成为了鲜活的乡土文化读本，润智、润情、润心。"
> （T19教师）

---

[1] 董军明. 校园物质文化环境的育人功能研究［J］. 内蒙古师范大学学报（教育科学版），2015，28（9）：21-23.

[2] 周晔，徐好好. 乡村校长的文化使命：让乡土文化滋养乡村学校发展［J］. 中小学管理，2021（2）：18-20.

第六章　促进乡村教师乡土文化素养发展的对策建议

深究这位乡村教师的观点，我们会发现，乡村学校特色校园文化环境的建设凸显了乡村学校的文化底蕴，其在提高师生的审美能力、滋养其乡土情怀、丰富其乡土知识方面发挥了不可或缺的作用。乡村学校应该以乡土特色校园文化环境的创设为抓手，推进乡土文化教育的实施，进而促进乡村教师乡土文化素养的发展。

（二）组织与培训乡土教材的编写团队

乡土教材是乡土文化教育的载体，是乡村教师认同与理解乡土文化的一把钥匙，加强乡土教材的建设，实质上就是加强乡土文化教育。我国的乡土教材建设发轫于清末民初，迄今已经走过了百余年的发展历程，其中有高潮也有低谷，可谓是跌宕起伏。21世纪以来，随着新一轮基础教育课程改革的实施，我国逐步形成了三级课程管理体系，从而带动了地方教材及校本教材的建设。乡土教材作为校本教材、地方教材的重要形式，由此迎来了转型与发展的契机。而乡村教师作为乡村学校教育的主体，担负着传承与创新乡土文化的神圣使命，乡土教材的开发离不开乡村教师的倾力参与。

就现实情况而言，教科书受到了诸多一线乡村教师的青睐，但并不意味着教科书就是最好的教材。研究者认为，如若乡村教师能够立足于日常的教育教学实践，不断地积累那些能够贴近学生生活及培养学生创新性思维能力的素材，那么就能够实现乡土素材的教材化。乡土素材教材化的实施策略主要有两种：一种是"用乡土教"，是指乡村教师从教育教学的目标出发，将乡村的自然、历史、人文等方面的特质加以教材化，并将其应用至学科教学及其活动之中。乡土素材教材化的关注事项主要包括将学科教学目标及其他教学活动的目标加以教材化、活用身边鲜活的素材、拓展学生的兴趣爱好、使身边的乡土素材视觉化、成为促进积极学习的内容，增加体验性活动等。另一种是"教乡土"，是指乡村教师采用各种路径，引导学生了解乡村的自然、历史及人文环境，培养学生的乡土情怀及其服务于乡土社会发展的实践能力。乡土素材教材化的关注事项主要包括立足于乡村自然、历史、人物、民俗产业的宽广视野选择素材，增加体验性、社会性的活动，通过身体力行来加深理解，积极利用附近的乡土馆、历史遗迹等[1]。因而，乡土素材教材化实质是一个乡村教师挖掘乡

---

[1] 钟启泉. 试述教师的教材研究——兼议乡土教材的价值及其开发[J]. 教育发展研究，2010，30（12）：25-29.

土文化资源、利用乡土文化资源的过程，在这一过程中，乡村教师洞察了乡村的自然及文化环境，积累了丰富的乡土知识、提升了其乡土文化资源利用与开发能力，从而在潜移默化之中推动了乡土文化素养的发展。一位拥有乡土教材开发经验的一线乡村教师对此表示感同身受，他缓缓说道：

> "我们学校创建于20世纪30年代，是一所由陕甘宁边区政府创立的红色学校，历经80余年的岁月洗礼，红色精神代代相传。步入21世纪，学校提出了以中华优秀传统文化立骨架，以红色文化精神立魂魄的课程建设思路，相继开发了《千秋星火耀童心》《长使丹心照日月》《红色经典吟诵》《历史人文剪纸》《历史乡贤》等校本教材，我有幸参与了这些乡土教材的编写工作。在编写这些教材的过程中，我与同事们之间资源共享、合作反思，不仅提升了自身的教学设计能力与教学反思能力，而且加深了对家乡的历史及其风土人情的了解，从而积累了丰富的乡土知识，形成了乡土教材的编写意识及能力，这之于我自身的专业素养、专业发展都是一种莫大的促进。"（T20教师）

深究上述乡村教师的观点会发现，乡土教材的开发与乡村教师的乡土文化素养之间同频共振，如若说乡土教材的开发为乡村教师乡土文化素养的发展提供了契机，那么乡土文化素养则为乡土教材的开发奠定了坚实的文化基石。此外，乡土教材的开发绝非凭借乡村教师的一己之力，而是需要政府提供经费支持、师范院校的专家提供教育支持、乡村文化精英提供智力支持，借此构建一支来源广泛的乡土教材开发团队，从而为乡土教材的开发提供保障。

（三）引领乡村教师正确理解乡土课程

乡土课程自产生之日起，就具有服务学生发展与社会发展的双重功能。其中，服务学生发展是乡土课程的本体性功能，为其服务社会发展功能的实现奠定了基础。要实现乡土课程的社会功能，就要将学生培养成为谙熟乡土民情、具备乡村社会建设能力的人才。但反观目前的乡土课程实施现状会发现，乡土课程在实践中存在囿于乡土、疏于育人的突出问题[1]。主要表征为课程建设者虽然在乡土课程中呈现了许多关于乡村的文化传统、发展历史、生产及生活方面

---

[1] 孙宽宁.乡土课程的困境及其超越［J］.课程.教材.教法，2021，41（9）：29-36.

第六章　促进乡村教师乡土文化素养发展的对策建议

的知识，但在传递这些知识的过程中，教师侧重采用复述与罗列资料的方式，而学生则侧重采用简单的记忆或模仿事实的方式进行学习，乡土课程之于学生高阶思维能力的发展并无裨益。究其成因，主要源于乡村教师对"乡土"的误读，在一般情况下，乡村教师通常会将"乡土"理解为一种在地的文化资源，甚至是宣传学校的一种媒介。这种理解固然有助于凸显乡土课程的文化底蕴，但却容易造成乡土课程的重复建设及低水平开发。进而言之，乡村学校是一个在有限时空内必须完成特定任务的教育机构，这种有限性决定了乡村学校不能无休止地增加教育内容[1]。如若不加选择地将乡土文化资源堆砌起来，就会陷入一种盲目地开发乡土课程的窠臼之中，不仅不会实现乡土课程的功能，反而会得不偿失。

为此，乡村教师就需要转换思维方式，重新诠释"乡土"一词的内涵。事实上，"乡土"不仅是一种能够转化为课程资源、教学资源的文化资源，而且是一种能够激发学生探究欲的问题情境、一种能够开展深度学习并进行高阶思维能力训练的背景性知识。在开发乡土课程的过程中，乡村教师应该以乡土问题为线索不断地拓宽教学内容，引导学生成为能够发现乡土问题、探究乡土问题、解决乡土问题的文化主体。在此意义上，乡土课程就是乡村教师以乡土问题为线索，引导学生与周遭生活世界乃至更为宽广的外部世界之间展开对话的过程。正如后现代课程观的代表人物小威廉姆.E.多尔所言，"课程不是预设的、线性的，而是一个充满建构的过程，学习和理解来自对话与反思，当我们与他人对话并对我们和他们所说的进行反思时——当我们在我们和他们之间、我们与课本之间协商交流时——学习和反思就被创造出来了（而不是被传递下来了）。"[2]因而，乡村教师开发乡土课程的关键在于引导学生与教学文本之间、与其周遭的生活世界乃至更为宽广的外部世界之间展开对话，借此训练学生的高阶思维能力，培养他们对生活的洞察能力及理解能力，坚定其乡土文化自信。在这一过程中，乡村教师与乡村学生一起分享乡土知识、交流乡村生活经验、解决乡村问题，这对于乡村教师的乡土文化素养而言，也是一种锻炼与提升，正如一位一线的乡村教师所言：

"有一次，我在上课时让学生介绍我们本地的农产品，令我没想到的是学生都踊跃发言，自豪之情溢于言表，我遂即萌生了开发乡土课程的念

---

[1] 段会冬.乡土课程建设的三种境界及其反思[J].当代教育科学，2020（7）：16-22.
[2] 小威廉姆.E.多尔.后现代课程观[M].王红宇，译.北京：教育科学出版社，2015：161-162.

头。我的想法得到了学区领导及广大师生的大力支持,在我们的共同努力之下,学校形成了以农耕文化为依托,以乡土综合实践活动为主线,以苹果系列课程为载体的育人模式。相继开发了以《小苹果德育》《小苹果食育》《小苹果科学》《小苹果美术》《小苹果经济》等系列乡土课程。就拿《小苹果食育》这门课程来说吧,其内容既涉及健康的饮食习惯、天然食物的利用及开发,也涉及环境的可持续发展、幸福生活的追求等。通过开展乡土课程,学生们在一种生活化的氛围中学会了自主反思、自主实践。同时,我们也积累了丰富的生产与生活实践知识,对家乡的风土人情也有了更深层次的了解,这对于我个人的知识与能力而言,也是一种提升吧!"

"我们学校位于子午岭腹地,学校周边的村落里拥有丰富的动植物资源,X学院就在学校周边设有动植物资源监测站。因此,我们学校和X学院签订了合作协议,我们学校成为了X学院的校外实训基地,X学院设立的动植物资源监测站成为了我们学校的综合实践活动课程基地。以之为契机,我们学校的教师开发了《乡土地理》《乡土生物》这两门乡土课程,并编写了乡土教材,收获了广大师生的一致好评,并且获得了县教育局的专项经费资助。"(T21教师)

可见,尽管目前我国乡土课程的开发现状不尽人意,但有一些乡村学校正在悄然进行着这方面的探索,并取得了卓然成效。事实上,乡村学校的课程建设从来都不是乡村学校自己的事情,而是有赖于教育行政部门、乡村社区、乡村精英群体及乡村学生的广泛参与。尤其是当国家课程与乡村学生的生活严重脱节之时,乡村学校更应该加强与社会各界的联系,共同致力于乡土课程的开发,以便在乡村学校与乡村社会、乡土生活之间搭建起一座相互沟通的桥梁。这既是乡村学生健康成长之幸,也是乡村教师乡土文化素养发展之幸。

(四)探索馆校合作的乡土文化教育路径

乡村学校的乡土文化教育是一个系统性的工程,需要依托多种路径,其中的一个重要路径就是加强与乡村博物馆之间的合作。乡村博物馆是新博物馆理论与乡村振兴相结合的产物,是社区博物馆的乡村化,兼具生态博物馆的特点[①]。乡村博物馆冲破了时间与空间的束缚，将乡村民众的价值观念、宗教信仰、生产工具、习俗礼仪、伦理道德等，通过实物、文字、图片、视频、模型等形式呈现出来，既是乡土文化遗产的博物馆，也是乡土生活记忆的殿堂，更是富有生命力的乡村百科全书。近年来，一些地方政府开始兴建乡村博物馆，从而形成了以社区博物馆、民俗风情园、生态博物馆、农耕文化园、乡贤文化园、村史村情馆等为主要形式的乡村博物馆系统。这必然有利于唤醒人们的乡土情怀，坚定其乡土文化自信，厚植其家国情怀。但目前我国的乡村博物馆在建设的过程中仍然面临着诸多困境，一个较为突出的困境就是缺乏稳定的人流量，这已经成了制约我国乡村博物馆发展的主要瓶颈，馆校合作为解决上述问题提供了可以借鉴的思路。通过馆校合作，乡村学校可以利用乡村博物馆的资源开展校外综合实践活动，同时利用乡村博物馆培养学生的自学能力、实践能力及创新思维能力[②]。乡村博物馆由此成为了乡村学校的乡土文化教育基地，这不仅有助于稳定乡村博物馆的人流基础，而且有助于乡村教师沉淀乡土知识、挖掘乡土课程资源，促使其能够以一种喜闻乐见的形式开展乡土文化教育，从而于无形中推动了乡村教师乡土文化素养的发展。

三、探索乡土文化教育的评价方式，激发乡村教师的乡土文化传承使命

除了乡村学校教育的目标、内容外，乡村学校针对乡村教师所采用的评价方式对乡村教师的专业成长具有导航与定位的作用，其同样是影响乡土文化素养发展的重要因素。因此，要促进乡村教师乡土文化素养的发展，就需要乡村学校对乡村教师采用适切性的评价方式。统观以往的教学质量评价后会发现，乡村学校在评价乡村教师的过程中，侧重采用终结性的评价方式，即预先编制好一套固定的、量化的评价标准，根据评价标准对乡村教师进行评分并划出等级。这种评价方式能够在短期内提升显性指标的达标率，如乡村教师的学历、职称、教学业绩等，但忽略了乡村教师专业成长的过程性、文化性、个体性，致使乡村教师为了迎合评价的需要而丧失了专业自为意识。所谓"自为"，即是有主观意志的主动作为，而非被动作为。乡村教师的专业自为，就是其以文

[①] 张茜，徐卫民. 接触地带：乡村博物馆何以承载乡愁？[J]. 西南民族大学学报（人文社会科学版），2022，43（8）：33-42.

[②] 季晨，周裕兴. 馆校合作与我国农村博物馆发展[J]. 学术探索，2017（4）：121-125.

化主体的身份，在自由的专业生活中实现文化价值的生成，实现专业成长的过程。乡村教师的专业自为，建立在乡村教师对乡土文化的觉醒之上[1]。因此，乡村教师的专业自为意识主要体现在乡土文化价值的实现过程中，需要乡村教师依托在地的乡土文化资源开展乡土文化教育，乡土文化教育是乡村学校在评价乡村教师之时必须考虑的指标。

将乡土文化教育作为评价乡村教师的指标，既是合乎理论、也是合乎现实的。在理论层面，乡村教师之所以是乡村教师，不仅缘于他们置身于乡村之中，而且缘于他们长期浸润于乡土文化之中，乡土文化在潜移默化中滋养了乡村教师的专业理念、专业知识、专业能力，促使其具有了"乡土性"专业特质，"乡土性"彰显了乡村教师的独特性、无以替代性，是乡村教师的根本特征。将乡土文化教育作为评价乡村教师的一项指标，不仅有助于加强乡村教师与乡土文化之间的互动、实现乡土文化的价值，而且有助于彰显乡村教师的专业特质、推动其走向特色化发展。在实践层面，2020年中共中央、国务院颁发了《深化新时代教育评价改革总体方案》，明确提出了实施增值评价的基本要求。学校增值评价是指学生在学习、生活、情感和社会发展等方面，在通过接受一定阶段教育后，在各自起点上进步的幅度，并依此对学生个体发展和学校效能进行价值判断的评价模式[2]。评价政策的变革与评价实践紧密相联，在未来的一段时期内，增值性评价将是乡村学校评价方式变革的风向标，其必然会影响到乡村学校对乡村教师的评价方式。与传统的评价有所不同，增值性评价不以学生的学习成绩作为评价教师的唯一指标，而是更为关注学生的初始状态与终极状态之间的差异、更为关注乡村教师所获得的净效应，其在本质上属于一种基于学生的进步程度评价乡村教师的方式。在这一过程中，如果乡土文化对乡村学生产生了积极影响，如乡村学生参与乡土文化教育的积极性得到了提升、乡村学生乡土文化认同意识得到了发展、乡村学生乡土知识得到了拓展等，则应该给予肯定；如果没有产生影响，即便初评分数比较高，也要探寻原因，进而提出解决策略。但我们也应该意识到，在目前的大环境下，乡村学校普遍以应试教育为重心，要想彻底改变以"成绩论英雄"的终结性评价方式绝非易事。这就需要政府、教育督导机构、乡村学校等机构能够彻底贯彻《深化

---

[1] 龚宝成. 乡村教师专业发展困境与疏解：地方性知识的视角[J]. 课程.教材.教法，2019，39（3）：126-130.

[2] 朱成科，李娇. 我国乡村学校增值评价的实施困境及路径重构[J]. 教育理论与实践，2022，42（31）：17-21.

第六章 促进乡村教师乡土文化素养发展的对策建议

新时代教育改革评价总体方案》的精神，逐步将乡土文化教育纳入评价乡村教师的指标体系之中，形成具有时代气息、彰显乡土特色的乡村教师评价体系。这既是促进乡村教师乡土文化素养发展的内在要求，也是激发其乡土文化传承使命的应有之义。

综上，乡村教师乡土文化素养的发展绝非是一个单纯的教育学问题，而是一个复杂的社会性问题，有赖于乡村教师、社会、高等院校以及乡村学校等利益主体之间的多方联动、通力协作。其中，乡村教师能够为其乡土文化素养发展提供动力支持，社会能够为乡土文化素养的发展提供心理氛围与文化氛围支持，高等院校能够为乡土文化素养的发展提供教育支持，乡村学校能够为乡土文化素养的发展提供专业实践支持。唯此，方能有效地推动乡村教师乡土文化素养的发展。

第七章
研究结论与反思

第一节 研究结论

本研究在对乡村教师乡土文化进行理论阐释的基础上,构建了乡村教师乡土文化素养构成要素的指标体系,以之为依据,自编了调查问卷并实施了调查。通过对问卷调查结论的统计与分析,剖析了目前我国乡村教师乡土文化素养的发展现状及其所面临的困境。继而,研究者通过访谈调查,厘清了造成乡村教师乡土文化素养发展困境的多维成因,并在此基础上提出了促进乡村教师乡土文化素养发展的对策建议,本研究主要形成了如下研究结论。

一、乡土文化素养是乡村教师不可或缺的一种特殊专业素养

本研究认为,乡村教师的专业素养由一般专业素养与特殊专业素养两个部分构成。其中,一般专业素养是城乡教师共通的专业素养,特殊专业素养是乡村教师在"乡村"这一特定的场域内从事教育教学实践活动所应具备的专业素养。乡土文化素养作为乡村教师与乡土文化耦合而成的一种特殊专业素养,是乡村教师传承与发展优秀乡土文化所需的基本品格,其之于乡村文化振兴、乡村教师的高质量发展以及乡村学生的健康成长等具有重要价值。因此,乡土文化素养是乡村教师不可或缺的一种特殊专业素养。

二、乡土文化素养由多个层次的要素构成

本研究认为,乡村教师的乡土文化素养包括3个层次,其中,第一个层次由

3个维度（要素）构成，第二个层次由7个维度（要素）构成，第三个层次由19个维度（要素）构成。以之为基础，研究者建构了乡村教师乡土文化素养构成要素的指标体系。该指标体系主要指向乡村教师在传承与发展优秀乡土文化过程中所需的专业品格，可以作为评价我国乡村教师乡土文化素养发展现状的依据，也可以作为构建我国乡村教师专业标准的依据，还可以作为设置我国乡村教师培训方案的依据，具有一定的理论意义与现实意义。

三、目前我国乡村教师乡土文化素养的发展陷入了困境

本研究认为，目前我国乡村教师乡土文化素养的发展水平较低，同时，他们在乡土情怀、乡土知识、乡土文化资源利用与开发能力三个维度上同样处于较低的发展水平。因而，目前我国乡村教师乡土文化素养的发展陷入了困境，在乡土情怀维度上，其具体表征为乡村教师的乡土文化意识较为薄弱、乡村教育情怀较为薄弱、乡村振兴认同意识较为薄弱等方面；在乡土知识方面，其具体表征为乡村教师的乡土知识储备不足、乡土知识的来源较为单一、对待乡土知识的态度较为矛盾等方面；在乡土文化资源利用与开发方面，其具体表征为乡村教师的乡土资源利用能力较为欠缺、乡土课程资源开发能力较为欠缺等方面。

四、造成乡村教师乡土文化素养发展困境的成因错综复杂

本研究认为，乡村教师乡土文化素养的发展之所以陷入困境，是乡村教师个体层面的成因、社会层面的成因、高等院校层面的成因、乡村学校层面的成因共同作用的结果。具体而言，乡村教师个体层面的成因主要表征为乡村教师乡土文化自觉的阙如，社会层面的成因主要表征为乡土文化生态环境的凋敝，高校层面的成因主要表征为乡村教育教育模式的"离土化"，而乡村学校教育层面的成因主要表征为乡土文化教育的缺位。其中，乡土文化自觉的阙如作为主观因素，是造成乡村教师乡土文化素养发展困境的关键所在。

五、应该立足于多元层面促进乡村教师乡土文化素养的发展

本研究认为，应该立足于乡村教师、社会、高等院校、乡村学校四个层面，促进乡村教师乡土文化素养的发展。在乡村教师层面，研究者建议重塑乡

村教师的乡土文化自觉，具体包括重塑"城市型"乡村教师的乡土文化自觉、夯实"本土型"乡村教师乡土文化自觉等举措；在社会层面，研究者建议营造良好的乡土文化生态环境，具体包括复原乡土文化传承的载体、延续乡土文化传承的人脉以及重构乡土文化传承的文脉等举措；在高等院校层面，研究者建议采用乡土化的乡村教师教育模式，包括采用乡土化的乡村职前教师培养模式、乡土化的乡村在职教师培训模式等举措；在乡村学校层面，研究者建议重建乡土文化教育，包括重建乡村教育的目标取向、重建乡土文化教育的路径、重建乡土文化教育评价等举措。

第二节　研究反思

一、本研究的创新之处

（一）研究问题的创新之处

研究者曾经围绕"乡村教师乡土文化素养"这一研究命题进行了文献的检索与梳理，发现国内外关于这一问题的系统性与专门性研究较为鲜见，为数不多的论述集中于乡村教师专业发展、乡村学校的文化建设、乡村文化振兴等方面的研究之中。鉴于此，本研究围绕"乡土文化素养是什么？""乡村教师为什么需要发展乡土文化素养？""乡村教师需要什么样的乡土文化素养？""乡村教师乡土文化素养的发展现状怎样？""乡村教师乡土文化素养的发展困境有哪些？""乡村教师乡土文化素养发展困境的成因有哪些？""如何促进乡村教师乡土文化素养的发展？"等问题对乡村教师的乡土文化素养展开了系统性的探讨，而这些研究问题前人鲜有涉猎，论文的研究问题具有新颖性。

（二）研究范式的创新之处

通过梳理关于"乡村教师专业素养"的相关性文献，研究者发现，既有文献的数量虽然有很多，但这些文献大多采用纯粹的定性研究范式或纯粹的定量研究范式，鲜有研究者采用混合性研究范式探讨乡村教师的专业素养问题。鉴于此，本研究站在混合研究的方法论立场，综合应用了德尔菲法、问卷调查法与访谈调查等研究方法。其中，问卷调查属于定量研究方法，其突出的优点是便于大范围、大规模地收集研究资料，所得资料利于定量分析。但其缺陷在于题目的选项是封闭的、不能深层次地了解被调查者的态度及其动机；而德尔菲法、访谈调查属于定性研究方法，其突出的优点是题目选项是开放的，便于收集到受访者关于某一问题或行为的态度、动机，但其缺陷在于不利于大规模的施测，也不利于对搜集到的数据进行定量分析。在此意义上，问卷调查法与访谈调查法是互补的，通过综合应用这两种研究方法，便于研究者全面的收集到第一手的研究资料。具体而言，本研究采用了混合研究范式中的解释性序列设计策略，首先通过问卷调查，了解目前我国乡村教师乡土文化素养的发展现状及其所面临的困境，然后通过访谈调查，了解造成乡村教师乡土文化素养发展困境的成因以及各个利益主体在促进乡村教师乡土文化素养发展方面所采取的举措，因此访谈调查是对问卷调查结论的解释与补充。

二、研究的不足与展望

本研究采用文化回应性教学理论与社会共生理论，对我国乡村教师乡土文化素养的内涵、价值意蕴、构成要素、发展现状及其困境、发展困境的成因、发展策略等问题进行了系统性探讨，但受研究者本人时间及精力的限制，论文仍然存在诸多的不足，如研究范围有待拓宽、研究样本有待完善等。

本人深知，乡村教师乡土文化素养的发展是一个复杂的、系统性工程，需要社会各界、高等院校、乡村学校、乡村教师的通力协作与不懈努力。在今后的学习与工作中，本人将进一步的拓宽研究范围、完善研究样本，以便对乡村教师乡土文化素养这一问题展开更加系统、更加深入的探讨。

附录一

乡村教师乡土文化素养构成要素的第一轮专家咨询问卷

尊敬的专家：

您好！

本次问卷调查旨在向您征询有关乡村教师乡土文化素养构成要素指标体系的修改建议，调查目的在于进行学术研究，我们会严格遵守学术伦理做好您个人信息的保密工作，您可以根据您的实际情况如实进行填答。

表A 专家信息表

性别		工作单位		教龄	
职称		学历		联系方式	

表B 指标重要程度评分表

填答说明：在下列表格中，研究者根据指标的重要程度将选项分为了"非常重要""重要""一般""不重要""非常不重要"五个类别，并对每个等级依次赋值为"5、4、3、2、1"，请您对指标的重要程度做出判断，在最符合实际情况的一项选项下的空格处划"√"。此外，请您在表格下方的划线处提出您对指标的修改意见。

表B1 关于一级指标重要程度的专家评分表

指标名称	非常重要	重要	一般	不重要	非常不重要
乡土情怀					
乡土知识					
乡土文化资源利用与开发能力					

指标增删或修改建议：_____

附录一 乡村教师乡土文化素养构成要素的第一轮专家咨询问卷

表B2 关于二级指标重要程度的专家评分表

指标名称	非常重要	重要	一般	不重要	非常不重要
乡土文化意识					
乡村教育情怀					
乡村振兴使命感					
乡土自然知识					
乡土生产与生活知识					
乡土人文知识					
乡土教学资源利用能力					
乡土课程资源开发能力					

指标增删或修改建议：_____

表B3 关于三级指标重要程度的专家评分表

指标名称	非常重要	重要	一般	不重要	非常不重要
乡土文化认知意识					
乡土文化求真意识					
乡土文化坚守意识					
乡土文化凝聚意识					
乡村教育认同感					
乡村教育热爱感					
乡村教育责任感					
乡村教育使命感					
乡村社会认同感					
乡村建设责任感					
乡村建设意义感					
乡土自然知识					
乡土生产知识					
乡土生活知识					
乡土思想知识					
乡土历史知识					
乡土民俗知识					

（续表）

指标名称	非常重要	重要	一般	不重要	非常不重要
乡土实物资源利用能力					
乡土模象资源利用能力					
乡土问题情境创设能力					
乡土学科课程开发能力					
乡土文科综合实践活动课程开发能力					
乡土理科综合实践活动课程开发能力					
乡土基地活动课程开发能力					

指标增删或修改建议：＿＿＿＿＿＿＿＿＿＿＿＿＿＿＿＿＿＿＿＿

表C1　专家自评表

填答说明：请您在最符合您实际情况的一项选项下的方框内划"√"。

判断依据	对您个人判断的影响程度		
	大	中	小
理论思辨			
实践经验			
文献梳理			
自我感觉			

表C2　专家自评表

填答说明：请您在最符合您实际情况的一项选项下的方框内划"√"。

题目	选项				
专家对指标体系的熟悉程度	非常熟悉	熟悉	一般	不熟悉	非常不熟悉

本次专家意见征询活动就此结束，感谢您的参与！

附录二

乡村教师乡土文化素养构成要素的第二轮专家咨询问卷

尊敬的专家：

您好！

本次问卷调查旨在向您征询有关乡村教师乡土文化素养构成要素指标体系的修改建议，调查目的在于进行学术研究，我们会严格遵守学术伦理做好您个人信息的保密工作，您可以根据您的实际情况如实进行填答。

表A 专家信息表

性别		工作单位		教龄	
职称		学历		联系方式	

表B 指标重要程度评分表

填答说明：在下列表格中，研究者根据指标的重要程度将选项分为了"非常重要""重要""一般""不重要""非常不重要"五个类别，并对每个等级依次赋值为"5、4、3、2、1"，请您对指标的重要程度做出判断，在最符合实际情况的一项选项下的空格处划"√"。此外，请您在表格下方的划线处提出您对指标的修改意见。

表B1 关于一级指标重要程度的专家评分表

指标名称	非常重要	重要	一般	不重要	非常不重要
乡土情怀					
乡土知识					
乡土文化资源利用与开发能力					

指标增删或修改建议：_____

表B2　关于二级指标重要程度的专家评分表

指标名称	非常重要	重要	一般	不重要	非常不重要
乡土文化意识					
乡村教育情怀					
乡村振兴使命感					
乡土自然知识					
乡土人文知识					
乡土教学资源利用能力					
乡土课程资源开发能力					

指标增删或修改建议：_____

表B3　关于三级指标重要程度的专家评分表

指标名称	非常重要	重要	一般	不重要	非常不重要
乡土文化认知意识					
乡土文化包容意识					
乡土文化回应意识					
乡村教育认同感					
乡村教育热爱感					
乡村教育责任感					
乡村教育使命感					
乡村振兴战略认同度					
乡村振兴战略参与度					
乡村建设意义感					
乡土自然知识					
乡土生产知识					
乡土生活知识					
乡土思想知识					
乡土历史知识					
乡土民俗知识					
乡土实物资源利用能力					
乡土模象资源利用能力					
乡土问题情境创设能力					

附录二　乡村教师乡土文化素养构成要素的第二轮专家咨询问卷

（续表）

指标名称	非常重要	重要	一般	不重要	非常不重要
乡土学科课程开发能力					
乡土综合实践活动开发能力					

指标增删或修改建议：_____

表C1　专家自评表

填答说明：请您在最符合您实际情况的一项选项下的方框内划"√"。

判断依据	对专家判断的影响程度		
	大	中	小
理论思辨			
实践经验			
文献梳理			
自我感觉			

表C2　专家自评表

填答说明：请您在最符合您实际情况的一项选项下的方框内划"√"。

题项	选项				
您对指标体系的熟悉程度	非常熟悉	熟悉	一般	不熟悉	非常不熟悉

请您提出对整个指标体系的修改意见：_____

_____

_____

_____

本次专家意见征询活动就此结束，感谢您的参与！

附录三

乡村教师乡土文化素养发展现状的调查问卷

尊敬的老师：

您好！

本问卷旨在了解乡村教师乡土文化素养的发展现状，以期对乡村教师专业素养的发展提供建设性意见，调查目的在于进行学术研究，我们会严格遵守学术伦理做好您个人信息的保密工作，您可以根据您的实际情况如实进行填答。

A部分：个人基本信息

填答说明：请在最符合您实际情况的一项选项前的方框内划"√"。

1. 您的性别：
   □男　□女

2. 您的年龄：
   □25岁以下　□25～35岁　□36～45岁　□46～55岁　□56岁以上

3. 您的婚姻状况：
   □未婚　□丧偶　□已婚　□离异

4. 您属于哪种类型的教师：
   □正式在编　□非正式代课　□专项计划

5. 您的教龄：
   □0～10年　□11～20年　□21～30年　□30年以上

6. 您的职称：
   □未定级　□初级　□中级　□高级

7. 您的原始学历：
   □高中以下　□高中或中专　□大专　□本科　□研究生

8. 您的最高学历：
   □高中以下　□高中或中专　□大专　□本科　□研究生

9. 您任教学校的类型：
   □非完全小学　□完全小学　□初中　□九年一贯制学校

10. 您是否出生于乡村：
   □是　□否

11. 您是否成长于乡村：
   □是　□否

12. 您所学的专业是否为师范类专业：
   □是　□否

13. 您下班后是否居住在城市：
   □是　□否

B部分：问卷题目

表B1　乡村教师乡土情怀发展现状的调查表

填答说明：请您对题目做出判断，并在最符合您实际情况的一项选项下的方框内打"√"，在"1""2""3""4""5"五个选项中，1=非常不赞同/非常不符合；2=不赞同/不符合；3=不清楚；4=赞同/符合；5=非常赞同/非常符合。

题目	选项				
	1	2	3	4	5
1. 我认为乡土文化中蕴含了许多有价值的思想，如亲睦的伦理观、天人合一的生态观、合和的宇宙观等					
2. 我认为乡土文化中蕴含了许多封建迷信思想，如重男轻女、迷信阴阳风水等					
3. 我认为乡土文化具有一定的教育价值					
4. 我认为乡村教师应该利用乡土文化资源，激发学生对家乡的热爱之情					
5. 我认为乡村教师是受人尊敬的社会职业					
6. 我认为乡村教师对乡村社会的发展具有重要作用					
7. 我认为乡村教师对乡村学生的健康成长具有重要作用					
8. 我愿意将毕生的精力奉献给乡村教育事业					
9. 我希望能够实现家校之间的有效协作					
10. 我认为在乡村振兴时期，乡村社会将会得到全面的发展					
11. 我认为在乡村振兴时期，乡村教师应该为乡村培养产业人才，如为农民提供电子商务培训、帮助农民宣传农产品等					

（续表）

题目	选项				
	1	2	3	4	5
12. 我认为在乡村振兴时期，乡村教师应该参与乡村的自然生态建设，如引导学生保护当地的生态环境、参与乡村人文景观的设计工作等					
13. 我认为在乡村振兴时期，乡村教师应该参与乡村的文化建设，如弘扬优秀的乡土文化等					
14. 我认为在乡村振兴时期，乡村教师应该参与乡村的社区治理，如担任村委会成员、参与乡村的法治建设等					
15. 我认为在乡村振兴时期，乡村教师应该引领乡村民众形成健康的思想观念					

表B2　乡村教师乡土知识发展现状调查表

填答说明：请您对题目做出判断，并在最符合您实际情况的一项选项下的方框内打"√"。在"1""2""3""4""5"五个选项中，1=非常不赞同/非常不符合；2=不赞同/不符合；3=不清楚；4=赞同/符合；5=非常赞同/非常符合。

题目	选项				
	1	2	3	4	5
1. 我了解当地（任教学校所在区域）的自然生态环境，如地理地貌、气候环境、水文资源、人文景观、矿产资源、生物资源、土地资源等					
2. 我了解当地（任教学校所在区域）的生产知识，如农作物耕种、农产品加工、养殖等					
3. 我了解当地人（任教学校所在区域）的生活方式，如交通、居住、饮食、医疗、物流、人际交往等					
4. 我了解当地人（任教学校所在区域）的思想观念，如价值观、伦理观、宗教观等					
5. 我了解当地（任教学校所在区域）的历史文化，如地方志、古遗址、文物、族谱、宗祠、古民居、宗教史、古庙宇、优秀人物传记等					

附录三 乡村教师乡土文化素养发展现状的调查问卷

（续表）

题目	选项				
	1	2	3	4	5
6. 我了解当地（任教学校所在区域）的民俗，如婚姻、丧葬、祭拜、崇拜、禁忌、传统节日习俗等					
7. 我了解当地（任教学校所在区域）的民间艺术，如剪纸、泥塑、腰鼓、绘画、刺绣、舞蹈、歌谣、雕刻、戏曲、年画等					
8. 我所掌握的乡土自然知识主要来源于个人的亲身体验					
9. 我所掌握的乡土人文知识主要来源于日常生活交往					
10. 我认为乡村教师掌握乡土自然知识，有利于优秀乡土文化的传承与发展					
11. 我认为乡村教师掌握乡土人文知识，有利于优秀乡土文化的传承与发展					
12. 我认为乡村教师应该编写乡土教材，以传承与发展优秀的乡土自然知识					
13. 我认为乡村教师应该编写乡土教材，以传承与发展优秀的乡土人文知识					

表B3 乡村教师乡土文化资源利用与开发能力发展现状的调查表

填答说明：请您对题目做出判断，并在最符合您实际情况的一项选项下的方框内打"√"，在"1""2""3""4""5"五个选项中，1=非常不赞同/非常不符合；2=不赞同/不符合；3=不清楚；4=赞同/符合；5=非常赞同/非常符合。

题目	选项				
	1	2	3	4	5
1. 我了解当地（任教学校所在地）的实物教学资源，如自然景观、历史遗址、动植物资源等					
2. 我会利用当地（任教学校所在区域）的实物教学资源，辅助国家课程的教学					
3. 我会在闲暇时分收集乡土模象教学资源，如记录乡土生产生活的图片、视频、影音资料等					
4. 我会利用乡土模象教学资源，辅助国家课程的教学					

(续表)

题目	选项				
	1	2	3	4	5
5. 我会在国家课程的教学过程之中，将城市的生活情境置换为乡土生活情境					
6. 我会在国家课程的教学过程之中，利用乡土文化资源创设问题情境					
7. 我会自觉了解乡土学科课程的开发流程，如乡土地理、乡土自然、乡土历史等					
8. 我开发了乡土学科课程，如乡土地理课程、乡土自然课程、乡土历史课程等					
9. 我会主动了解乡土综合实践活动课程的开发流程					
10. 我开发了乡土综合实践活动课程					
11. 我认为乡村教师通过利用乡土教学资源，能够提升国家课程的教育教学成效					
12. 我认为乡村教师通过开发乡土课程，能够传承与发展优秀的乡土文化					
13. 我认为乡村教师通过开发乡土课程，能够促进师生双方的共同成长					
14. 我认为应该将乡土教学资源的利用能力作为考核乡村教师的一项重要指标					
15. 我认为应该将乡土课程资源的开发能力作为考核乡村教师的一项重要指标					

本次问卷调查就此结束，感谢您的配合！

附录四

乡村教师乡土文化素养发展现状的
乡村教师访谈提纲

尊敬的老师：

您好！

本次访谈的主题是"乡村教师乡土文化素养的发展现状"，访谈的目的在于进行学术研究，我们会严格遵守学术伦理做好您个人信息的保密工作，您可以根据您的实际情况如实进行介绍。

姓名		性别		工作单位	
教龄		职称		联系电话	

一、关于乡村教师乡土文化素养发展困境的认识

1. 请谈一谈对乡土文化的看法。
2. 请谈一谈城市文化与乡土文化之间的差异。
3. 请谈一谈自身乡土文化素养的发展现状。
4. 请谈一谈在乡土文化素养发展方面所面临的困境。
5. 请谈一谈对乡村教师乡土文化素养发展困境成因的认识。

二、关于促进乡村教师乡土文化素养发展举措的认识

1. 您认为乡村教师应该如何提升自身的乡土文化素养？
2. 您认为乡村教师在提升自身的乡土文化素养方面，最应该采取什么举措？

附录五

乡村教师乡土文化素养发展现状的
乡村校长访谈提纲

尊敬的校长：

您好！

本次访谈的主题是"乡村教师乡土文化素养的发展现状"，访谈的目的在于进行学术研究，我们会严格遵守学术伦理做好您个人信息的保密工作，您可以根据您的实际情况如实进行介绍。

姓名		性别		工作单位	
教龄		职称		联系电话	

一、关于乡村教师乡土文化素养发展困境的认识

1. 请谈一谈对乡土文化的看法。
2. 请谈一谈城市文化与乡土文化之间的差异。
3. 请谈一谈您任教学校的教师在乡土文化素养发展方面的整体现状。
4. 请谈一谈乡土文化教育对乡村教师乡土文化素养发展所产生的影响。
5. 请谈一谈您任教学校的教师在乡土文化素养发展方面所面临的困境。
6. 请谈一谈您对乡村教师乡土文化素养发展困境成因的认识。

二、关于促进乡村教师乡土文化素养发展举措的认识

1. 您认为乡村学校应该如何促进乡村教师乡土文化素养的发展？
2. 您认为乡村学校在促进乡村教师乡土文化素养的发展方面，最应该采取什么举措？

附录六

乡村教师乡土文化素养发展现状的
师范院校教师访谈提纲

尊敬的老师：

您好！

本次访谈的主题是"乡村教师乡土文化素养的发展现状"，访谈的目的在于进行学术研究，我们会严格遵守学术伦理做好您个人信息的保密工作，您可以根据您的实际情况如实进行介绍。

姓名		性别		工作单位	
教龄		职称		联系电话	

一、关于乡村教师乡土文化素养发展困境的认识

1. 请谈一谈您任教专业理论课程设置与实施方面所存在的不足。
2. 请谈一谈您任教专业教学实践环节设置与实施方面所存在的不足。
3. 请谈一谈对我国师范生乡土文化素养发展现状的认识。
4. 请谈一谈师范教育对师范生乡土文化素养发展所产生的影响。
5. 请谈一谈在职培训对乡村教师乡土文化素养发展所产生的影响。

二、关于促进乡村教师乡土文化素养发展举措的认识

1. 您认为师范院校应该如何促进师范生乡土文化素养的发展？
2. 您认为师范院校在促进师范生乡土文化素养的发展方面，最应该采取什么举措？

附录七

乡村教师乡土文化素养发展现状的师范院校师范生访谈提纲

尊敬的同学：

  您好！

  本次访谈的主题是"乡村教师乡土文化素养的发展现状"，访谈的目的在于进行学术研究，我们会严格遵守学术伦理做好您个人信息的保密工作，您可以根据您的实际情况如实进行介绍。

姓名		性别		工作单位	
教龄		职称		联系电话	

一、关于乡村教师乡土文化素养发展困境的认识

1. 请谈一谈您就读专业理论课程设置与实施方面所存在的不足。
2. 请谈一谈您就读专业教学实践环节设置与实施方面所存在的不足。
3. 请谈一谈您对师范生乡土文化素养的认识。
4. 您认为师范生在乡土文化素养的发展方面，面临哪些困境？
5. 您认为造成师范生乡土文化素养发展困境的成因有哪些？

二、关于促进乡村教师乡土文化素养发展举措的认识

1. 您认为师范生应如何提升自身的乡土文化素养发展水平？
2. 您认为师范生在提升乡土文化素养的发展水平方面，最应该采取什么举措？

致　谢

在瓜果满地、蝉鸣声声的时节里，我的专著终于画上了句号。望着桌上厚厚的、饱含心血的专著，泪水早已夺眶而出。回首这本专著的写作生涯，每向前一步都是那么的艰辛，但我都咬牙坚持，其中的心酸、所付出的努力唯有自己能够体味。

这本专著的顺利出版，得益于诸多师长的鼓励与支持，这其中首先需要感谢的是我的导师刘旭东教授。刘老师睿智、博学，对待学术严谨而执着，从他身上我领略到了真正的学者风范。当我因为理论知识匮乏而产生挫败感之时，刘老师向我推荐书籍与论文，培养我对教育学理论的学习热情；当我因为缺乏对研究选题的了解而倍感迷茫之时，刘老师的一句"这个选题具有很高的学术价值与实践价值"打消了我所有的疑虑，给予了我继续前行的动力；当我因为研究思路中断而不知所措之时，刘老师总能适时地点拨我，并提出自己的观点与见解。令我记忆深刻的是，在论文的完善过程中，刘老师逐字逐句的进行批注，每一句批注都蕴含着深邃的思想与学术智慧，令我恍然大悟、稳步前行。可以说，在艰辛而又枯燥的写作过程中，刘老师犹如一盏明灯照亮了我前行的道路！

此外，这本专著的顺利出版也离不开陇东学院全体同仁（本书的出版得到了陇东学院、陇东学院教育重点学科资助）的支持与理解，我在此表示感谢。同时我还需要感谢在问卷调查的过程中，庆阳市合水县何家畔镇人民政府、西峰区什社乡人民政府、宁县和盛镇人民政府、华池县五蛟镇人民政府以及华亭市教育局领导们的鼎立支持，您们的支持与配合为数据的收集提供了有利条件，从而为论文的顺利完成奠定了基础。

最后，我想感谢我的父母，他们在花甲之年仍然帮助我照看小儿的生活与学习，让我能够心无旁骛地投入到写作之中。同时还要感谢我爱人郭宏刚先生对我的包容与体谅，感谢我儿子郭书翰对我的陪伴与呵护。今后，我将承担起更多的家庭责任，回馈家人对我的辛苦付出！

倪嘉敏于西峰家中

2024年3月19日